# LIEUX DE VIE EN SCIENCE-FICTION

sous la direction de

## DANIÈLE ANDRÉ

# Lieux de vie
# en
# science-fiction

sous la direction de

## Danièle André

*Publication sous l'égide de*
la société savante d'étude de la science-fiction **Stella Incognita**

*Double comité de lecture*
**Stella Incognita**
**Association Académique pour les Humanités – AAH**

*Remerciements tout particuliers à Jérôme Goffette, pour sa gentillesse, sa droiture, sa rigueur scientifique, et sa constance, sans qui l'aventure éditoriale de Stella Incognita n'aurait pas vu le jour, ainsi qu'au précieux et multitâche Christophe Becker, et enfin au comité de lecture.*

*Bien évidemment, je remercie ici les auteurs et autrices pour leur patience, leur générosité, et pour avoir partagé leur passion avec des analyses si riches.*

*Danièle André*



Édition : BoD – Books on Demand
12/14 rond-point des Champs-Élysées, 75008 Paris
Impression : BoD – Books on Demand, Norderstadt, Allemagne

ISBN : 9782322200344

Dépôt légal : avril 2022

« Wherever you go, there you are. »

*The Adventures of Buckaroo Banzai
Across the 8th Dimension,*

W. D. Richter, 1984.


Le lieu renvoie à « la situation spatiale de quelque chose, de quelqu'un permettant de le localiser, de déterminer une direction, une trajectoire », mais aussi à « un endroit, localité, édifice, local, etc., considérés du point de vue de leur affectation ou de ce qui s'y passe » ; et, par ailleurs, un lieu est « une portion déterminée de l'espace »[1]. Et c'est ainsi vers les géographes et démographes que nous nous tournons pour essayer de définir ce que recoupe la notion d'« espace de vie ». Pour Nicolas Robette,

> Si le fait de rattacher un individu à un lieu unique, le plus souvent son lieu de résidence, est fréquemment rendu nécessaire par des contraintes de collecte de données ou d'analyse, cela représente toutefois une simplification importante du réel. Il est alors préférable de saisir une entité plus riche, intermédiaire : un ensemble de lieux avec lesquels l'individu est en rapport, qui composent son espace de vie. Cette catégorie intermédiaire élargit le champ de l'observation au-delà de l'individu, en replaçant celui-ci dans son contexte spatial. Elle permet également de le situer socialement ou fonctionnellement. La démographie, pour qui l'espace ne constitue pas a priori la préoccupation dominante, s'empare de cette notion dans le cadre de l'étude des migrations. Ainsi, l'individu n'est plus rattaché uniquement à son lieu de résidence, mais à l'ensemble des lieux avec lesquels il est en rapport. La configuration de ces lieux intervient dans les choix de mobilité et se trouve en retour modifiée par la migration.[2]

---

1   Dictionnaire Larousse en ligne, https://www.larousse.fr/dictionnaires/francais/lieu/47076 consulté le 27 juillet 2020

2   Nicolas Robette, « Les espaces de vie individuels : de la géographie à une application empirique en démographie », *Cybergeo : European Journal of Geography* [En ligne], Espace, Société, Territoire, document 605, mis en ligne le 27 avril 2012, consulté le 27 juillet 2020. URL : http://journals.openedition.org/cybergeo/25332 ; DOI : https://doi.org/10.4000/cybergeo.25332

Cet ouvrage propose d'envisager de quelle(s) manière(s) la science-fiction, quel que soit son support, comprend et utilise la notion de « lieux de vie » pour la redéfinir, l'interroger et porter un regard différent sur notre monde dans ses dimensions sociale, politique, architecturale, urbaine, etc.

Un lieu de vie peut être un espace restreint, clos et très délimité, ou aussi vaste que l'univers. Ainsi, la notion de « lieu de vie » pose la question du point de vue ; en effet, qui détermine ce qu'est le/un lieu de vie : celui qui y réside ou est-ce celui qui, d'un œil extérieur, le désigne comme tel ? En outre, cet espace est celui où un individu/des individus vivent, mais est-il librement choisi, est-il imposé, et si oui, par qui ou quoi ? Et en quoi cela détermine-t-il la manière de le concevoir, de le construire, de le percevoir, de l'habiter, de le faire vivre et/ou de le quitter ?

Nous comprenons alors que le « lieu de vie » est intrinsèquement lié à l'idée du « départ », de quitter ce lieu, car soit cet espace est « lieu de vie » à vie (et donc il peut devenir lieu de mort, les deux sont sans doute inséparables ), soit il est un lieu de transition vers une autre époque (de sa vie, par exemple un déménagement pour le travail, pour installer sa famille, etc.) ou, également, vers un ailleurs (géographique et final tel l'hôpital en fin de vie, psychologique telle une vie imaginaire – maladie ou refuge). Cela nous amène à nous demander si cet aspect multiple du « lieu de vie » influence la manière dont nous, êtres humains, nous le représentons et nous l'approprions.

Cependant, le lieu de vie ne se limite pas à un espace géographique, il est aussi, parfois, un espace plus abstrait uniquement délimité par des liens sociaux. Ainsi, le nomadisme est constitué par les membres du groupe, qui deviennent le « lieu » dans lequel les individus se reposent, luttent, aiment, pleurent, vivent et meurent.

Ces liens sociaux peuvent être professionnels et le lieu de vie est parfois indissociable du lieu de travail : l'un et l'autre s'agencent dans un puzzle complexe dans lequel l'individu ne parvient plus à distinguer vie privée et vie professionnelle, lieu de vie et vie du lieu (comment un lieu est habité et vit – activités professionnelles (légales et/ou illicites), passages, rencontres, etc.).

Alors apparaissent d'autres considérations concernant la spécificité des lieux et du lieu de vie : on peut se demander en quoi il est différent des autres lieux, ou quelles sont les raisons et les conséquences de cette singularité. Ceci soulève aussi des questionnements sur ce qui se produit quand le lieu de vie perd ses caractéristiques propres ou quand un autre lieu prend les/des caractéristiques du lieu de vie, alors qu'il ne s'agit pas de sa fonction première.

Enfin les lieux de vie peuvent être virtuels, fantasmés ou vécus comme tels. Comment distinguer, et doit-on distinguer, la vie sur le *net* et la vie hors du *net* ? Pourquoi choisir un lieu de vie virtuel plutôt que matériel (même si *Second Life* n'a plus le succès de jadis, ce programme a permis à certains de se créer une autre vie, et cette « seconde réalité » a aussi sa propre économie dans laquelle des entreprises avaient investi de vrais capitaux) ? Que révèle le fait de voir certains passer plus de temps dans ce lieu de vie virtuel que nulle part ailleurs (que ce soit dans le cadre de leur vie quotidienne ou dans le jeu) ?

Parler de jeu, nous renvoie aussi à la question de l'art et de son rapport au « lieu de vie ». Envisagés sous un certain angle, la littérature, comme la peinture, le cinéma, le jeu vidéo ou le jeu de rôle par exemple, sont des lieux de vie (plus ou moins virtuels et/ou fantasmés). En effet, le langage, le récit, ou l'environnement dépeint, plus ou moins immersifs, transportent le public dans un ailleurs, plus ou moins similaire à l'ici, le font donc pendant un laps de temps, plus ou moins long, changer de lieu(x) de vie. Un changement qui peut aussi être plus ou moins réel pour l'auteur de l'œuvre. L'activité d'écriture constitue-t-elle un lieu de vie différent du quotidien de l'auteur où il s'épanouit ? Nécessite-t-elle l'isolement ou, au contraire, un contact avec autrui ?

Ces réflexions sur les « lieux de vie en science-fiction » amènent à s'interroger sur les raisons pour lesquelles ces lieux de vie sont tout à la fois symptomatiques (d'une écriture, d'une société, d'un auteur) et signes révélateurs de la place laissée à l'individu au sein des sociétés (hypertechnologie, surpopulation, dérèglements écologiques, extinction d'espèces, etc.). Quelle influence ces lieux ont-ils sur la perception et la représentation des mondes et sur leur fonctionnement (urbanisme, création artistique et littéraire, histoire, politique) ? Enfin, quelles aspirations ou appréhensions ces lieux de vie suscitent-ils ?

La science-fiction, qu'elle soit littéraire, filmique, sérielle, bédéesque, ludique ou vidéoludique, donne à penser les différents aspects de cette notion, et éclaire les différentes représentations du monde mobilisées tant sur le plan synchronique que diachronique. Mais il semble aussi intéressant de voir comment les auteurs de science-fiction ont pu rêver des lieux de vie loin des modèles existants.

Le sujet est riche, et les chercheurs qui ont contribué à cet ouvrage nous offrent d'aborder plus en profondeur certains de ses aspects. Les textes ici rassemblés soulèvent des questionnements sur les interactions entre le milieu/l'environnement et ceux qui y vivent, et sur les adaptations que les deux doivent opérer pour coexister. Ces considérations se retrouvent à trois niveaux :

- macrocosmique

- métaphysique

- urbain

Ainsi, dans les différentes fictions étudiées, les auteurs du présent ouvrage mettent en lumière la réflexion sur l'environnement dans lequel nous vivons et interrogent la possibilité d'une vie ailleurs. Ces œuvres invitent à connaître notre propre planète pour penser d'autres mondes, mais aussi pour mettre en évidence le fait que certains lieux terrestres sont davantage des lieux de survie que de vie. Ceci entraîne à la fois des questionnements sur la fragilité de l'environnement et sa destruction potentielle.

Par ailleurs, dans un certain nombre d'œuvres de science-fiction, le lieu de vie est celui de l'intime, soit en tant qu'espace physique privé, soit en tant qu'espace corporel et lieu immatériel. Lorsque l'esprit devient un lieu de vie à part entière, l'humain enfermé dans son corps et ne pouvant se mouvoir qu'en pensées, révèle sa fragilité, ses aspirations et sa complexité.

Toutefois, comme le montrent certains articles, le « lieu de vie » correspond aussi au « vivre ensemble », et à ce que peut être un lieu de vie commun. Ainsi cette notion interroge-t-elle la ville, ses évolutions (passées et futures) et son statut comme lieu où transparait la santé d'une société voire d'une civilisation.

Les auteurs de ce recueil ont ainsi mis en lumière combien la science-fiction propose d'aborder certaines questions sous des perspectives différentes et combien elle peut parfois aider à imaginer une vie différente. Ces textes, riches et variés, soulèvent de nombreuses autres questions, et l'ensemble montre combien les auteurs de science-fiction cherchent à rendre compte de l'indicible, à mettre en perspective ces « lieux de vie » dont les différentes facettes sont à l'image de la complexité de l'être humain.

Je vous souhaite une fructueuse plongée dans ces « lieux de vie en science-fiction ».

Danièle André
CRHIA
Université de La Rochelle

# Éco-système et société

# Les lieux de vie en SF : quelles spécificités ?

*Isabelle Perrier*
*Docteure en Littérature comparée, enseignante-chercheuse,*
*éditrice, conceptrice de jeu de rôle*

Quand on s'interroge sur les lieux de vie en science-fiction, un maelstrom d'images très hétérogènes vient tout de suite s'imposer à l'esprit : vaisseaux spatiaux, mégapoles surpeuplées, paysages extraterrestres, villes machiniques tournant à l'électricité ou à la vapeur... La multiplicité de ces images fixe l'ampleur de notre tâche : comment parvenir à embrasser cette diversité ? En quoi est-elle, peut-être, constitutive du genre de la SF ?

C'est dans cette perspective que cet article se propose d'examiner la notion de lieux de vie en SF pour en dégager quelques spécificités pouvant contribuer, à leur manière, à la poétique du genre de la SF. Ainsi, le corpus envisagé s'efforcera d'être le plus large possible, non seulement en termes de sous-genre science-fictionnels (*hard science*, *space opera*, *steampunk*...), mais également en termes de médias.

Précisons, avant toute chose, que l'on entendra par « lieu de vie » un cadre spatio-temporel dans lequel se déroule un récit, qui constitue une unité et qui est usuellement habité par des acteurs du récit (les protagonistes ou des personnages secondaires). Ainsi, on écartera de la notion de lieu de vie les espaces inconnus et vides de tout habitant.

## Un régime de représentation particulier ?

Les lieux de vie, en science-fiction notamment, peuvent relever de deux régimes d'écriture qui semblent à première vue concurrents : un régime d'écriture réaliste et un régime d'écriture mythique et symbolique.

*Un régime d'écriture réaliste*

En effet, la SF peut relever d'un régime d'écriture réaliste, et c'est même l'ambition d'un genre comme la *hard science*[1]. La centralité de la science comme garante du vraisemblable est l'une des possibilités d'écriture en régime réaliste pour la SF. Mais elle peut également s'appuyer sur des procédés proprement littéraires, plus que sur une référentialité s'appuyant sur la science, semblables à ceux que Philippe Hamon a pu développer dans son article de référence, « Un discours contraint[2] ».

Ainsi, la SF s'appuie bien souvent sur une onomastique des lieux de vie réaliste, au sens où cette onomastique se calque sur notre réel et lui offre une assise référentielle importante. Par exemple, *2001: À Space Odyssey* de Arthur C. Clarke[3] se déroule dans le système solaire, entre la Terre et Jupiter, tandis que *The Mars trilogy* de Kim Stanley Robinson[4] oscille entre la Terre et Mars. Cette onomastique se double souvent d'un écart encyclopédique minimal : la trilogie de Stanley Robinson ou le diptyque *Ilium* et *Olympos*[5] utilisent une onomastique géographique relevant de l'astronomie et de l'étude de la planète Mars. Cette onomastique fonctionne à plein dans des sous-genres science-fictionnels comme l'uchronie, qui fait reposer ses effets sur l'écart entre le savoir encyclopédique historique et géographique du lecteur et les lieux et événements représentés dans l'œuvre ; c'est le cas du Paris ou plutôt de la Lutèce de *La Cité de Satan* de Fabien Clavel[6], qui offre la représentation d'un Paris du XIXe siècle, avec nombres de références au roman populaire de l'époque, dans un Empire romain encore vivace. De même, l'anticipation et les romans de SF de type présentistes[7] fonctionnent sur l'écart entre le présent référentiel et le futur proche représenté. Ainsi, le

---

1   « Il s'agit d'œuvres qui présentent des intrigues compatibles avec les théories scientifiques et légitimées par elles. La science est au cœur du genre, comme si les auteurs avaient conservé cette idée du XIXe siècle, que la science est capable de tout expliquer, de tout guérir, de tout prédire. [...] La fiction est renforcée par un arrière-plan solide, de la même manière que les romans d'Émile Zola devaient leur force à une observation rigoureuse de la société. », Gilbert MILLET et Denis LABBÉ, *La Science-fiction*, Paris, Belin, « Sujets », 2001, p. 53 et 54.
2   Philippe HAMON, « Un discours contraint », p. 119-181, *in* Gérard GENETTE et Tzvetan TODOROV (dir.), *Littérature et réalité*, Paris, Seuil, « Points Essais », 1982.
3   Arthur C. CLARKE, *2001: À Space Odyssey*, London, Hutchinson, 1968.
4   *The Mars trilogy* de Kim Stanley ROBINSON comprend trois romans principaux : *Red Mars*, New York, HarperCollins, 1992 ; *Green Mars*, New York, HarperCollins, 1993 ; *Blue Mars*, New York, Voyager Books, 1996.
5   Dan SIMMONS, *Ilium*, New York, HarperCollins, 2003 et Dan SIMMONS, *Olympos*, New York, HarperCollins, 2005.
6   Fabien CLAVEL, *La Cité de Satan*, France, Mnémos, « Icares », 2006.
7   Isabelle PÉRIER, « *Liber mundi* ou le vertige des contrastes chez Maurice G. Dantec », *ReS Futurae* [Online], 7 | 2016, Online since 30 June 2016, connection on 18 July 2020. URL : http://journals.openedition.org/resf/828 ; DOI : https://doi.org/10.4000/resf.828

charme de l'animé nommé *Renaissance*[1] repose notamment sur sa représentation d'un Paris futuriste de 2045.

La représentation réaliste des lieux de vie en SF se fonde également sur son utilisation de la polytextualité[2] ou des artefacts science-fictionnels[3] et notamment sur trois procédés majeurs en ce qui concerne les lieux de vie. On peut d'abord penser aux annexes non-narratives discursives. C'est par exemple le cas de l'annexe que l'on peut lire à la fin de *Dune*[4] : « The Ecology of Dune ». Si cette annexe développe de manière appuyée le personnage de Kynes, elle constitue également une description scientifique, ou plutôt, pseudo-scientifique de l'écologie de Dune, surnom donné à la planète Arrakis, utilisant tout l'arsenal du discours scientifique, des données chiffrées au lexique spécialisé. La deuxième forme de polytextualité renforçant le régime d'écriture réaliste des lieux de vie en SF relève des annexes utilisant des figures, la plupart du temps des cartes. Ainsi on trouve une carte de la planète Dune à la toute fin du roman. Certains cycles sont toutefois beaucoup plus prolixes en cartes, sans toutefois atteindre la production cartographique pléthorique de la *fantasy*. Par exemple, le *Cycle de Tyranaël* d'Elisabeth Vonarburg[5] repose sur deux lieux de vie, Virginia et Tyranaël, qui sont reliés par un lieu de passage[6], la Mer. Ainsi, ces lieux de vie sont représentés sous forme de cartes au début de chaque volume du cycle, montrant leur évolution, mais renforçant ainsi le mystère d'un lieu de vie double, mystère qui sera éclairci au fur et à mesure que l'on progresse dans le cycle. Enfin, la troisième forme de polytextualité à l'œuvre dans le régime réaliste d'écriture des lieux de SF est celle des exergues. Ceux-ci sont en effet un moyen de décrire les lieux de vie qui forment le cadre spatial de l'intrigue sans alourdir le texte principal. C'est notamment le cas de grandes fresques où les personnages sont voyageurs et passent de lieu de vie en lieu de vie. La description systématique de chaque lieu de vie traversé serait tout à fait fastidieuse : les exergues permettent de pallier cette difficulté et de préserver la légèreté descriptive du texte principal et le rythme du récit. Ce

---

1   Christian VOLCKMAN, *Renaissance* © Onyx Films et Millimages, en coproduction avec France 2 Cinéma et Timefirm Limited, 2006.

2    Irène LANGLET, *La science-fiction. Lecture et poétique d'un genre littéraire*, Paris, Armand Colin, « U », 2006, p. 93 *sqq.*

3   Richard SAINT-GELAIS, *L'Empire du pseudo. Modernités de la science-fiction*, Québec, Nota bene, 1999, p. 312.

4   Frank HERBERT, *Dune*, Philadelphie, Chilton Books, 1965.

5   *Le cycle de Tyranaël* d'Élisabeth VONARBURG comporte cinq ouvrages : *Les Rêves de la mer*, Québec, Alire, 1996 ; *Le Jeu de la perfection*, Québec, Alire, 1996 ; *Mon Frère l'ombre*, Québec, Alire, 1997 ; *L'Autre Rivage*, Québec, Alire, 1997 ; *La Mer allée avec le soleil*, Québec, Alire, 1997.

6   Isabelle PÉRIER, « Passages et lieux de passage dans le cycle de Tyranaël d'Élisabeth Vonarburg », *Lieux de Vie en science-fiction*, publication à paraître 2021-2022.

procédé est utilisé massivement par Pierre Bordage dans son cycle de *La Fraternité du Panca*[1].

Enfin, la description des lieux de vie peut également, dans la texture même de son écriture, utiliser les procédés d'écriture du réalisme et du naturalisme, tels que les ont fixés les auteurs du XIXe siècle. Prenons pour cela un exemple précis : la description d'une usine, à la fois lieu de vie et lieu de travail, dans l'incipit du roman *The Windup Girl*.

Banyat fait signe à Anderson de se placer derrière une cage de protection.

La cloche de Num sonne une dernière fois. La chaîne gémit en se mettant en marche. Anderson ressent un léger frisson en voyant le système s'activer. Les ouvriers s'accroupissent derrière leurs boucliers. Les filaments des piles-AR chuintent en s'échappant des brides d'alignement et traversent une série de cylindres chauffés. Une pulvérisation de réactif puant pleut sur les filaments couleur rouille, les graisses d'un film lisse qui répartira la poudre d'algue de Yates en une couche égale.

La presse descend violemment. Anderson en a mal aux dents tant le poids est écrasant. Les fils des piles claquent et le filament découpé coule à travers le rideau vers la salle d'affinage. Après trente secondes, il émerge, gris pâle et poussiéreux de poudre dérivée d'algues. Il passe à travers une nouvelle série de cylindres chauds avant d'être torturé pour atteindre sa structure finale, tordu sur lui-même en un rouleau de plus en plus serré, à l'encontre de sa structure moléculaire, pour devenir un ressort très concentré. Un hurlement assourdissant de métal tordu s'élève. Les résidus de lubrifiant et de poudre d'algues pleuvent du revêtement tandis que le ressort se ramasse sur lui-même, éclabousse les ouvriers et l'équipement, puis la pile comprimée est roulée jusqu'à l'emballage et envoyée au contrôle qualité.

Une LED jaune clignote, signifiant que tout se déroule correctement. Les ouvriers jaillissent de leur position protégée pour relancer la presse tandis qu'un nouveau torrent de métal siffle en émergeant des entrailles de la salle de trempe. Les cylindres cliquettent, tournent à vide. Les tuyères de lubrifiant laissent échapper une légère brume en s'autonettoyant avant la prochaine application. Les ouvriers terminent d'aligner les presses puis se

---

1  *La Fraternité du Panca* est un cycle romanesque de Pierre BORDAGE qui comprend cinq volumes : *Frère Ewen*, Nantes, L'Atalante, 2007 ; *Sœur Ynolde*, Nantes, L'Atalante, 2008 ; *Frère Kalkin*, Nantes, L'Atalante, 2009 ; *Sœur Onden*, Nantes, L'Atalante, 2011 ; *Frère Elthor*, Nantes, L'Atalante, 2012. Pour une analyse de l'utilisation de ce procédé dans la construction des mondes imaginaires, se référer à Isabelle PÉRIER, « Construire des mondes imaginaires : l'exemple des exergues de Frank Herbert et Pierre Bordage », *in* Chelebourg C., Freyheit M., Piégay V-A. (dir.) : *États et empires de l'imaginaire, Cultural Express* n°1.
http://cultx-revue.com/article/construire-des-mondes-imaginaires-lexemple-des-exergues-de-pierre-bordage

réfugient derrière leur bouclier. Si le système venait à se casser, les filaments deviendraient des lames de haute énergie, fouettant la salle de montage de manière incontrôlée[1].

Cette description répond aux canons de la description réaliste[2]. Le personnage, dont le point de vue est adopté, est en position d'observateur : il visite l'usine et est placé « derrière une cage de protection », ce qui lui assure un point d'observation sécurisé, mais également propice à l'examen puisqu'il est transparent. La description est organisée autour des différents sens : le réactif est « puant », les « cylindres chauffés » et l'accent est porté sur l'ouïe : « sonne », « claquent », « un hurlement assourdissant », « siffle », « cliquettent », en utilisant personnifications, images et hyperboles pour insister sur le bruit terrible du processus. Ce dernier est mis en avant par le présent de narration, mais surtout par la présentation de la description sous forme d'action, procédé remontant à Homère, mais largement utilisé dans la littérature réaliste. La description, narrativisée, revêt un dynamisme qui la rend attrayante. En outre, le régime réaliste de cette description fonctionne également grâce au lexique employé, technique, précis et la plupart du temps dénotatif. On voit bien comment la description des lieux de vie en SF reprend les principaux procédés d'écriture du réalisme.

### Un régime d'écriture mythique et symbolique

Pourtant les lieux de vie en science-fiction, malgré leur régime d'écriture à dominante réaliste, peuvent simultanément fonctionner selon un régime mythique et symbolique qui revêt plusieurs aspects.

La SF, du fait de l'onomastique astronomique qui a choisi, depuis sa naissance, de donner des noms aux astres en rapport avec la mythologie, possède également une onomastique mythologique, quel que soit son régime de fonctionnement. Mais ce rapport avec la mythologie est souvent réactivé dans des œuvres au fonctionnement symbolique et intertextuel. Par exemple, la planète Hypérion dans le cycle des *Cantos d'Hypérion* de Dan Simmons[3] est à la fois une référence littéraire à l'*Hypérion* de John Keats, qui est lui-même présent dans le roman sous la forme d'un cybrid abritant une

---

1  Paolo Bacigalupi, *The Windup Girl*, San Francisco, Night Shade Books, 2009 [*La Fille automate*, Sara Doke trad., Vauvert, Au diable vauvert, 2012, p. 20-21].

2  Se référer à Philippe HAMON, *Introduction à l'analyse du descriptif*, Paris, Hachette, 1981 et Jean-Michel ADAM et André PETITJEAN, *Le texte descriptif*, Paris, Armand Colin, « U », 1989.

3  Le cycle *Hyperion Cantos* de Dan SIMMONS comprend quatre romans : *Hyperion*, New York, Doubleday, 1989 ; *The Fall of Hyperion*, New York, Doubleday, 1990 ; *Endymion*, New York, Headline Book Publishing, 1996 ; *The Rise of Endymion*, New York, Bantam Books, 1997.

intelligence artificielle[1], et une référence mythologique qui incite le lecteur à se livrer à une lecture mythique des événements et des lieux du roman. De plus, elle abrite un lieu qui possède une connotation symbolique et transcendante très forte : il s'agit des Tombeaux du Temps qui abritent la créature horrifique nommée le Gritche. Ainsi, la spécificité du régime d'écriture en SF serait de permettre aux deux régimes de cohabiter et de fonctionner en termes de dominante. Par exemple, le journal du Père Duré dans *Hypérion* fait alterner ces deux régimes au sein même de son écriture. Son récit prend un tour réaliste et ethnologique lorsqu'il découvre la tribu des Bikura, mais sa dominante devient mythique et symbolique lorsque le Gritche lui apparaît ou lorsqu'il choisit de se crucifier et d'endurer une douleur inhumaine dans les arbres à Tesla afin de se libérer de la malédiction du cruciforme. C'est ici la référence à la religion chrétienne qui fait basculer le récit du réalisme au mythico-symbolique.

Ce basculement peut s'effectuer grâce à la nature symbolique des lieux de vie traversés par les personnages. Par exemple, le désert est souvent associé à la notion d'initiation, et c'est cette signification mythique-là qu'il revêt dans la quête de Paul Atréides dans le cycle de *Dune*[2], à la fois dans le premier volume, mais également dans les suivants. En effet, c'est suite à sa fuite dans le désert avec sa mère, Dame Jessica, que Paul va intégrer le peuple des Fremen, gagner son nom de Usul et son surnom de Muad'dib et qu'il va devenir à la fois homme et « Kwisatz Haderach », prophète aux pouvoirs divins. C'est également au terme de sa mort symbolique dans le désert, à la fin de *Dune Messiah*, qu'il deviendra le Prophète de *The Children of Dune*. Et Leto accomplira sa transformation en Empereur-Dieu en partant se réfugier dans le désert. Cette dimension se retrouve bien souvent chez Pierre Bordage où la nature symbolique de l'environnement et des lieux de vie que traversent les personnages est souvent capitale. Ainsi, dans le deuxième volume de la *Fraternité du Panca*[3], sœur Ynolde, l'héroïne éponyme du roman, va comprendre le sens de sa vie et de sa quête à l'issue de son voyage qui se termine au sommet d'une montagne, au terme d'une ascension mortelle.

Enfin, les lieux de vie sont parfois transformés en espace symbolique le temps d'une scène lorsque leur description est insérée dans une séquence qui

---

1 Se référer à Isabelle PÉRIER, « Du cybride au poète : le personnage de Keats dans *Les Cantos d'Hypérion* de Dan Simmons », communication pour le colloque « Transfictions d'auteur », organisé en main 2015 par le RIRRA à l'Université de Montpellier (à paraître).

2 Le *Cycle de Dune* originel, c'est-à-dire rédigé par Frank HERBERT, comprend six romans : *Dune*, Philadelphie, Chilton Books, 1965 ; *Dune Messiah*, Londres, New English Library, 1969 ; *The Children of Dune*, New York, Putnam, 1976 ; *God Emperor of Dune*, New York, Putnam, 1981 ; *Heretics of Dune*, New York, Putnam, 1984 ; *Chapterhouse Dune*, New York, Putnam, 1985.

3 BORDAGE, *Sœur Ynolde, op. cit.*.

relève de l'ordre du mythique. Par exemple, la capitale de l'Empire d'Azad où se déroule la majeure partie du championnat qui est au cœur de *L'Homme des jeux* de Iain M. Banks[1], est présentée comme une mégalopole d'une autre civilisation. Cependant, ce lieu de vie, point central d'une civilisation, l'Azad, est transformé, le temps d'une soirée, en lieu infernal par l'écriture du roman. En effet, Gurgeh, le personnage principal de la Culture, est sur le point d'abandonner et de céder aux menaces de ses adversaires qui souhaitent l'éliminer du concours. Toutefois, Flère Imsaho, le drone qui l'accompagne dans son séjour, entreprend de lui rendre sa pugnacité en lui faisant visiter cette capitale, de nuit, incognito. Cette balade se transforme rapidement en descente aux Enfers, littéralement et symboliquement : de simple visite touristique un peu risquée, elle devient *nekuia*, descente aux Enfers initiatique et permet au héros de comprendre combien cette civilisation est abominable et combien elle contrevient à tous les idéaux de la Culture. Au sortir de cette scène, Gurgeh comprend que sa tâche est bien de combattre cette civilisation. Pour le lecteur, c'est le moment où un lieu de vie, décrit jusqu'ici avec des conventions romanesques de type réaliste, prend une dimension symbolique et mythique. Ce basculement, qui peut s'effectuer dans d'autres genres, est particulièrement fréquent et sensible en SF. Il constitue l'une des caractéristiques du genre très marqué de la SF.


## *Un marqueur générique ?*

Dans le roman réaliste et notamment le roman balzacien, les lieux de vie sont un reflet des personnages qui les habitent : ils entretiennent en cela un rapport métonymique. On peut retrouver ce genre de relation métonymique entre personnage et lieu de vie dans la science-fiction. Par exemple, lespersonnages *cyberpunk* sont plutôt sombres et malmenés par la vie, à la fois physiquement et moralement. Et ainsi, leur lieu de vie, la mégalopole futuriste sale du *cyberpunk*, constitue une représentation métonymique de leur propre être. C'est le cas, par exemple, des personnages de *Neuromancer*[2] : Case est un *hacker* dont le système nerveux a été gravement endommagé pour le punir d'avoir essayé de doubler son employeur. Molly, la samouraï des rues aux implants oculaires et aux ongles-lames, a vendu son corps dans des bordels afin de payer ses implants. Tous deux évoluent dans le *Sprawl* (la Conurb en français), une mégalopole rongée par la « finance cynique », la misère et la criminalité.

---

1 Iain M. BANKS, *The Player of Games*, London, Macmillan, 1988.
2 William GIBSON, *Neuromancer*, New York, Ace Books, 1984.

Toutefois, ce rapport métonymique est souvent diffus et il fonctionne différemment en science-fiction. En effet, en SF, les lieux de vie, plus que des marqueurs métonymiques de l'être des personnages, sont bien davantage des marqueurs génériques qui permettent au lecteur de repérer qu'il se trouve non seulement dans un ouvrage de science-fiction, mais également dans quel type de sous-genre il évolue. Ainsi, si l'on essaie de cerner les différents genres de la science-fiction, on peut leur associer un lieu de vie type qui fonctionne donc comme un marqueur générique. Par exemple, la mégalopole sale, criminelle et noircie par la pollution, que le Los Angeles du *Blade Runner* de Ridley Scott[1] a transformée en emblème du genre, est bien souvent le lieu de vie associé au *cyberpunk*. Une Londres victorienne alternative peuplée de créatures surnaturelles, d'automates et de machines à vapeur évoquera nécessairement le genre du *steampunk*. Lorsqu'un lieu de vie ravagé par la pollution et la guerre abrite des trésors technologiques d'un autre temps, cachés et oubliés, le lecteur est très rapidement projeté dans une œuvre relevant du genre post-apocalyptique (ou post-apo). Mieux, certains genres tirent leur nom des lieux de vie qui en sont le théâtre : c'est le cas du *planet* et du *space opera* puisque les termes de « planet » et « space » impliquent l'espace dans lequel vont évoluer, et donc vivre, les personnages. *Dune*[2] est à la fois le titre du cycle dont il est le premier roman (le *Cycle de Dune*), le nom d'un roman et le nom du lieu de vie principal du roman, justifiant ainsi l'appellation de « planet opera ». Des œuvres comme *2001: À Space Odyssey*[3], *Star Wars*[4] ou encore *Interstellar*[5] induisent, dans leur titre même, une notion spatiale qui les rattache immédiatement au *space opera*, c'est-à-dire dans un genre où le lieu de vie englobant est cosmique, puisqu'il implique l'espace ou les étoiles − et donc les vaisseaux nécessaires pour atteindre ou traverser ces lieux de vie, ou plutôt, de non-vie. Car le *space opera*, du point de vue de la notion de lieu de vie, induit un paradoxe : son théâtre des opérations est bien l'espace, mais par définition l'espace n'est pas un lieu de vie, mais bien un lieu de mort. Pour y survivre, il faut se réfugier dans des lieux de vie confinés qui permettent à l'humanité de se protéger du lieu de non-vie qu'est l'espace : vaisseaux, bases spatiales, astéroïdes aménagés, planètes.

---

1   Ridley SCOTT, *Blade Runner* © The Ladd Company, Warner Bros, 1982.
2   HERBERT, *Dune*, op. cit..
3   CLARKE, *2001: À Space Odyssey*, op. cit..
4   La première trilogie *Star Wars* comprend les films suivants : George LUCAS, *Star Wars, Episode IV: A New Hope* [*Un nouvel espoir*] © 20th Century Fox, 1977 ; Irvin KERSHNER, *Star Wars, Episode V: The Empire Strikes Back* [*L'Empire contre-attaque*] © 20th Century Fox, 1980 ; Irchart MARQUAND, *Star Wars, Episode VI: Return of the Jedi* [*Le Retour du Jedi*] © 20th Century Fox, 1983.
5   Christopher NOLAN, *Interstellar* © Syncopy films, Legendary Pictures, Warner Bros et Paramount Pictures, 2014.

Ce rapport entre lieux de vie en science-fiction et qualification générique permet de justifier l'appellation de littérature – ou de cinéma – de genre qui lui est souvent apposé, la plupart du temps dans une intention dépréciative. Notre analyse permet de justifier ce type d'appellation sans nécessairement induire de connotation. En effet, la littérature de genre, prise en ce sens, serait une littérature répondant à des codes génériques stricts, qui n'induisent pourtant pas de jugement sur leur valeur : la poésie a, pendant longtemps, obéi à une stricte codification sans que sa valeur littéraire ne soit remise en cause. Ainsi, les lieux de vie en science-fiction constitueraient un marqueur permettant de définir le sous-genre dans lequel on peut classer l'œuvre considérée et participeraient de sa reconnaissance immédiate par le public.

## *Une originalité actancielle ?*

Les lieux de vie de SF peuvent revêtir, comme dans tous les autres genres de fiction, une diversité de rôles dans le récit. Ils peuvent ainsi être l'objet de la quête du ou des personnages principaux. C'est le cas, par exemple, des romans mettant en scène une conquête, comme *Dune* de Frank Herbert[1], le premier volume du cycle du même nom ou encore le film *Avatar* de James Cameron[2]. Dans ce dernier, les Terriens veulent s'approprier le lieu de vie des Na'vi afin de s'emparer du gisement d'unobtanium qui leur permettrait de résoudre la crise énergétique sévissant sur Terre. Ce peut être également le cas des œuvres mettant en scène une exploration, voire une terraformation comme dans la *Trilogie de Mars* de Robinson[3].

Les lieux de vie en SF peuvent également être adjuvants ou opposants à la quête du sujet. On peut considérer que le vaisseau spatial, en tant que lieu de vie en transit dans un lieu de mort, le vide spatial, est par essence un lieu de vie adjuvant. Il en va de même pour des créatures spatiales comme les Xaxas dans le cycle des *Guerriers du Silence* de Pierre Bordage[4] qui sont des créatures vivantes symbiotiques qui fonctionnent comme des lieux de vie, puisqu'ils maintiennent en vie leur hôte, et comme des moyens de transport. C'est la fusion de ces trois aspects, créature vivante, mode de transport et lieu de vie qui fait des Xaxas une race extraordinaire. Mais le lieu de vie

---

1 HERBERT, *Dune, op. cit.*
2 James CAMERON, *Avatar* © 20th Century Fox, Dune entertainment, Giant Studios, Ingenious Film Partners, Lightstorm Entertainment, 2009.
3 ROBINSON, *Mars trilogy, op. cit..*
4 Le cycle des *Guerriers du silence* de Pierre BORDAGE comporte trois romans : *Les Guerriers du silence*, Nantes, L'Atalante, 1993 ; *Terra Mater*, Nantes, L'Atalante, 1994 ; *La Citadelle Hyponéros*, Nantes, L'Atalante, 1995.

adjuvant peut également être une planète ou un lieu paisible au milieu d'un lieu hostile : par exemple, *Ardis Hall*, la maison d'Ada dans *Ilium* de Dan Simmons[1], est, en dehors de toute référence intertextuelle à Nabokov, un lieu paisible au milieu du lieu de vie hostile qu'est devenue la planète Terre. De manière générale, la SF s'est approprié le *topos* antique, remontant à la grotte de Calypso dans l'*Odyssée* d'Homère et au *Phèdre* de Platon, du *locus amoenus*, c'est-à-dire du lieu agréable. Celui-ci se caractérise par sa douceur et son rapport à la nature : un climat assez chaud, tempéré par de nombreux coins d'ombre plus frais, de l'eau en abondance et un silence que ne vient briser que les bruits de la nature (cigales, grillons, bourdonnement des abeilles, bruit des vagues...). C'est tout à fait ce type de lieu que veut évoquer la planète Naboo dans *Star Wars*, notamment dans l'épisode 2, où elle constitue le lieu de vie, et d'idylle, de Padmé et Anakin[2].

Mais les lieux de vie peuvent également jouer le rôle d'opposant : ils sont alors souvent le théâtre de catastrophes advenues ou en train d'advenir. Par essence, le genre du post-apocalyptique est lié à ce type de lieu de vie hostile et dangereux. C'est le cas, par exemple, du roman *Les Derniers hommes* de Pierre Bordage[3] où la faune et la flore sont programmées pour précipiter la fin de l'homme : tempêtes, végétation hostile, meutes d'animaux génétiquement modifiés. Le seul lieu de vie encore capable d'accueillir les hommes est le convoi de camions qui constitue un lieu de vie nomade. Un roman comme *The Crystal World* de Ballard[4] présente également l'image d'un lieu de vie opposant car devenu hostile, qui tend à se superposer avec la Terre entière. Plus globalement, les lieux de vie opposants sont souvent le moyen d'évoquer la question écologique et les ravages que peuvent provoquer les dérèglements climatiques et écologiques. C'est le cas de film-catastrophe de SF comme *2012* ou encore *The Day after Tomorrow* de Roland Emmerich[5]. Mais le *space* et le *planet opera*, avec leurs grands espaces ouverts à la conquête qu'ils impliquent, sont également des genres propices à mettre en scène des lieux de vie – opposants. C'est par exemple le cas de *The Left Hand of Darkness* d'Ursula Le Guin[6], où le personnage principal effectue un voyage éprouvant avec un autochtone nommé Estraven à travers le glacier de Gobrin ou encore celui de la planète Mars, représentée

---


1 SIMMONS, *Ilium*, *op. cit.*.
2 George LUCAS, *Star Wars: Episode II–Attack of the Clones* [*L'Attaque des clones*] © Lucasfilm, 2002.
3 Pierre BORDAGE, *Les Derniers Hommes*, Paris, J'ai lu, 2002.
4 James G. BALLARD, *The Crystal World*, London, Jonathan Cape, 1966.
5 Roland EMMERICH, *2012* © Contropolis Entertainment, 2009 et Roland EMMERICH, *The Day After Tomorrow* [*Le Jour d'après*] © 20th Century Fox, Centropolis Entertainment, Lions Gate Film et Mark Gordon Productions, 2004.
6 Ursula K. LE GUIN, *The Left Hand of Darkness*, New York, Ace Books, 1969.

bien souvent comme un lieu dangereux dans la *Trilogie de Mars* de Robinson[1].

Mais la SF recèle une possibilité qui constitue l'une de ses originalités. En effet, elle permet de mettre en scène des objets et des lieux possédant une conscience, qu'elle soit extraterrestre et organique ou informatique et artificielle. Car si l'intelligence artificielle est souvent abritée par un corps robotique ou cybernétisé, elle peut également s'incarner dans des lieux de vie. C'est par exemple le cas de Hal, qui est en quelque sorte l'esprit et la conscience du vaisseau, le Discovery One, dans *2001: À Space Odyssey*[2]. C'est également, notamment, l'un des thèmes centraux du *Cycle de la Culture* de Iain M. Banks[3]. En effet, celui-ci met en scène une civilisation où les IA régentent la civilisation humaine en adoptant un point de vue surplombant et bienveillant. De plus, la Culture est une civilisation spatiale nomade : ses ressortissants, humains, IA et aliens, vivent dans d'immenses vaisseaux qui sillonnent l'univers, des VSG, et sur des Orbitales. Bien évidemment, tous ces lieux de vie sont régis par des IA qui en constituent comme l'esprit. Or ces IA peuvent être les sujets agissants de nombre d'intrigues : par exemple, *Excession* met en scène des complots byzantins entre IA, et l'un des personnages principaux du roman n'est autre que l'IA nommée Service Couchettes, qui est incorporée dans un VSG. On peut également penser à *Look to Windward*, dont le dénouement met en scène le suicide de l'IA d'une Orbitale, Lasting Damage, qui a pris part à un terrible massacre durant la guerre contre les Indirans mille ans auparavant et qui ne parvient pas à vivre avec le souvenir et la culpabilité impliqués par de tels actes. Le roman se clôt sur le suicide de ce lieu de vie, qui annihile sa conscience et sera remplacé par une autre IA. Cette problématique du sujet-lieu de vie se retrouve également dans la trilogie de *The Night's Dawn Trilogy* de Peter F. Hamilton[4] : elle voit cohabiter deux civilisations, les Édénistes et les Adamistes. Si ces derniers ont misé leur développement technologique sur l'informatique et la cybernétique, les Édénistes ont développé ce qu'ils nomment le gène de l'affinité qui permet de créer des objets biologiques dotés d'une conscience et de pouvoir communiquer avec eux. Ainsi, les vaisseaux, les stations spatiales et les maisons édénistes sont des lieux de vie qui sont également des sujets, d'autant plus qu'ils peuvent

---

1 ROBINSON, *Mars trilogy, op. cit.*.
2 CLARKE, *2001: À Space Odyssey, op. cit.*.
3 Le *Cycle de la Culture* de Iain M. BANKS comprend principalement huit romans : *Consider Phlebas*, London, Macmillan, 1987 ; *The Player of Games*, London, Macmillan, 1988 ; *Use of Weapons*, London, Orbit Books, 1990 ; *Excession*, London, Orbit Books, 1996 ; *Look to Windward*, London, Orbit Books, 2000 ; *Matter*, London, Orbit Books, 2008 ; *Surface Detail*, London, Orbit, 2010 ; *The Hydrogen Sonata*, London, Orbit Books, 2012.
4 Le cycle *The Night's Dawn Trilogy* de Peter F. HAMILTON comprend trois volumes : *The Reality Dysfunction*, London, Macmillan, 1996 ; *The Neutronium Alchemist*, London, Macmillan, 1997 ; *The Naked God*, London, Macmillan, 1999.

intégrer à leur psyché l'âme des édénistes morts et constituent des agglomérats spirituels assez complexes. De fait, les vaisseaux édénistes sont de véritables personnages agissant selon leur conscience, comme des sujets. Ainsi, dans la SF, les lieux de vie peuvent être des actants, comme dans la littérature *mainstream* ou les autres genres de l'imaginaire, mais ils peuvent notamment endosser un rôle de sujet, de destinateur ou de destinataire. Ils possèdent alors un moi, une psychologie et font preuve d'intentionnalité. Cette spécificité permet à la SF de concilier deux traits du genre : le plaisir de l'émerveillement (*the sense of wonder*) et la dimension spéculative et réflexive de la SF (le *and if ?*)[1].


## *Une diversité unique ?*

Mais ce qui ressort surtout de tout ce qui précède, c'est bien que la SF offre une diversité de représentations de lieux de vie tout à fait remarquable. Elle englobe à la fois des lieux de vie semblables aux genres *mainstream*, à savoir des lieux de vie à la forte référentialité, mais elle peut également s'en éloigner pour s'en détacher complètement. Elle est en cela le genre de l'imaginaire aux lieux de vie les plus diversifiés. En effet, si l'on considère le fantastique, il propose une représentation de lieux de vie très proches du réel, puisque son mécanisme central repose sur l'irruption d'un surnaturel terrifiant et maléfique au sein d'un régime réaliste[2]. Quant à la fantasy, elle offre une série de variations autour de la représentation d'un passé mythique et fantasmé, voire complètement imaginaire, qui oscille entre le mythe, l'Antiquité et le Moyen Âge[3]. Ainsi, les lieux de vie de la fantasy déclinent quelques grands archétypes sans en sortir réellement, ou alors très rarement : la nature, le château, la masure, le village, la ville médiévale, le navire... La fantasy peut toutefois se faire urbaine, mais elle joue alors sur le décalage entre une représentation presque référentielle des lieux de vie et leurs habitants magiques et improbables.

Au contraire, la SF permet une diversité étourdissante dans les lieux de vie qu'elle représente et met en scène. Cette diversité peut prendre plusieurs formes. Elle est d'abord une diversité de taille : le lieu de vie en SF peut être de dimension modeste, un petit vaisseau indépendant, comme le Serenity de *Firefly*[4], ou un appartement sordide dans une mégalopole comme dans

---

1  Roger BOZZETTO, *La science-fiction*, Paris, Armand Colin, « 128 », 2007, p. 12.
2  Se référer à Michel VIEGNES, *Le fantastique*, Paris, GF, « Corpus », 2006 et Nathalie PRINCE, *La littérature fantastique*, Paris, Armand Colin, « 128 », 2008.
3  Se référer à Anne BESSON, *La fantasy*, Paris, Klincksieck, 2007.
4  Joss WHEDON, *Firefly* © Joss Whedon et Tim Minear, 2002.

*Neuromancer*[1], mais il peut également prendre la forme d'un immense vaisseau spatial comme les VSG de la Culture[2], d'une base comme dans *Babylon 5*[3], d'une planète comme Mars, voire d'un ou plusieurs systèmes solaires comme dans la trilogie de *L'Aube de la Nuit* de Peter F. Hamilton[4].

La variété des lieux de vie en SF se lit également en termes de différences de rapport au réel. La SF peut représenter des lieux de vie à la forte référentialité : Paris, Londres, mais aussi Mars ou Jupiter... Elle peut également se dérouler dans un cadre fictif tout autre gardant un lien avec notre cadre de référence : ses lieux de vie sont autres, mais ils sont liés à notre réel par une histoire et par une onomastique assumées. C'est le cas du *Cycle de Dune*[5], qui, avec les références aux Atrides et aux mémoires ancestrales des personnages, ancre le cycle dans une temporalité et un espace différents. Mais les lieux de vie du *Cycle de Dune* ne sont pas complètement détachés de notre présent : ils constituent un possible parmi l'infinité des possibles. C'est aussi le cas des *Guerriers du silence*[6] où la référence à notre réel, avec *Terra Mater*, implique que ces lieux de vie soient également un possible et non pas seulement une représentation entièrement autre. Toutefois, cette représentation complètement autre peut exister : c'est le cas de la Culture, qui n'entretient avec la Terre et notre réalité qu'un lien lointain mis en jeu dans la nouvelle nommée « The State of the Art[7] ». Ce titre programmatique annonce le sujet de la nouvelle : la Culture, dans son exploration spatiale, est tombée sur une planète nommée la Terre. À ce titre, la section nommée Contact doit déterminer si la Terre est assez avancée technologiquement et surtout moralement pour pouvoir être le théâtre d'un contact avec la Culture. Bien évidemment, le bilan présenté par les observateurs de la Terre est lourd et la Culture passe son chemin, car les Terriens ne sont pas prêts. Mis à part cette nouvelle, l'intégralité du *Cycle de la Culture* se déroule dans des lieux qui n'ont aucun lien avec notre présent référentiel.

La SF permet également des variations de lieux de vie qui jouent avec le temps et l'histoire. On l'a vu, la SF peut représenter des lieux de vie réels mais offrant une anticipation possible l'avenir : on peut penser au Paris du film d'animation *Renaissance*[8], ou bien encore au Japon fantasmé du jeu de

---


1   Gibson, *Neuromancer*, *op. cit.*.

2   Banks, *op. cit.*.

3   Joe Michael Straczynski, *Babylon 5* © John Copeland, 1993 – 1998.

4   Hamilton, *The Night's Dawn Trilogy*, *op. cit.*.

5   Herbert, *op. cit.*.

6   Bordage, *op. cit.*.

7   Iain. M. Banks, « The State of the Art » in *The State of the Art*, California, Mark V. Ziesing, 1989.

8   Christian Volckman, *Renaissance*, *op. cit.*.

rôle *Kuro*[1]. Celui-ci présente un Japon en 2046 qui pourrait bien être notre futur, forgé de communautés d'internautes, de réseaux sociaux, de pods (qui sont très proches de nos smartphones d'aujourd'hui) et de réalité augmentée. La SF peut également jouer avec le passé, soit qu'il devienne un lieu de vie temporaire grâce au motif du voyage dans le temps, comme la Londres de 1810 et de 1684 dans *Les Voies d'Anubis* de Tim Powers[2], soit que le lieu de vie passé soit au cœur des représentations de l'œuvre ou du genre. C'est le cas du *steampunk* qui situe généralement ses intrigues dans la Londres victorienne, avec parfois quelques variations culturelles et linguistiques : les romans d'auteurs français, comme *Confessions d'un automate mangeur d'opium* de Mathieu Gaborit et Fabrice Colin[3] ou encore *La Lune seule le sait* de Johan Heliot[4], préfèrent situer leurs intrigues dans le Paris du Second Empire ou de la Belle Époque. Mais le jeu avec le passé peut s'avérer plus subtil encore : l'uchronie est un jeu sur une variable historique qui modifie non seulement le cours des choses, mais également, nécessairement, les lieux de vie. Ainsi, la *Vénus anatomique* de Xavier Mauméjean[5] propose-t-elle la représentation complètement onirique d'un Berlin transformé en panopticon par un Frédéric II de Prusse devenu fou.

Enfin, la variation des lieux de vie en SF peut même jouer sur le *and if* et faire varier les règles physiques voire cosmiques. Elle peut ainsi nous permettre de nous interroger sur les conditions du vivant. Par exemple, Peter F. Hamilton présente, au début de sa trilogie précédemment citée[6], une planète qui constitue un lieu de vie quasiment impossible à habiter. Et pourtant, ce lieu de vie est bien un lieu de vie pour une espèce fort étrange, les Li-Cylph, qui sont des créatures mi-immanentes, mi-transcendantes, qui partent ensuite dans l'espace pour étancher leur soif de découverte et de savoir. De même, une œuvre comme la Culture de Iain M. Banks[7] vient à questionner la notion de lieu de vie en ce qu'elle représente comme possible ce qu'elle nomme la Sublimation, à savoir le passage d'une condition existentielle immanente à un état spirituel supérieur et imperceptible pour les êtres de chair qui peuplent l'univers. Est-ce à dire que l'univers serait un lieu de vie abritant des êtres de condition métaphysique différente qui nous demeurent invisibles ? Qu'en est-il du lieu de vie pour de tels êtres proches du divin ? Cette variation sur les règles cosmiques est aussi au cœur du

---

1 Willy FAVRE, Julien HEYLBROECK, Jérôme LARRÉ, NEKO, Christophe VALLA, *Kuro*, France, 7ᵉ Cercle, 2007.
2 Tim POWERS, *The Anubis Gates*, New York, Ace Books, 1983.
3 Fabrice COLIN et Mathieu GABORIT, *Confessions d'un automate mangeur d'opium*, Paris, Mnémos, « Icares », 1999.
4 Johan HELIOT, *La Lune seule le sait*, Paris, Mnémos, « Icares », 2000.
5 Xavier MAUMÉJEAN, *La Vénus anatomique*, Paris, Mnémos, « Icares », 2004.
6 HAMILTON, *The Night's Dawn Trilogy*, op. cit..
7 BANKS, *op. cit.*.

roman de Tristan Garcia, *Les Cordelettes de Browser*[1]. Ce roman étonnant présente une humanité qui aurait, par accident, arrêté le temps et se trouve condamnée à revivre éternellement son existence en jouant avec de petites cordelettes, les cordelettes de Browser. S'il s'agit bien d'une fable sur le temps, on peut se demander si la vision qu'elle présente n'est pas non plus liée à l'espace : dans un temps figé pour l'éternité, l'homme peut-il être libre ? N'est-il pas prisonnier de son éternité, qui fait de sa vie un lieu de vie immuable et éternel ? Enfin, la SF pose également la question de la matérialité du lieu de vie : les romans *cyberpunk* et *post-cyberpunk* et avec eux les films sur la réalité virtuelle, de *Matrix*[2] à *Avalon*[3] en passant par *Tron L'Héritage*[4], *eXistenZ*[5] ou *Inception*[6] problématisent la question du virtuel en tant que lieu de vie. Si les rebelles de Zion préfèrent un lieu de vie réel et dévasté à un lieu de vie virtuel, mais satisfaisant, malgré la trahison de Cypher, *Avalon*, *Tron : L'Héritage*, *eXistenZ* et *Inception* posent la question de la limite entre lieu de vie réel et lieu de vie virtuel, jusqu'à confondre les deux et à voir le virtuel, comme dans *The Matrix Révolutions*[7] ou *Tron : L'Héritage*, entrer dans le réel. Beaucoup de roman *cyberpunk* ou *post-cyberpunk* se déroulent tout autant dans un lieu de vie virtuel que dans un lieu de vie réel et l'intrication des deux, notamment avec la question de la réalité augmentée, hante les œuvres de SF et leur représentation des lieux de vie.

## Conclusion.

Cette étude des lieux de vie en SF nous a permis de souligner quelques traits caractéristiques du genre. D'abord, l'intrication d'un régime d'écriture réaliste et d'un régime mythique, qui semble soutenir à la fois le *and if ?* de la SF, en construisant un cadre réaliste et vraisemblable et son *sense of wonder*, en lui insufflant une dimension mythique. Ce double régime est soutenu par une répartition actancielle très particulière qui permet aux lieux de vie de devenir sujets et de prolonger la dimension réflexive de la SF tout

1  Tristan GARCIA, *Les Cordelettes de Browser*, Paris, Denoël, 2012.
2  Les WACHOWSKI, *The Matrix* © Warner Bros, Village Roadshow Pictures, Groucho II Film Partnership et Silver Pictures, 1999.
3  Mamoru OSHII, *Avalon* © Atsushi Kubo, Kazumi Kawashiro, Shin Unozawa, Tetsu Kayama, Naoyuki Sakagami, Toru shiobara et Shigeru Watanabe, 2002.
4  Joseph KOSINSKI, *Tron: Legacy* [*Tron : L'Héritage*] © Walt Disney Pictures, 2010.
5  David CRONENBERG, *eXistenZ* © Alliance Atlantis Communications, Canadian Television fund, Harold Greenberg Fund, TMN, Serendipity Point Films, Téléfilm Canada, Natural Nylon Entertainment, UGC, 1999.
6  Christopher NOLAN, *Inception* © Warner Bros Pictures, Legendary Pictures et Syncopy Films, 2010.
7  Les WACHOWSKI, *The Matrix Revolutions* [*Matrix Revolutions*] © Warner Bros, Village Roadshow Pictures, Silver Pictures et NPV Entertainment, 2003.

en intensifiant son sens de l'émerveillement. En outre, on a vu que les lieux de vie en SF sont également le miroir de l'architextualité à laquelle appartient le roman. Ils constituent un indice générique très fort, peut-être plus fort que l'intrigue elle-même ou ses personnages. Est-ce à dire que la SF tend davantage à décrire et faire fonctionner des lieux de vie dans lesquels elle fait agir des personnages qu'à réellement raconter des histoires ? Il est certain que si la SF est cadrée par cette architextualité, elle constitue également un genre spéculatif qui semble pouvoir varier les lieux de vie et leur représentation à l'infini pour provoquer l'émerveillement et questionner le monde, son présent et son futur. Ainsi, la SF serait un genre fondamentalement constructeur d'univers bien plus que pourvoyeur d'histoires originales, ce qui expliquerait peut-être la recrudescence de narrations sérielles en SF, signe d'un attachement au monde de fiction plus profond que celui que l'on peut porter aux personnages ou à l'originalité d'une intrigue[1].


## *Films et séries*

James CAMERON, *Avatar* © 20th Century Fox, Dune entertainment, Giant Studios, Ingenious Film Partners, Lightstorm Entertainment, 2009.

David CRONENBERG, *eXistenZ* © Alliance Atlantis Communications, Canadian Television fund, Harold Greenberg Fund, TMN, Serendipity Point Films, Téléfilm Canada, Natural Nylon Entertainment, UGC, 1999.

Roland EMMERICH, *2012* © Contropolis Entertainment, 2009 et Roland EMMERICH, *The Day After Tomorrow* [*Le Jour d'après*] © 20th Century Fox, Centropolis Entertainment, Lions Gate Film et Mark Gordon Productions, 2004.

Irvin KERSHNER, *Star Wars, Episode V: The Empire Strikes Back* [*L'Empire contre-attaque*] © 20th Century Fox, 1980.

Joseph KOSINSKI, *Tron: Legacy* [*Tron: L'Héritage*] © Walt Disney Pictures, 2010.

George LUCAS, *Star Wars: Episode II – Attack of the Clones* [*L'Attaque des clones*] © Lucasfilm, 2002.

George LUCAS, *Star Wars, Episode IV: A New Hope* [*Un nouvel espoir*] © 20th Century Fox, 1977.

Richard MARQUAND, *Star Wars, Episode VI: Return of the Jedi* [*Le Retour du Jedi*] © 20th Century Fox, 1983.

Christopher NOLAN, *Interstellar* © Syncopy films, Legendary Pictures, Warner Bros et Paramount Pictures, 2014.

---

1 Anne BESSON, *Constellations. Des mondes fictionnels dans l'imaginaire contemporain*, Paris, CNRS Éditions, 2015.

Christopher NOLAN, *Inception* © Warner Bros Pictures, Legendary Pictures et Syncopy Films, 2010.

Mamoru OSHII, *Avalon* © Atsushi Kubo, Kazumi Kawashiro, Shin Unozawa, Tetsu Kayama, Naoyuki Sakagami, Toru shiobara et Shigeru Watanabe, 2002.

Ridley SCOTT, *Blade Runner* © The Ladd Company, Warner Bros, 1982.

Joe Michael STRACZYNSKI, *Babylon 5* © John Copeland, 1993 – 1998.

Christian VOLCKMAN, *Renaissance* © Onyx Films et Millimages, en coproduction avec France 2 Cinéma et Timefirm Limited, 2006.

Les WACHOWSKI, *The Matrix* © Warner Bros, Village Roadshow Pictures, Groucho II Film Partnership et Silver Pictures, 1999.

Les WACHOWSKI, *The Matrix Revolutions* [*Matrix Revolutions*] © Warner Bros, Village Roadshow Pictures, Silver Pictures et NPV Entertainment, 2003.

Joss WHEDON, *Firefly* © Joss Whedon et Tim Minear, 2002.


## *Bibliographie*


### *Œuvres littéraires*

Paolo BACIGALUPI, *The Windup Girl*, San Francisco, Night Shade Books, 2009 [ *La Fille automate,* Sara Doke trad., Vauvert, Au diable vauvert, 2012.]

James G. BALLARD, *The Crystal World*, London, Jonathan Cape, 1966.

Iain M. BANKS, Le *Cycle de la Culture*: *Consider Phlebas*, London, Macmillan, 1987; *The Player of Games*, London, Macmillan, 1988; *Use of Weapons*, London, Orbit Books, 1990; *Excession*, London, Orbit Books, 1996; *Look to Windward*, London, Orbit Books, 2000; *Matter*, London, Orbit Books, 2008; *Surface Detail*, London, Orbit, 2010; *The Hydrogen Sonata*, London, Orbit Books, 2012.

Iain M. BANKS, *The Player of Games*, London, Macmillan, 1988.

Pierre BORDAGE, *La Fraternité du Panca* : *Frère Ewen*, Nantes, L'Atalante, 2007 ; *Sœur Ynolde*, Nantes, L'Atalante, 2008 ; *Frère Kalkin*, Nantes, L'Atalante, 2009 ; *Sœur Onden*, Nantes, L'Atalante, 2011 ; *Frère Elthor*, Nantes, L'Atalante, 2012.

Pierre BORDAGE, Le cycle des *Guerriers du silence* : *Les Guerriers du silence*, Nantes, L'Atalante, 1993 ; *Terra Mater*, Nantes, L'Atalante, 1994 ; *La Citadelle Hyponéros*, Nantes, L'Atalante, 1995.

Pierre BORDAGE, *Les Derniers Hommes*, Paris, J'ai lu, 2002.

Arthur C. CLARKE, *2001: À Space Odyssey*, London, Hutchinson, 1968.

Fabien CLAVEL, *La Cité de Satan*, France, Mnémos, « Icares », 2006.

Fabrice COLIN et Mathieu GABORIT, *Confessions d'un automate mangeur d'opium*, Paris, Mnémos, « Icares », 1999.

Tristan GARCIA, *Les Cordelettes de Browser*, Paris, Denoël, 2012.

William GIBSON, *Neuromancer*, New York, Ace Books, 1984.

Peter F. HAMILTON, Le cycle *The Night's Dawn Trilogy*: *The Reality Dysfunction*, London, Macmillan, 1996; *The Neutronium Alchemist*, London, Macmillan, 1997; *The Naked God*, London, Macmillan, 1999.

Johan HELIOT, *La Lune seule le sait*, Paris, Mnémos, « Icares », 2000.

Frank HERBERT, Le *Cycle de Dune* originel: *Dune*, Philadelphie, Chilton Books, 1965; *Dune Messiah*, Londres, New English Library, 1969; *The Children of Dune*, New York, Putnam, 1976; *God Emperor of Dune*, New York, Putnam, 1981; *Heretics of Dune*, New York, Putnam, 1984; *Chapterhouse Dune*, New York, Putnam, 1985.

Ursula K. LE GUIN, *The Left Hand of Darkness*, New York, Ace Books, 1969.

Xavier MAUMÉJEAN, *La Vénus anatomique*, Paris, Mnémos, « Icares », 2004.

Tim POWERS, *The Anubis Gates*, New York, Ace Books, 1983.

Kim Stanley ROBINSON, *The Mars trilogy*: *Red Mars*, New York, HarperCollins, 1992; *Green Mars*, New York, HarperCollins, 1993; *Blue Mars*, New York, Voyager Books, 1996.

Dan SIMMONS, *Ilium*, New York, HarperCollins, 2003.

Dan SIMMONS, *Hyperion Cantos*: *Hyperion*, New York, Doubleday, 1989; *The Fall of Hyperion*, New York, Doubleday, 1990; *Endymion*, New York, Headline Book Publishing, 1996; *The Rise of Endymion*, New York, Bantam Books, 1997.

Dan SIMMONS, *Olympos*, New York, HarperCollins, 2005.

Élisabeth VONARBURG, *Le cycle de Tyranaël*: *Les Rêves de la mer*, Québec, Alire, 1996 ; *Le Jeu de la perfection*, Québec, Alire, 1996 ; *Mon Frère l'ombre*, Québec, Alire, 1997 ; *L'Autre Rivage*, Québec, Alire, 1997 ; *La Mer allée avec le soleil*, Québec, Alire, 1997.


*Jeu de rôle*

Willy FAVRE, Julien HEYLBROECK, Jérôme LARRÉ, NEKO, Christophe VALLA, *Kuro*, France, 7ᵉ Cercle, 2007.


*Œuvres et articles critiques*

Jean-Michel ADAM et André PETITJEAN, *Le texte descriptif*, Paris, Armand Colin, « U », 1989.

Iain. M. BANKS, « The State of the Art » in *The State of the Art*, California, Mark V. Ziesing, 1989.

Anne BESSON, *Constellations. Des mondes fictionnels dans l'imaginaire contemporain*, Paris, CNRS Éditions, 2015.

Anne BESSON, *La fantasy*, Paris, Klincksieck, 2007.

Roger BOZZETTO, La science-fiction, Paris, Armand Colin, « 128 », 2007.

Philippe HAMON, *Introduction à l'analyse du descriptif*, Paris, Hachette, 1981.

Philippe HAMON, « Un discours contraint » *in* Gérard GENETTE et Tzvetan TODOROV (dir.), *Littérature et réalité*, Paris, Seuil, « Points Essais », 1982.

Irène LANGLET, *La science-fiction. Lecture et poétique d'un genre littéraire*, Paris, Armand Colin, « U », 2006.

Gilbert MILLET et Denis LABBÉ, *La Science-fiction*, Paris, Belin, « Sujets », 2001.

Isabelle PÉRIER, « *Construire des mondes imaginaires : l'exemple des exergues de Pierre Bordage* », *Cultural Express*, n° 1, 2019.

Isabelle PÉRIER, « *Liber mundi* ou le vertige des contrastes chez Maurice G. Dantec », *ReS Futurae* [Online], 7 | 2016, Online since 30 June 2016, connection on 18 July 2020. URL : http://journals.openedition.org/resf/828 ; DOI : https://doi.org/10.4000/resf.828

Isabelle PÉRIER, « Du cybride au poète : le personnage de Keats dans *Les Cantos d'Hypérion* de Dan Simmons », communication pour le colloque « Transfictions d'auteur », organisé en mai 2015 par le RIRRA à l'Université de Montpellier (à paraître).

Isabelle PÉRIER, « Passages et lieux de passage dans le cycle de Tyranaël d'Élisabeth Vonarburg », *Lieux de Vie en science-fiction*, publication à paraître 2021-2022.

Richard SAINT-GELAIS, *L'Empire du pseudo. Modernités de la science-fiction*, Québec, Nota bene, 1999, p. 312.

Michel VIEGNES, *Le fantastique*, Paris, GF, « Corpus », 2006 et Nathalie PRINCE, *La littérature fantastique*, Paris, Armand Colin, « 128 », 2008.

# Planètes et écosystèmes
# de la science-fiction

*Roland Lehoucq*
*CEA Saclay – Service d'astrophysique*

*Jean-Sébastien Steyer*
*CNRS – Muséum national d'Histoire naturelle*

Qu'elle soit proche ou lointaine, abritant la vie ou totalement stérile, la planète est l'un des éléments incontournables de nombreuses histoires de science-fiction. Si la façon la plus classique d'en construire une peut se résumer en un décalque de la Terre (auquel on ajoutera quelques éléments exotiques pour faire bonne mesure), il faut bien reconnaître qu'imaginer une planète originale et parfaitement crédible est un travail considérable. Il faut créer de toutes pièces une géographie et ses climats, une faune et une flore, sans même parler d'une société complète, avec ses habitants et leurs interactions. Pour rendre l'ensemble cohérent, chaque point doit être étudié attentivement, à commencer par les paramètres physiques attribués à la planète en question. Par exemple, sa masse et sa taille imposeront l'intensité de la gravité de surface qui, entre autres choses, limitera la hauteur maximum des montagnes, de la végétation, des êtres vivants, la densité de l'atmosphère ou la vitesse des vents – il est ainsi physiquement regrettable qu'une planète à forte gravité abrite des animaux géants ou, inversement, qu'une planète de petite taille ait une atmosphère aussi dense que celle de la Terre. Mais la spécificité d'une planète, le trait qui lui réserve une place particulière dans notre imaginaire, c'est la possibilité qu'elle puisse abriter la vie. De ce point de vue, la découverte de Kepler 186f, une planète de taille terrestre située dans la zone habitable de son étoile[1], vient nous rappeler que

---

1  Kepler-186 f est la cinquième planète gravitant autour de l'étoile Kepler-186 a (par convention la lettre a concerne l'étoile principale, b la première planète, c la deuxième etc.), située en direction de la constellation du Cygne. Ces planètes ont été découvertes entre 2009 et 2013 par le télescope spatial éponyme.

la perspective de la découverte d'exoplanètes semblables à la Terre, ayant peut-être de l'eau sous forme liquide et donc un milieu potentiellement favorable à l'apparition de la vie telle que nous la connaissons, est sans doute le moteur le plus puissant de la recherche exoplanétaire. À cette aune-là, que peut-on dire des planètes de la science-fiction ? Sont-elles plausibles ? Peut-on déterminer leurs caractéristiques ? Dans cet article, nous allons mener l'enquête et en décortiquer quelques-unes des plus emblématiques du cinéma.

## *Quelle orbite pour Tatooine ?*

La saga *Star Wars* regorge de planètes curieuses dont certaines ont marqué les esprits. La plus célèbre est sans aucun doute la chaude et désertique Tatooine, repaire de brigands galactiques dont le fameux et puissant Jabba le Hutt. Cette planète a pour particularité de posséder deux soleils. Force est de constater que cette propriété n'est pas aussi improbable qu'on pourrait l'imaginer, car les étoiles binaires sont légion dans notre Galaxie. Le problème n'est donc pas de trouver un système binaire, mais de comprendre comment une planète peut y orbiter de façon stable.

Pour commencer, Tatooine pourrait tourner autour d'un seul de ses deux soleils. Cette situation est tout à fait envisageable, car l'étoile 16 Cygni B possède une planète géante alors que sa compagne, 16 Cygni A en est dépourvue. Pourtant cette hypothèse est peu vraisemblable, car, dans l'épisode IV de *Star Wars*, Luke Skywalker voit se coucher en même temps les deux soleils de Tatooine, avec des tailles apparentes comparables. Si Tatooine tournait autour d'un seul de ses soleils, celui-ci devrait avoir une taille apparente plus importante que son compagnon, plus éloigné, si l'on suppose leurs tailles réelles comparables. En revanche, si ces étoiles n'ont pas la même taille réelle, la plus éloignée doit, pour avoir la même taille apparente que sa plus proche compagne, être celle qui a la plus grande dimension. Ce serait le cas par exemple si cette étoile éloignée était une géante rouge, dont le rayon se compte en dizaines, voire centaines, de rayons solaires. L'inconvénient de cette hypothèse est que les étoiles géantes ont une durée de vie de quelques dizaines de millions d'années tout au plus, soit nettement moins que les étoiles communes, comme notre Soleil, qui peuvent durer des milliards d'années (notre étoile est âgée de 4,56 milliards d'années et il lui reste encore environ 5 milliards d'années à vivre). La fin de vie – parfois explosive – de cette énorme étoile serait incontestablement fâcheuse pour les planètes alentours...

Une autre possibilité est de placer Tatooine à l'un des points de Lagrange L4 ou L5 des deux étoiles. Les points de Lagrange, ainsi nommés en l'honneur de leur découvreur, l'astronome Joseph-Louis Lagrange (1736-1813), désignent les cinq positions pour lesquelles la force de gravité des deux astres est exactement compensée par la force centrifuge due au mouvement orbital d'un objet qui s'y trouverait placée. Les trois premiers de ces points, L1, L2 et L3, placés exactement sur la ligne joignant les centres des deux étoiles, correspondent à des positions d'équilibre instable. Autrement dit, un astre qui se trouve en un tel point s'en éloignera indéfiniment sous l'effet de la moindre perturbation : une planète ne peut donc y demeurer durablement. Les deux autres points, L4 et L5, qui forment chacun un triangle équilatéral avec les deux étoiles, correspondent, eux, à des positions d'équilibre stable. Autrement dit, un corps placé en l'un de ces points y demeure, même s'il est soumis à une force perturbatrice. Par exemple, les points L4 et L5 du système Soleil-Jupiter abritent des astéroïdes, les Troyens. Cette solution ne peut cependant être envisagée pour Tatooine, car, si tel était le cas on devrait toujours voir, depuis sa surface, les soleils jumeaux séparés de 60°, mesure des angles d'un triangle équilatéral. Les directions voisines des soleils lors de leur coucher observé depuis la surface de Tatooine obligent donc à rejeter cette possibilité.

En définitive, il est plus probable et plus raisonnable que l'orbite de Tatooine englobe ses deux soleils à la fois. Ce genre d'orbite est stable si la distance qui sépare la planète de ses soleils est au moins quatre fois plus grande que celle qui sépare les deux étoiles. Tout se passe alors comme si, du point de vue gravitationnel, les étoiles ne faisaient qu'une. Dans cette configuration, on peut même estimer le rayon de l'orbite de Tatooine. Les deux étoiles sont probablement assez semblables à notre Soleil : l'une est jaunâtre, l'autre tire plus vers l'orange, laissant supposer qu'elle est un peu plus froide. Si les deux étoiles sont trop proches l'une de l'autre, elles doivent être déformées par les variations spatiales de leurs gravités respectives (dites forces de marées) : leur forme devrait plutôt être ellipsoïdale que sphérique. Comme on ne voit à l'œil nu aucune déformation lors du coucher des étoiles, cela implique, après calcul, que leur distance doit être supérieure à une dizaine de millions de kilomètres si ce sont des étoiles de type solaire. L'estimation de la séparation angulaire des étoiles lors de leur coucher nous permettra de préciser le rayon de l'orbite de Tatooine. Si l'on suppose que le diamètre apparent des deux étoiles est voisin de celui de notre Soleil vu de la Terre, soit 0,5°, la séquence du film permet d'estimer que leur séparation est de l'ordre de 3°. Cela permet de fixer un emplacement cohérent pour une planète désertique comme Tatooine : à deux cents millions de kilomètres, une planète aurait une orbite stable et verrait ses soleils séparés d'au plus 3°.

Elle recevrait 12 % d'énergie en plus de celle que reçoit la Terre du Soleil, expliquant ainsi la température élevée qui règne à sa surface. Son année serait alors égale à 1,1 année terrestre et l'on devrait pouvoir y observer d'intéressants effets de marées ainsi que de spectaculaires éclipses...

## *Hoth, un corps glacé réaliste ?*

Au début de l'épisode V de *Star Wars*, l'alliance rebelle s'est réfugiée sur la planète Hoth située dans la Bordure Extérieure. C'est à la surface glacée de cette planète hostile, sans cesse fouettée par de violents blizzards, que les rebelles ont construit une base secrète – finalement prise d'assaut par les forces de Dark Vador.

Pour les géologues, la planète Hoth, aussi fictive soit-elle, n'est pas sans rappeler la Terre d'il y a plus de 650 millions d'années. En effet, d'après le modèle nommé *snowball Earth* en anglais (« Terre boule de neige », qu'il serait plus juste de remplacer par « Terre boule de glace »), la Terre aurait subi plusieurs épisodes de glaciation plus ou moins intenses entre 850 et 635 millions d'années dans le passé, une période nommée le Cryogénien. Si l'idée d'une glaciation globale a d'abord été avancée par le géologue australien – et grand explorateur de l'Antarctique – Douglas Mawson en 1949, le modèle « Terre boule de glace » a été largement développé et précisé par les géologues américains Joseph Kirschvink et Paul Hoffman, dans les années 1990, pour expliquer la présence de roches sédimentaires d'origine glaciaire (nommées diamictites) à des latitudes proches de celles de l'équateur. Ce modèle fut cependant discuté par des sédimentologues[1] qui pensent que la Terre n'aurait pas pu sortir d'une situation glacée aussi stable, ou que la quantité d'eau n'était pas suffisante pour recouvrir toute la surface terrestre d'une couche de glace continue. Mais en 2017, un groupe de géophysiciens[2] a fini par conclure que l'entrée et la sortie de cette glaciation globale étaient essentiellement dues à d'importantes fluctuations de la teneur en gaz carbonique de l'atmosphère, liées à l'altération des silicates et aux éruptions volcaniques. D'autres questions restent en suspens, comme la superficie et l'extension de cette croûte de glace.

Notons qu'au Cryogénien, les océans terrestres abritent déjà quantité d'algues, de bactéries et peut être des récifs, mais aucune vie n'est encore

---


1 Philip A. Allen & James L. Etienne, 2008. Sedimentary challenge to Snowball Earth. *Nature Geoscience* N°1, p. 817-825.

2 P. F. Hoffman et al., 2017. Snowball Earth climate dynamics and Cryogenian geology-geobiology, *Science Advances*, vol. 3(11), e1600983.

présente sur le supercontinent de l'époque, la Rodinia – qui commence d'ailleurs à se fracturer. Ce n'est pas le cas de la planète Hoth, qui, pour les besoins cinématographiques évidents, est peuplée d'animaux plus complexes et visibles comme les wampas, sortes de yétis au pelage blanc, et dont un spécimen donne du fil à retordre à Luke Skywalker. Le film suggère aussi que ces prédateurs carnivores se nourrissent d'autres animaux que sont les tauntauns, des bipèdes cornus, mi-béliers mi-dinosaures, domestiqués par les rebelles qui en font des montures pour les patrouilles de surface. L'écosystème de Hoth est donc plus complexe que celui de la Terre au Cryogénien, car il contient des organismes de surface. Sur Terre, il faut attendre la fin du Silurien, il y a 420 millions d'années environ, pour voir apparaître les premiers réseaux trophiques continentaux : ceux-ci sont alors composés de plantes et d'arthropodes terrestres (mille-pattes, proto-scorpions, etc.), auxquels il faut rajouter les fameux stégocéphales (amphibiens fossiles) au début du Carbonifère, il y a 360 millions d'années environ[1].

Sur Hoth, les wampas mangent donc les tauntauns, c'est entendu. Mais que mangent ces derniers ? Probablement de l'herbe vu leurs babines, ce qui trahit la présence de steppes plus ou moins étendues et sous-entend que la glaciation de Hoth n'est pas totale. C'était sans doute aussi le cas de notre « Terre boule de glace ». En outre, ces herbivores sont à sang chaud : on se souvient que pour éviter que Luke Skywalker ne meure d'hypothermie, Han Solo, alors pris dans un violent blizzard, sacrifie sa monture et glisse son ami dans la dépouille encore chaude en attendant les secours. Avec de tels monstres évoquant des mammifères, la faune de Hoth rappelle plutôt celle de la dernière glaciation terrestre (qui s'est produite entre -110 000 et -10 000 ans), où des rhinocéros laineux côtoyaient des mammouths, et où des chasseurs-cueilleurs pouvaient joindre à pied l'Eurasie et l'Amérique du Nord grâce à une calotte glaciaire recouvrant alors toute une partie de l'hémisphère Nord. Les animaux de la planète Hoth, avec leur sang chaud et leur fourrure, semblent donc bien adaptés aux températures extrêmes.


## *Kamino, une planète-océan ?*

Dans l'épisode II de *Star Wars* le jedi Obi-Wan Kenobi mène une enquête à travers la galaxie pour localiser une armée secrète. Il se rend alors sur la planète Kamino, un monde entièrement recouvert d'eau et lieu de vie

---

1    J.-Sébastien Steyer, 2009. *La Terre avant les dinosaures*. Illustrations d'Alain Bénétrau. Eds Belin, Paris, 205 pages.

des Kaminoans, des scientifiques ayant mis au point des techniques de clonage très sophistiquées. Est-il possible d'imaginer une planète-océan comme Kamino ? Même si l'on dispose d'assez peu d'informations sur les caractéristiques des près de 4 300 exoplanètes découvertes à ce jour[1], cela n'a pas empêché les astrophysiciens d'imaginer à quoi elles pourraient ressembler. Le premier à avoir sérieusement envisagé la possibilité d'une planète complètement recouverte d'eau est Alain Léger de l'Institut d'Astrophysique Spatiale basé à Orsay (cf. Léger et al., 2004).

Pour former une planète-océan, les chercheurs ont proposé un scénario fondé sur l'évaporation d'une géante gazeuse de la taille de Neptune qui se serait formée près de son étoile. Ceci semble plausible si l'on en croit la répartition des planètes extrasolaires découvertes à ce jour. Une fois l'épaisse atmosphère évaporée sous l'effet du rayonnement de l'étoile, une partie du manteau de glace aurait fondu, entraînant la formation d'un immense océan dont la profondeur moyenne atteindrait vingt-cinq fois la profondeur moyenne des océans terrestres (qui est de 3 682 mètres). La pression au fond de celui-ci resterait suffisante pour qu'une partie du manteau demeure à l'état solide (lorsque la pression augmente, la température de fusion augmente également). Selon les modèles, la structure interne d'une planète aquatique consisterait en un noyau métallique d'environ 4 000 kilomètres de rayon au-dessus duquel se situerait un manteau rocheux d'une épaisseur de 3 500 kilomètres, lui-même recouvert d'un second manteau constitué de glace et pouvant atteindre une épaisseur de 5 000 kilomètres, le tout étant recouvert d'un océan d'une centaine de kilomètres de profondeur. D'après ce scénario, une planète-océan pourrait donc être environ deux fois plus grande et six fois plus massive que notre planète, lui donnant une gravité de surface 1,5 fois supérieure. Cela ne ressemble pas à la planète Kamino. En effet, elle doit être dotée d'une gravité plutôt faible pour permettre aux Kaminoans, grands humanoïdes longilignes au cou démesuré, de maintenir leur tête en équilibre sans trop de peine. D'autre part, dans une séquence introductive présentant la planète-océan, une sorte de cétacé-volant émerge des flots. Pour que cet animal de taille plurimétrique puisse voler, la gravité de la planète doit être relativement faible. Si la possibilité d'une planète-océan a été sérieusement envisagée, c'est que l'eau est un élément essentiel au développement de la vie telle que nous la connaissons. L'une des propositions sur l'origine de la vie est fondée sur la présence dans les fonds océaniques de sources chaudes consécutives à une activité volcanique comparable à celle donnant naissance aux sources hydrothermales que l'on trouve dans les profondeurs des océans terrestres. Sur une planète-océan,

---

1    D'après la base de données officielle disponible sur internet : http://www.exoplanet.eu

cette possibilité semble devoir être abandonnée, car plusieurs milliers de kilomètres de glace séparent le fond de l'océan du socle rocheux et de toute source hydrothermale potentielle.

## *Mustafar, la planète infernale*

Le duel final de l'épisode III de *Star Wars*, opposant Obi-Wan Kenobi à Anakin Skywalker – le futur Dark Vador – se déroule dans le décor grandiose et incandescent de la planète Mustafar. Couverte de volcans en éruption et de fleuves de lave, Mustafar est une bonne approximation de l'Enfer. Peut-on envisager l'existence d'une telle planète ?

Mustafar ressemble peut-être à ce qu'a été la Terre primitive, entre 4,56 et 3,8 milliards d'années dans le passé. Son histoire reste mal connue, car les roches formées durant cette période sont inexistantes à la surface de la Terre. Cette période fut nommée l'Hadéen pour rappeler les conditions infernales qui régnaient à la surface de la Terre à cette époque. L'Hadéen est une période clef de l'histoire de la Terre, car plusieurs traits majeurs de notre planète y sont apparus : formation de la croûte et des continents, démarrage de la tectonique, apparition du champ magnétique, formation de l'atmosphère, stabilisation des océans et, peut-être, apparition de la vie. De ce point de vue, Mustafar serait alors une toute jeune planète en train de se remettre des affres de sa naissance.

Mustafar pourrait aussi être une planète « adulte », mais avec une activité géologique exceptionnelle. Les géologues ont montré que notre planète avait aussi subi plusieurs épisodes d'intense activité volcanique. Une des plus connues, car en partie responsable de l'extinction des dinosaures (oiseaux mis à part), remonte à environ 66 millions d'années. L'immense plateau basaltique du Deccan, en Inde, dont l'épaisseur varie de 1 à 2 kilomètres, s'est formé durant cette période, en raison de l'ouverture d'énormes failles, dont les plus importantes dépassaient 400 kilomètres de longueur. Des geysers de lave dépassant le kilomètre de hauteur ont déversé, durant plusieurs siècles, des millions de kilomètres cubes de basalte ! Vu de l'espace, le Deccan a d'ailleurs dû, comme on le voit sur Mustafar, rougeoyer durablement à cause des très massives éruptions qui le ravageaient.

Enfin, une troisième possibilité est envisageable. La Terre n'est pas le seul endroit du système solaire où des volcans sont actifs. Io, l'un des gros satellites de Jupiter, est lui aussi le siège de spectaculaires éruptions volcaniques. Pourtant, aucun autre astre que la Terre n'a une activité interne suffisamment intense pour entretenir pareil phénomène. Comment l'expliquer ? Io a une orbite qui reste proche de Jupiter, aussi son volcanisme résulte-t-il des gigantesques forces de marées qu'exerce la planète géante sur son frêle satellite. Sur Terre, la force de marée lunaire soulève les océans de plusieurs mètres parfois et la croûte rocheuse d'environ trente centimètres. Sur Io, dépourvue d'océan, la marée de Jupiter soulève le sol d'environ cent mètres ! Ces mouvements produisent de la chaleur par les frottements qui s'exercent entre les couches internes. Certains panaches des éruptions volcaniques d'Io ont été observés depuis la Terre et montent à plus de 300 kilomètres de hauteur, avec une vitesse d'éjection pouvant atteindre les 3 500 kilomètres par heure. L'orbite de Io traverse également le champ magnétique de Jupiter, ce qui génère un courant électrique qui génère une puissance supérieure à mille gigawatts. Il entraîne au loin des atomes provenant d'Io au rythme d'une tonne par seconde. Ces particules forment autour de Jupiter une sorte de boudin qui rayonne intensément dans l'ultraviolet. Les particules qui s'échappent de ce boudin sont partiellement responsables de la magnétosphère exceptionnellement étendue de Jupiter. Mustafar pourrait donc être un des satellites d'une planète géante. Son orbite aurait un rayon si faible que Mustafar se trouverait littéralement broyée par l'action des forces de marées de sa planète mère.


### Le monde d'Avatar

Nous sommes en 2154. Le vaisseau interstellaire *Venture Star* termine son approche de Pandora, un des nombreux satellites de Polyphème, une géante gazeuse orbitant autour de la plus grosse étoile du système binaire alpha Centauri. La lumière de l'étoile éclaire la scène. Polyphème, bleutée, est balafrée par un immense anticyclone qui ressemble étonnamment à la grande tâche – rouge – de Jupiter. Ces images d'*Avatar*, le film à succès de James Cameron, sont magnifiques et frappent l'imagination.

Située à 4,37 années-lumière du Soleil dans la direction de la constellation australe du Centaure, alpha Centauri est un système binaire réel qui fait rêver exobiologistes et auteurs de science-fiction depuis longtemps, car les étoiles qui le composent ont des caractéristiques bien particulières : alpha Centauri A est une étoile très similaire à notre Soleil, quoiqu'un peu plus lumineuse, tandis qu'alpha Centauri B est plus rouge, plus froide et deux fois moins lumineuse. Ces deux étoiles orbitent autour de leur centre de gravité commun avec une période de 80 ans, selon des orbites faisant varier leur éloignement de 11,2 à 35,6 unités astronomiques (l'unité astronomique, abrégée en UA, correspond à la distance moyenne entre la Terre et le Soleil, soit environ 149,6 millions de kilomètres). Les astronomes chasseurs d'exoplanètes se sont bien sûr intéressés au cas d'alpha Centauri. Comment ont-ils procédé ? Une planète en orbite autour d'une étoile affecte le mouvement apparent de celle-ci : au lieu d'avoir un mouvement apparent rectiligne, l'étoile suit une courbe légèrement ondulante. La situation est similaire à celle d'un (gros) lanceur de marteau faisant tournoyer son (petit) projectile avant de le projeter. Cet infime mouvement d'ondulation peut être détecté par les effets qu'il induit sur le spectre de l'étoile : quand l'étoile s'approche de nous, son spectre est décalé vers le bleu ; quand elle s'éloigne, il est décalé vers le rouge. En mesurant simultanément l'amplitude et la période de ce décalage spectral il est possible d'estimer la masse et les paramètres orbitaux de la planète qui en sont à l'origine. La recherche d'infimes oscillations périodiques des spectres des deux étoiles d'alpha Centauri a d'ores et déjà permis d'exclure la présence d'une planète plus massive que Saturne. Il semble donc qu'il n'y ait pas l'équivalent de Polyphème autour d'alpha Centauri A... En revanche, alpha Centauri B semble posséder au moins une planète découverte par l'équipe de Michel Mayor à l'université de Genève[1]. Sa période de révolution serait de 3,2 jours terrestres. Très proche de son étoile, à 0,04 UA seulement, elle présenterait toujours la même face à son étoile et serait très chaude, avec une température de l'ordre de 1 200 °C.


## *Où est située Polyphème ?*

Imaginons quand même qu'une planète de cette taille existe dans le système d'alpha Centauri, où pourrait-elle être située ? Deux contraintes viennent limiter nos choix. Il faut d'abord que son orbite soit stable ce qui, dans un système stellaire binaire, n'est pas acquis d'avance, comme on l'a vu avec Tatooine. Connaissant les paramètres orbitaux des deux étoiles, il est possible d'étudier la stabilité d'une orbite planétaire. Le résultat est sans appel : toute planète située à plus de 2 UA de l'une des deux étoiles est déstabilisée par l'action gravitationnelle de l'autre au point d'être éjectée du système à plus ou moins long terme. Ensuite, pour que son satellite Pandora puisse accueillir la vie, il faut que Polyphème soit située dans la zone d'habitabilité de son étoile. Sachant que la vie telle que nous la connaissons a besoin d'eau liquide, c'est sa présence ou son absence à la surface de la planète qui va fixer la position de la zone d'habitabilité. Celle-ci dépend bien

---

1 Michel Mayor a reçu, avec Didier Queloz, le prix Nobel de physique 2019 pour ses travaux pionniers sur la détection des exoplanètes.

sûr de la luminosité de l'étoile centrale : il faut que le flux lumineux incident reste dans une gamme raisonnable. Trop important, il provoque un effet de serre divergeant, trop faible, la température de surface est trop froide pour que l'eau reste liquide. Mais cette position dépend aussi de la composition de l'atmosphère de la planète. Ainsi, une atmosphère riche en dioxyde de carbone ($CO_2$), efficace gaz à effet de serre, permet de s'éloigner un peu plus de l'étoile. Dans le film, on apprend que Pandora a une atmosphère irrespirable pour les humains. Ceux qui y débarquent doivent d'ailleurs porter un masque respiratoire. Allié à la végétation luxuriante de Pandora, cela suggère que son atmosphère est riche en $CO_2$, comme l'était celle de la Terre il y a quelques centaines de millions d'années, à l'époque du Carbonifère. Qualifiée de tropicale et avec une atmosphère riche en $CO_2$, on peut estimer que Pandora doit recevoir d'alpha Centauri A (dont la luminosité est 1,52 fois supérieure à celle du Soleil) un flux lumineux de l'ordre de celui que reçoit la Terre du Soleil (1 360 W/m²). Cette hypothèse place le couple Polyphème/Pandora à environ 1,2 UA de son étoile, à la limite extérieure de la zone habitable d'alpha Centauri A. Cette faible distance entre une géante gazeuse et son étoile est tout à fait plausible, car parmi les exoplanètes découvertes, nombreuses sont les géantes qui sont encore plus proches de leur soleil.


## *Vue de Pandora*

Dans le ciel de Pandora, Polyphème apparaît d'une taille considérable, de l'ordre de 20° (par comparaison le diamètre apparent de la Lune ne vaut que 0,5°). La vue est spectaculaire et les images magnifiques, mais cette observation n'est pas sans conséquence. D'abord, la lumière diffusée par la face éclairée de Polyphème est largement suffisante pour que la nuit pandorienne ne soit jamais noire : la luminosité apparente de la planète géante doit excéder de plusieurs centaines de fois celle d'une pleine Lune terrestre. On peut alors se demander pourquoi la flore de Pandora est bioluminescente la nuit, alors que cette caractéristique est plutôt présente dans les milieux très sombres comme les abysses sous-marins. Par ailleurs, le film nous apprend que Polyphème est de la taille de Saturne, ce qui lui donne un rayon de l'ordre de 57 000 kilomètres. Reprenant notre estimation de son diamètre apparent, cela place Pandora à environ 320 000 kilomètres de la géante, soit en gros la distance qui sépare la Terre et la Lune. Cela signifie que Pandora sera sujette à des forces de marées considérables. Celles-ci découlent du fait que le champ de gravité n'est pas homogène dans l'espace : il décroît en raison inverse du carré de la distance au corps central. Ainsi, des parties diamétralement opposées de Pandora subissent des attractions différentes de la part de Polyphème. Du point de vue de Pandora, les différences d'attractions gravitationnelles qu'elle subit se traduisent par un écartèlement, un étirement le long de l'axe Polyphème-Pandora. C'est ce qui se produit sur les océans terrestres, déformés par les forces de marées lunaires et solaires. Cela se produit aussi sur la Lune, où les forces de marées de la Terre déforment sa surface de quelques mètres. Si le satellite est trop proche de sa planète il peut même être brisé par l'étirement résultant des forces de marées. C'est ce qui est arrivé à la comète Shoemaker-Levy 9, qui fut brisée par les forces de marées de Jupiter en juillet 1992 et dont les débris frappèrent la planète en juillet 1994. On trouve des satellites naturels proches de cette limite de rupture – dite de Roche – comme Épiméthée, Pandora ou Prométhée, tous trois satellites bien réels de Saturne. Dans le cas de la vraie Pandora, elle semble suffisamment éloignée de cette limite (qui vaut environ 75 000 kilomètres pour Saturne). En revanche, les forces de marées de Polyphème auront des conséquences ! Ainsi, Io, satellite de Jupiter, orbite 3,45 fois plus loin que la limite de Roche de sa planète selon une orbite légèrement elliptique. Les variations des forces de marées de Jupiter y provoquent, on l'a vu, un volcanisme très actif. Si l'on fait le même calcul pour Pandora, en supposant que sa densité est voisine de celle de la Terre et en identifiant Polyphème à Saturne, le rayon de son orbite n'est que 4,3 fois supérieur à sa limite de Roche. On devrait y voir des effets similaires à ceux observés sur Io et certaines régions de Pandora pourraient ressembler à Mustafar...

Dernière conséquence de ces forces de marées : comme la Lune et Io, Pandora doit présenter toujours la même face à sa planète, car elle tourne sur elle-même en une durée égale à celle qu'elle met pour parcourir son orbite. Cette synchronisation entre révolution et rotation résulte de l'effet ralentisseur des forces de marées. Quand le compagnon de la Terre tournait plus vite sur lui-même, la déformation due à la marée terrestre se déplaçait, engendrant des frictions dans les roches internes de la Lune qui ralentissaient sa rotation en dissipant son énergie. Ce freinage perdura jusqu'à ce que la cause des frottements disparaisse, c'est-à-dire jusqu'à ce que la Lune tourne assez lentement pour nous présenter toujours la même face. Quelques dizaines de millions d'années ont suffi pour accorder les périodes de rotation et de révolution de la Lune. Les mêmes causes produisant les mêmes effets, Pandora doit faire un tour sur elle-même en une révolution autour de Polyphème. Cette synchronisation a deux conséquences pratiques. Pour profiter du spectacle de Polyphème en plein ciel il faut être du bon côté de Pandora et Polyphème occupe alors une position quasiment fixe dans le ciel. Comme cette position ne dépend que de l'emplacement de l'observateur sur Pandora, on peut en déduire la région où se passe l'action du film ! Vue depuis le clan des Omaticayas, Polyphème apparait très proche de l'horizon. Cela indique que la tribu règne sur une région proche de la ligne qui délimite, vue depuis Polyphème, la face visible et la face cachée de Pandora.

*

Nous voici donc arrivés au terme de notre excursion scientifique dans les planètes et les écosystèmes de la science-fiction. Les enquêtes que nous avons menées ne sont pas sans rapport avec le travail du chercheur qui échafaude des modèles fondés sur des hypothèses et des théories déjà validées avant de les confronter aux faits expérimentaux. Elles se rapprochent du travail des astrophysiciens qui n'ont pratiquement que la lumière pour étudier les astres qu'ils observent, ou de celui du paléontologue qui ne dispose que de quelques fossiles pour analyser l'évolution de la vie sur Terre. Mais dans notre cas, nos observations auront surtout servi de prétexte pour parler de notre planète, de celles du système solaire et de celles qui, par milliards, peuplent notre Voie lactée et portent, peut-être, une vie intelligente qui, elle aussi, lève les yeux et s'interroge.

## Bibliographie


Alain LÉGER et al. A new family of planets? "Ocean-Planets". Icarus 169, p. 499-504.

George LUCAS, *Star Wars Episode IV: A New Hope* © Lucasfilm, 1977.

Irvin KERSHNER, *Star Wars Episode V: The Empire Strikes Back* © Lucasfilm, 1980.

Richard MARQUAND, *Star Wars Episode VI: Return of the Jedi* © Lucasfilm, 1983.

George LUCAS, *Star Wars Episode I: The Phantom Menace* © Lucasfilm, 1999.

George LUCAS, *Star Wars Episode II: Attack of the Clones* © Lucasfilm, 2002.

George LUCAS, *Star Wars Episode III: Revenge of the Sith* © Lucasfilm, 2005.

James CAMERON, *Avatar* © 20th Century Fox, 2009.

# De l'adaptation au milieu
# à l'adaptation du milieu

## « ils avaient été créés l'un pour l'autre »

*Samuel Minne*
*Chercheur indépendant*

Du développement de l'urbanisme et de la domotique à l'habitabilité des planètes, la science-fiction a abordé de nouveaux lieux de vie dans leurs aspects les plus divers. La question se pose alors de savoir comment l'humain ou le vivant en général s'adapte à son milieu. De quelle manière les personnages de récits de science-fiction interagissent-ils avec leur milieu ? Si, comme l'écrit Fredric Jameson, la science-fiction est un genre spatial, pour lequel la poétique de l'espace tient un rôle essentiel[1], c'est encore plus vrai lorsque la relation entre l'espace et les personnages est déséquilibrée au profit du premier. Le lieu ne se contente pas toujours d'être un simple décor exotique ou dystopique, il impose parfois ses caractéristiques sur le comportement ou sur le corps humain. Le milieu peut conditionner les capacités de survie, obligeant le métabolisme à se transformer. La marge de liberté semble alors faible entre un milieu dont il faut accepter les limites et tirer parti des ressources propres, et les individus soumis à des gaz ou à des pressions atmosphériques qui ne correspondent pas à leur corps de naissance. Quelles transformations sont possibles ou requises, dans les milieux imaginés en science-fiction ?

Ne seront abordés ici que les cas de vie sur des planètes, et non le fil des générations dans des milieux artificiels évoluant dans l'espace. Il ne sera pas question des vaisseaux et arches stellaires, comme *Croisière sans escale* de B. Aldiss, *Destination ténèbres* de F. Robinson ou *Le Grand Vaisseau* de

---

1 Fredric JAMESON, « Science Fiction as a Spatial Genre: Vonda McIntyre's *The Exile Waiting* » [1987], *Archaeologies of the Future: The Desire Called Utopia and Other Science Fictions*, Londres, Verso, 2007, p. 296-313.

R. Reed, ni des villes propulsées dans l'espace comme *Les Villes nomades* de Blish ou les AnimauxVilles des *Étoiles mourantes* d'Ayerdhal et Dunyach[1]. À lui seul, un lieu de vie peut modifier le comportement et jusqu'au physique de ses membres, uniquement parce que la société l'impose. Les transformations physiques et biologiques peuvent aussi être opérées artificiellement par la science pour permettre à des explorateurs de survivre dans un autre milieu. Enfin, la conquête d'un autre monde met en jeu plusieurs stratégies de peuplement différentes afin de pérenniser la présence d'êtres au départ inadaptés. Parmi ces configurations, pour arriver à un point de conformité, voire d'interdépendance, se peut-il que l'adaptation au milieu laisse place à l'adaptation du milieu lui-même ?

## *Le lieu de vie comme inhibiteur social*

Une des modalités de l'influence du milieu sur l'humain peut se voir d'abord dans les villes où s'amassent des populations dont les perceptions et le comportement se sont adaptés à un tel environnement. On pense bien sûr aux villes souterraines des *Cavernes d'acier* d'Isaac Asimov[2], où les gens ont perdu l'habitude d'évoluer à la surface et ont développé une agoraphobie insurmontable, ce qui motive à la fois l'énigme policière (qui a pu tuer quelqu'un à la surface ?) et le recours à R. Daneel Olivaw, un robot par définition dénué de sentiment, pour enquêter sur place. L'habitude d'un milieu clos limite aussi les capacités des habitants de Diaspar dans *La Cité et les Astres* d'A. C. Clarke : « Ils étaient aussi parfaitement adaptés à leur milieu qu'à eux celui-ci, car, de part et d'autre, ils avaient été créés l'un pour l'autre. » L'ambiguïté de cette dépendance réciproque apparaît très clairement dans ce roman : dans cet avenir très lointain, les humains ont une espérance de vie de plusieurs milliers d'années et sont immunisés contre les maladies. Leur apparence est un peu différente de la nôtre : ils n'ont plus d'ongles ni de dents, le système pileux se réduit à la chevelure. Ils ne perdent pas de temps à dormir puisqu'ils n'en ont plus besoin. Enfin, ils n'ont pas d'ombilic ni de caractéristiques sexuelles secondaires, car la procréation est laissée à des machines : le matériel génétique de chaque personne se trouve dans la banque de données de la Calculatrice de Diaspar. Au bout de quelques siècles, les individus retournent à la banque de données, pour être

---

1 Sur ce dernier roman, voir l'article de Jérôme GOFFETTE, « L'espace en résonance : corps, ville et monde dans *Étoiles mourantes* d'Ayerdhal et J.-C. Dunyach », in F. DUPEYRON-LAFAY et A. HUFTIER (dir.), *Poétique(s) de l'espace dans les œuvres fantastiques et de science-fiction*, Paris, Michel Houdiard, 2007, p. 33-52.

2 Isaac ASIMOV, *The Caves of Steel* [1953], New York, Doubleday, 1954.

réveillés plus tard (en fait recréés artificiellement) et vivre de nouvelles vies s'étendant sur des millénaires. Si les habitants de Diaspar sont capables de se repérer infailliblement dans les labyrinthes de leur ville éternelle, ils souffrent cependant d'une inhibition puissante, due à la crainte de l'extérieur, qui leur interdit de quitter ses murs. Adaptés à un environnement aseptisé et sans surprise, stable, presque immuable, ils sont aussi psychologiquement impuissants à en sortir. Sans contrainte autre que leur phobie qui les plonge dans une terreur paralysante, ils restent, à l'exception de quelques cas singuliers, prisonniers d'un monde clos et autarcique.

La peur du dehors se retrouve dans les villes verticales des *Monades urbaines* de Robert Silverberg, où la sédentarité à outrance s'applique aux étages de ces gratte-ciels de plusieurs kilomètres de haut conçus pour répondre à la surpopulation[1]. La reproduction règle cette société, toutes les formes de sexualité sont encouragées, et dans cette promiscuité extrême, le besoin d'isolement comme la jalousie, proprement inconcevables, apparaissent comme des exceptions rarissimes. Certains des traits de ces œuvres se retrouvent dans *Humanité et demie* de T. J. Bass, souvent sous une forme cruelle et monstrueuse[2]. La peau d'une partie des humains (ou Néchiffles) ne supporte plus les rayons du soleil, leur organisme n'est plus adapté à l'atmosphère et ne possède plus les enzymes pour assimiler les aliments naturels. Incapables de résister à l'extérieur, ils vivent dans des cités souterraines, en citoyens soumis à l'autorité. Les Néchiffles ont une apparence neutre et n'éprouvent pas de désir sexuel, à moins d'aller se faire « polariser » pour la reproduction (on retire « l'interrupteur temporel », la « capsule anti-puberté »). Mais il arrive qu'ils aient des enfants à cinq orteils et à la peau résistante au soleil, qui ne sont cependant pas autorisés : ils sont avortés ou tués à la naissance. La surface de la Terre porte d'autres humains encore adaptés, qui vivent dans la nature, sans technologie autre que rudimentaire. Les Néchiffles en combinaison les pourchassent pour les éradiquer de la surface, livrant pour preuve des massacres les testicules coupés à leurs victimes.

Enfin, de manière plus frappante, si l'apparence physique reste intacte, ce n'est pas seulement le comportement que le milieu modifie dans *Le Monde inverti* de Christopher Priest : ce sont les perceptions mêmes des habitants d'une ville ambulante qui sont déformées[3]. Une société strictement organisée

---

1   Robert SILVERBERG, *Les Monades urbaines* [*The World Inside*, 1971], Michel RIVELIN trad., Paris, Le Livre de poche, « SF », 1989.

2   T. J. BASS, *Humanité et demie* [*Half Past Human*, 1971], Françoise MAILLET trad., Paris, Le Livre de poche, « SF », 1987.

3   Christopher PRIEST, *Le Monde inverti* [*The Inverted World*, 1974], Bruno MARTIN trad., Paris, Presses Pocket, « Science-fiction », 1988.

en guildes vit dans une cité construite sur des rails, baptisée Terre en souvenir de son origine. Sur une planète étrange à l'horizon courbé et au soleil diffracté, la Cité Terre est sans cesse condamnée à l'errance, au point que le décompte des années se fait en kilomètres. En effet, si elle ne suit pas un point migrant, l'Optimum, les choses et les êtres se tordent de manière horrible, d'où l'importance des « topographes du futur ». Une jeune Anglaise croise le chemin de cette cité mouvante perpétuellement à la poursuite d'un réel stable : c'est elle qui va découvrir la cause de leur course comme de leur perception du monde. Leur cité a été créée par un physicien autour d'un générateur d'énergie lié à une « fenêtre de translatération », lors d'une période de troubles. Les habitants croient vivre sur une autre planète alors qu'ils n'ont jamais quitté la Terre. Le champ magnétique du générateur perturbe leurs sens, altérant entre autres leur vision.

Dans tous ces cas, le lieu de vie agit avec force sur le comportement humain, il apparaît comme un inhibiteur et souvent comme un moyen de contrôle social. Un monde clos induit chez ses habitants la peur du dehors, assurant l'impossibilité de leur fuite. Ces sociétés sont souvent très hiérarchisées, un trait courant en science-fiction, par exemple dans la bande dessinée *Le Transperceneige* de Rochette et Lob, où dans un futur hivernal, les compartiments de queue ou de tête d'un train immense décident des conditions de vie, misérables ou plus favorables, des passagers, ou encore dans *Chromoville* de Joëlle Winterbert qui montre une société verticale où à chaque caste correspond un étage et une couleur. Les humains s'adaptent au milieu qu'ils ont choisi, pour vivre dans les meilleures conditions une certaine idée de l'utopie (*La Cité et les Astres*), pour gérer la surpopulation (*Les Cavernes d'acier*, *Les Monades urbaines*), fuir un soleil impitoyable (*Humanité et demie*), ou la menace d'une effrayante distorsion (*Le Monde inverti*). Qu'en est-il lorsqu'ils cherchent à explorer d'autres mondes où les conditions de vie sont d'emblée impossibles pour l'organisme humain ?


### S'adapter au milieu : la pantropie

Le processus d'adapter l'organisme humain à l'environnement à explorer gagne un nom dans *Semailles humaines* de James Blish[1]. Ce « fix-up novel » énumère les propriétés spécifiques de Sweeney, un « Homme Adapté » à Ganymède, lune de Jupiter.

---

1    James BLISH, *Semailles humaines* [*The Seedling Stars*, 1957], Michel DEUTSCH trad., Paris, Opta, « Galaxie bis », 1968. Pour plus de détails sur cette œuvre, voir David Ketterer, « Pantropy, Polyploidy, and Tectogenesis in the Fiction of James Blish and Norman L. Knight », in *Science Fiction Studies*, vol. 10, n° 2, juillet 1983, p. 199-218.

> Le sang qui coulait dans ses veines et le substrat non solide de chacune de ses
> cellules étaient pour les neuf dixièmes composés d'ammoniac liquide. Ses os
> étaient de la glace IV. [...] Et il pouvait survivre pendant des semaines, si
> nécessaire, en se nourrissant de poussière de rochers. (P. 16.)

Au terme de l'énumération des processus pour obtenir ces facultés, Blish livre le néologisme qui les résume :

> les cellules germinales qui s'étaient par la suite conjuguées pour le former avaient
> été soumises à une multitude de manipulations techniques hautement élaborées –
> empoisonnement mitotique sélectif, irradiation ponctuelle aux rayons X,
> microchirurgie tectogénétique, inhibitions métaboliques concurrentielles, sans
> compter une bonne cinquantaine d'autres procédés [...] dont l'ensemble portait le
> nom collectif de « pantropie ». Ce terme qui, librement traduit, signifiait
> « métamorphose intégrale » convenait à merveille. (P. 16-17.)

La pantropie restera le terme consacré. Elle est devenue un thème du genre, présent dans plusieurs romans. *Homme-Plus* de Frederick Pohl[1] décrit Will Hartnett, modifié pour « survivre sur la surface de la planète Mars sans l'aide d'appareils externes » :

> En apparence, c'était un monstre. // Son aspect n'avait absolument rien
> d'humain. Ses yeux étaient des globes aux facettes rougeoyantes. Ses narines
> s'évasaient en formant des replis de chair, comme le museau d'une taupe au
> nez en étoile. Sa peau était artificielle, [elle] avait la texture d'un cuir de
> rhinocéros. [T]out avait été remplacé ou bien augmenté. (P. 24-25.)

L'apparence monstrueuse est une première déclinaison de la pantropie. De fait, elle apparaît la plupart du temps comme un mal nécessaire, au mieux une solution réversible, au pire un sacrifice, car il semble sacrilège de modifier le corps humain. Mais elle peut prendre un tour plus ambigu. Dans un roman russe de Kir Boulytchev, *La Robe blanche de Cendrillon*, qui montre des astronautes « biotransformés » ou « bioformes »[2]. L'un a la forme d'une tortue pour supporter les températures les plus fortes, un autre celle d'une raie pour survivre sur une planète de marais toxiques, une jeune femme enfin a pris celle d'un oiseau. Alors que ces transformations leur font perdre extérieurement tout caractère humain, elles leur permettent d'accomplir des missions héroïques. Les personnages s'habituent à leur condition pourtant réversible et ne se décident pas à reprendre forme humaine. Les personnages pris dans cet état semblent vivre un paradoxe. Dans *BIOS* de Robert Charles Wilson[3], la conception d'un clone

---

1  Frederick Pohl, *Homme-Plus* [*Man Plus*, 1976], Philippe Hupp trad., Paris, Le Livre de poche, 1979.

2  Kir Boulytchev, *La Robe blanche de Cendrillon* [Белое платье Золушки, 1980], Viktoriya et Patrice Lajoye trad., Encino, Black Coat Press, « Rivière blanche », 2011. Une première version date de 1974.

3  Robert Charles Wilson, *Bios*, New York, Tor, 1999.

génétiquement modifié pour explorer une planète à la biologie mortelle exclut qu'il ait une personnalité. C'est parce que son régulateur d'humeurs a été saboté que Zoe Fisher acquiert une forme de liberté et d'autonomie supérieure à celle des autres humains.

Dans *Demain les chiens* de Clifford D. Simak[1], il s'agit d'emmener des humains sur Jupiter : « Car l'homme qui s'aventurait sans protection [...] dans l'atmosphère jovienne était volatilisé par la terrifiante pression de plusieurs tonnes par centimètres carrés » (p. 133). Il faut transformer les volontaires en Dromeurs, l'unique organisme capable de subir cette pression et de fonctionner à l'ammoniaque et à l'hydrogène. Or tous les volontaires transformés (au moyen de « postes de convertissement ») et laissés sur Jupiter ont disparu. Devant cet échec, le directeur de la mission décide d'y aller à son tour, avec son chien lui aussi changé en Dromeur. Il découvre alors que sous cette forme ils peuvent communiquer, que leurs perceptions et leurs capacités intellectuelles sont décuplées et affinées. Les autres volontaires ne sont pas rentrés parce qu'ils ne souhaitaient pas redevenir humains.

Ainsi, la pantropie comme accession à un état amélioré peut se révéler désirable. Moins radicales, les transformations qui laissent forme humaine sont plus faciles à considérer comme des améliorations. Ainsi, dans le roman pour la jeunesse *Les Oubliés de Vulcain* de Danielle Martinigol, un adolescent, Charley, découvre qu'il a été créé par un laboratoire pour la survie en milieu hostile[2] (son nom est l'acronyme de « cobaye humain amélioré résistant aux lieux extraterrestres y »). Échappant à la surveillance de son entourage, il atterrit clandestinement sur Vulcain, une planète poubelle où sa résistance et sa capacité à respirer des gaz toxiques lui permettent de sauver les travailleurs accidentés.

Le statut ambigu de la pantropie est partagé par d'autres modifications du corps humain, non pas des transformations biologiques, mais des greffes mécaniques, comme par exemple celles qu'ont subies les personnages de *Starfish* de Peter Watts[3]. Ce roman se déroule sous l'océan, le milieu terrestre qui induit avec le plus d'évidence des transformations de l'organisme humain. Un poumon remplacé par une machine permettant de respirer sous l'eau, des prothèses oculaires résistant à la pression et voyant dans le noir, entre autres, rendent des équipes sous-marines capables de

---

1   Clifford D. SIMAK, *Demain les chiens* [*City*, 1952], Jean ROSENTHAL trad., Paris, J'ai lu, « Science-fiction », 1987.

2   Danielle MARTINIGOL, *Les Oubliés de Vulcain* [1995], Paris, Hachette, « Le Livre de poche jeunesse », 2014. Voir aussi Danielle MARTINIGOL, *C.H.A.R.L.E.x*, Paris, Syros Jeunesse, « Soon », 2013.

3   Peter WATTS, *Starfish*, New York, Tor, 1999. http://www.rifters.com/real/STARFISH.htm

surveiller sur place les grands fonds volcaniques. Considérés comme s'éloignant des humains avec leurs yeux mécaniques et leur vie recluse, leurs membres apprécient ces améliorations et trouvent leur équilibre dans cet environnement inhospitalier. Comme le dit un personnage de *La Robe blanche de Cendrillon* : « Le cosmos n'est pas un simple prolongement de l'océan » (p. 76), et pour explorer l'univers, greffes et prothèses ne suffisent plus. Pour autant, le mélange de fascination et de répulsion pour ces modifications de la pantropie est très proche de celui qu'inspire l'humain augmenté cher au transhumanisme, que de nombreux récits de science-fiction ont aussi imaginé et diffusé, suscitant un certain engouement, qu'il s'agisse du personnage câblé *cyberpunk* ou du cyborg posthumain[1]. Le personnage principal d'*Homme-Plus*, Roger Torraway, soumis à la pantropie, est d'ailleurs changé en cyborg.

Dans tous les cas se poserait la question de la définition de l'humain, et de savoir si les personnes transformées sont toujours humaines si leur apparence est trop différente ou si elles ne sont plus soumises aux mêmes limites – un questionnement qui en dit plus sur les peurs irrationnelles, le refus du changement et le besoin d'inférioriser les personnes de ceux qui le posent que sur la définition de l'humanité. La question ne se pose d'ailleurs plus quand ces transformations doivent se généraliser à toute une population, quand ce n'est pas à toute l'humanité. La pantropie n'est pas seulement nécessaire en tant qu'adaptation pour survivre temporairement à l'exploration d'un milieu extraterrestre. Le projet de peupler ces milieux vient ensuite logiquement, à travers l'application de la pantropie à suffisamment de colons et en rendant transmissibles les nouveaux caractères biologiques.

## Peupler d'autres planètes : pantropie, mutation, terraformation

La pantropie comme moyen de peupler un milieu extraterrestre entre dans plusieurs cas de figure. Lorsqu'il suffit de se convertir en une autre espèce, le seul problème qui se pose est celui du choix d'une population d'aller vivre sur une autre planète. Dans *Demain les chiens*, les Dromeurs de

---

1  Voir entre autres N. Katherine HAYLES, *How We Became Posthuman: Virtual Bodies in Cybernetics, Literature and Informatics*, University of Chicago Press, 1999 ; Olivier SIMIONI, « Politiques du corps et science-fiction *cyberpunk* », in Giovanni HAVER et Patrick GYGER (dir.), *De beaux lendemains ? Histoire, politique et société dans la science-fiction*, Lausanne, Antipodes, 2002, p. 67-81 ; Max MORE et Natasha VITA-MORE (dir.), *The Transhumanist Reader*, Chichester, Wiley-Blackwell, 2013 ; Elaine DESPRÉS et Hélène MACHINAL (dir.), *Post Humains : frontières, évolutions, hybridités*, Rennes, Presses universitaires de Rennes, « Interférences », 2014.

Jupiter proposent à l'humanité de devenir comme eux pour acquérir une espérance de vie de plusieurs milliers d'années : « le Paradis est juste au coin de la rue » (DLC, 175). La population terrienne, acceptant cette nouvelle condition préférable, décide alors de perdre sa forme humaine, laissant la Terre aux robots et aux autres animaux. Ici ce n'est pas le choix du milieu qui conditionne l'adoption de la forme, c'est le choix d'une forme plus intéressante (en termes de perception, de capacités intellectuelles et de longévité) qui conditionne le départ pour une autre planète.

À l'opposé, c'est pour peupler le manteau superfluide d'une étoile à neutrons qu'une humanité est créée dans *Flux* de Stephen Baxter[1]. Ils ne mesurent que dix micromètres (soit un centième de millimètre), leur corps est fait de composés d'atomes d'étain, qui ne sont stables que dans la quantité de neutrons d'une des couches de l'étoile, ils se nourrissent de protons, et ne se souviennent que vaguement avoir été créés par les « Archéo-humains ». Leur organisme a aussi été revu pour faciliter l'accouchement. L'intérêt d'un tel projet semble difficilement compréhensible. Les personnages du roman découvriront que leur conception n'avait en effet pas pour objet le simple peuplement de leur étoile, mais qu'ils n'étaient en fait que des pions sacrifiés dans une guerre qui les dépasse. La pantropie est alors un moyen d'instrumentaliser toute une population.

Si le peuplement est bien le but fixé, les choses se compliquent et les méthodes d'adaptation se diversifient dans *L'Effet Lazare* de Frank Herbert et Bill Ransom[2]. La planète-océan Pandore est peuplée d'humains originaires d'un vaisseau, grâce aux biomanipulations d'un savant, Jésus Louis, qui crée des Clones et modifie l'humanité « pour qu'elle puisse mieux s'adapter aux conditions régnant sur Pandore » (LEL, 39). Depuis, la population s'est divisée en deux : d'un côté les Îliens mutants, qui vivent dans des cités organiques flottantes, de l'autre les Siréniens non mutants qui bénéficient d'une haute technologie leur permettant de vivre sous l'eau. Les Siréniens utilisent aussi des moyens biologiques : un poisson à air dont la ventouse est fixée sur la carotide leur apporte une respiration amphibie, un rémora implanté dans les intestins pallie leur déficience. Enfin, l'être sentient de Pandore, le varech (Avata), n'a pas complètement disparu, puisque certains humains portent ses gènes. Ils sont reconnaissables à leur peau verte et à leur calvitie. Ainsi, la pantropie n'apparaît que comme un moyen parmi

---

1   Stephen BAXTER, *Flux* [*id.*, 1993], Sylvie DENIS et Roland C. WAGNER trad., Paris, Pocket, « SF », 2014.

2   Frank HERBERT et Bill RANSOM, *L'Effet Lazare* [*The Lazarus Effect*, 1983], Guy ABADIA trad., Paris, Le Livre de poche, « SF », 1989.

d'autres d'adapter l'humain à la planète, auprès de la mutation, de l'apport
génétique d'un autre être vivant, et de coopérations interespèces proches de
l'ectosymbiose.

La pantropie appartient en effet à un éventail de stratégies de
peuplement bien connu. Cet éventail est réuni dès 1930 dans *Les Derniers et
les Premiers* d'Olaf Stapledon[1]. Ce roman fondateur a inspiré *Semailles
humaines* de Blish[2] et très certainement certains des autres romans cités,
comme *La Cité et les Astres* de Clarke. Dans cette vision de l'évolution de
l'humanité sur des billions d'années, Stapledon apporte des explications
rigoureusement darwinistes sur les mécanismes d'évolution et de sélection.
Les changements géologiques et climatiques amènent des sélections parmi
les variations biologiques chez l'humain, qui se traduisent dans leur
apparence physique et leur longévité. Stapledon imagine ensuite que des
scientifiques de la troisième humanité créent un super-cerveau cyborg, qui
crée d'autres cerveaux cyborgs télépathes, lesquels asservissent puis
anéantissent le reste de l'humanité, avant de créer une cinquième humanité,
à mi-chemin entre l'humain ancien et le super-cerveau, de grande taille, à six
doigts, imberbe, télépathe et avec une longévité de 3000 ans. Lorsque la
Terre devient invivable, ils terraforment Vénus pour s'y installer, et
l'humanité s'adapte à la nouvelle planète au fil des millénaires. Quand il
s'agit de coloniser Neptune, ils n'ont cependant pas d'autre solution sinon
créer une nouvelle espèce humaine : « on l'avait fait nain pour résister à une
pesanteur excessive. Sa boîte crânienne était si petite qu'on n'avait laissé en
son cerveau que ce qui était indispensable pour qu'il fût encore un homme. »
(LDLP, 342) Ce n'est pas suffisant pour que la civilisation se maintienne,
mais les mutations spontanées auront de meilleurs résultats.

> la nature elle-même, procédant à l'aveuglette, à sa manière lente et maladroite,
> réussit là où l'homme avait échoué. Les descendants revenus à l'état de brute
> de cette espèce humaine finirent par être bien adaptés à leur monde. Avec le
> temps, naquirent de nombreuses formes sous-humaines dans tous les milieux
> offerts par les terres et les mers de Neptune. (LDLP, 343)

Ainsi, l'adaptation humaine au milieu peut se faire aussi naturellement,
par les mécanismes propres à l'évolution. C'est le cas sur la planète Erda-
Rann dans *Rivage des intouchables* de Francis Berthelot[3] : les humains

---

1  Olaf STAPLEDON, *Les Derniers et les Premiers* [*Last and First Men*, 1930], Claude SAUNIER
   trad., Paris, Denoël, « Présence du futur », 1972.

2  « Le principe consistant à modifier génétiquement l'espèce pour que l'homme puisse vivre sur
   les planètes [...] était déjà ancien du temps d'Olaf Stapledon [...], en son essence, il remontait à
   Protée et était aussi profondément enraciné dans l'esprit humain que le loup-garou, le vampire,
   l'enfant des fées ou la transmigration de l'âme. » (Blish, *op. cit.*, p. 63.)

3  Francis BERTHELOT, *Rivage des intouchables*, Paris, Denoël, « Présence du futur », 1990.

arrivés se sont progressivement adaptés aux deux milieux, désertique et marin, de la planète. « Mutant avec prudence, d'abord, puis abandonnant bientôt toute vergogne, ils ont renié leurs origines pour s'adapter, qui au désert, qui à cette mer insane et multiforme – la Loumka. » (RDI, 11) Les Gurdes du désert ont développé une peau écailleuse de lézard. Leur phobie des liquides leur interdit de boire. Au bord de la mer ou sur elle vivent les Yrvènes à la « peau caoutchouteuse comme celle des dauphins et bariolée de pigments, ils ont bien muté, eux aussi. Leur alimentation, aujourd'hui, est uniquement liquide » (RDI, 12). Les mutations voient une nouvelle fois apparaître un racisme réciproque entre les deux populations, dont les contacts sont frappés de tabou : ceux qui l'enfreignent sont des « transvers » que touchera une mortelle « épidermie ». À la fin du roman, malgré tout, un hybride ou un métis naît d'une Gurde et d'un Yrvène, un bébé aux écailles colorées. Le thème du racisme est également au cœur d'*Humanité et demie*, où la mutation qui a touché une partie de l'humanité l'a en fait rendue inadaptée à la vie extérieure, contre toute logique évolutive, et de *L'Effet Lazare*, où les Siréniens non mutants et technologiquement avancés méprisent les Îliens qu'ils voient comme dégénérés et arriérés.

Comme on l'a vu avec *Les Derniers et les Premiers*, la pantropie est mise en concurrence avec un autre mode d'adaptation exactement inverse. Non pas adapter le vivant au milieu, mais au contraire adapter le milieu au vivant : terraformer les planètes trop hostiles, leur donner les caractéristiques de la Terre. Cette opposition, présente notamment dans la trilogie martienne de Kim Stanley Robinson[1], met en jeu comme le rappelle Aurélie Villers une « tension [...] fondamentale » entre la perte de ce qui fait le caractère unique de Mars en la terraformant[2], et « une peur certaine qu'ont les hommes de changer au contact de Mars, la peur de l'aréoformation à laquelle la pantropie donne un visage monstrueux et qui ne trouve pas de meilleure expression que celle de la peur de devenir un être modifié, un cyborg. » (Villers, 244) Cependant, si « la terraformation est le triomphe du principe humain parcellisé qui peut transposer un individu puis son environnement n'importe où », avec la pantropie,

> l'homme devient parfaitement indépendant de son environnement. Terraformation et pantropie ne s'excluent donc pas, comme nous avons pu le penser. Ce sont bien des programmes de lecture. Toutes deux participent d'un même fantasme d'autonomie absolue qui ne sait pourtant pas se défaire de ses conditions de vie initiales. (Villers, 436)

---

1  Kim Stanley ROBINSON, *Red Mars*, New York, Spectra, 1993 ; *Green Mars*, New York, Spectra, 1994 ; *Blue Mars*, New York, Spectra, 1996 ; *The Martians*, New York, Spectra, 1999.

2  Aurélie VILLERS, *La Planète Mars dans la littérature de science-fiction américaine des années 1990*, thèse, université de Nice, 2005, p. 36-37.

La pantropie comme la terraformation ne sont jamais que des formations démiurgiques montrant le pouvoir des humains à se transformer eux-mêmes ou à transformer le milieu. La terraformation se révèle d'ailleurs comme un pur rêve d'omnipotence, puisque sa mise en œuvre ne peut se faire que sur des milliers d'années. Le projet de terraformation prendrait tant de temps que dans *Spin* de Robert Charles Wilson[1], ce sont des conditions tout à fait exceptionnelles qui le rendent possible. La Terre a été entourée par une mystérieuse barrière qui l'isole temporellement du reste de l'univers. Depuis sa temporalité ralentie, la Terre peut alors lancer des opérations de terraformation sur Mars, tant que la barrière laisse passer les fusées porteuses de spores ou de bactéries. Les nombreux siècles nécessaires à la création d'un écosystème (ou écopoïèse) ne représentent que quelques années pour la Terre, qui pense profiter des observations des Martiens de leur côté sur le phénomène du « spin » qui les englobe – jusqu'à ce qu'une autre barrière n'enferme Mars à son tour.

Le comble vient quand il ne s'agit plus de recréer un biotope terrestre sur une autre planète, mais de construire intégralement un monde habitable. Parmi les exemples de corps célestes artificiels, l'Anneau-monde des romans de Larry Niven est, avec les sphères de Dyson, l'un des plus démesurés[2]. Il s'agit d'un engin spatial en forme d'anneau, possédant en son centre un soleil créé par la fusion de l'hydrogène interstellaire. Avec un rayon de plus de cent cinquante millions de kilomètres et une masse proche de celle de Jupiter, sa forme et sa conception s'expliquent par un objectif de gain de place de beaucoup supérieur à celui d'une planète : sa surface fait trois millions de fois celle de la Terre. C'est aussi par souci d'efficacité que la surface interne de l'anneau est divisée en damier de rectangles, des objets en orbite créant les ombres séparant le jour et la nuit. La question reste de savoir quels ingénieurs ont construit cet objet titanesque, qui réclame des ressources en énergie et en matière proprement astronomiques... Les stations de Cooper, tores de Stanford ou cylindres d'O'Neill imaginés sur des formes proches apparaissent bien humbles à côté. Les ordonnateurs de l'Anneau-monde sont alors comparables aux « Hypothétiques », nom donné aux responsables inconnus des barrières-spin dans *Spin* de Wilson.

*

---

1   Robert Charles WILSON, *Spin* [*Spin*, 2005], Gillet GOULLET trad, Paris, Gallimard, « folio SF », 2011.

2   Larry NIVEN, *L'Anneau-monde* [*Ringworld*, 1970], Jacques POLANIS trad., Paris, J'ai lu, « SF », 2003 ; *Les Ingénieurs de l'Anneau-monde* [*The Ringworld Engineers*, 1980], Bernadette EMERICH trad., J'ai lu, « SF », 2008.

De l'évolution de l'espèce à la terraformation d'autres planètes, en passant par la pantropie, les interactions entre les humains et les milieux qu'ils ont choisis ou qu'ils doivent subir passe par différents types d'adaptation. Le milieu peut d'abord servir de prétexte pour contrôler socialement ses habitants, en jouant sur les contraintes d'adaptation. Des milieux différents peuvent aussi amener le corps humain à se transformer pour qu'il s'adapte à de nouvelles conditions de vie. Et inversement, des lieux au départ hostiles à la vie humaine peuvent être profondément modifiés afin de l'accueillir au mieux. Au-delà de la simple survie, la question semble invariablement d'acquérir plus de liberté, le milieu apparaissant comme un obstacle à convertir en atout.

Si l'organisation sociale suffit à adapter les humains dans un avenir proche sur Terre, sur le très long terme, les mutations spontanées sur Terre ou sur d'autres planètes sont nécessaires. Elles sont anticipées par des manipulations biologiques sur quelques individus, pour les débuts de la conquête d'une planète. À l'échelle de toute une population, leur intérêt s'explique pour deux raisons distinctes. L'adaptation d'une grande partie de la population peut favoriser son aliénation, à travers son contrôle social. Mais elle peut aussi amener à l'amélioration de ses fonctions et de ses capacités, la réduction de ses besoins.

Entre amélioration des capacités humaines (longévité, accroissement des perceptions, fin des maladies…) et horreur des expérimentations et vision parfois monstrueuse des transformations, la pantropie offre une image ambiguë propre à inspirer les récits. Elle fait aussi écho à des recherches bien réelles. Si les problèmes d'adaptation des humains à l'espace sont loin de pouvoir être résolus[1], des expériences cherchent à dépasser les limites du corps humain, surtout dans un contexte militaire. Aux États-Unis, les recherches portent sur la résistance à la privation de sommeil ou la plus grande force musculaire[2], et un médicament a été trouvé pour améliorer les chances de survie des soldats blessés, en empêchant l'arrêt de certains mécanismes biologiques[3]. En France, on peut lire sur le site du ministère de la Défense un rapport de prospective sur « l'augmentation artificielle de performances pour disposer d'un "supercombattant" », au moyen d'interface nerveuse, dopage génétique, nanotechnologie ou mécatronique[4]. Par un juste

---

1    Voir le site du National Space Biomedical Research Institute : http://www.nsbri.org/

2    Voir Patrick LIN, Maxwell J. MEHLMAN et Keith ABNEY, *Enhanced Warfighters: Risk, Ethics and Policy*, The Greenwall Foundation, janvier 2013.

3    Linda GEDDES, « Drug could turn soldiers into super-survivors », *New Scientist*, n° 2745, 27 janvier 2010.

4    Jean Didier VINCENT (dir.), « Augmentation des performances humaines avec les nouvelles technologies : quelles implications pour la défense et la sécurité ? », *Les Travaux de l'Irsem II*,

retour des choses, quand la presse traite ce genre de recherches, c'est souvent en évoquant des personnages de fiction tels que Jason Bourne ou Iron Man.

La terraformation ou la création d'un anneau-monde sont des solutions qui préservent l'anatomie et le métabolisme humains, mais le temps qu'elles exigent est un obstacle. L'urgence de la survie après les catastrophes peut favoriser le choix des manipulations génétiques. La différence est-elle si grande entre les mutations naturelles et les transformations biologiques opérées par la science ? La marge devient étroite entre se transformer pour conquérir un milieu et être transformé par le milieu dans lequel on vit. La science-fiction semble montrer tour à tour l'impuissance et la toute-puissance de l'humanité dans sa relation avec le milieu dont elle dépend. Elle montre des visions du futur qui font alterner le cauchemar et l'espoir, les humains étant modifiés antithétiquement comme de simples instruments ou pour atteindre une condition meilleure. Néanmoins, dans une vision évolutive de l'humanité à travers son rapport à l'environnement, le processus est souvent présenté de manière indifférente : l'important n'est pas que le corps change, mais que, vaille que vaille, la vie continue.


## *Bibliographie*

### *Œuvres citées*


Isaac Asimov, *The Caves of Steel* [1953], New York, Doubleday, 1954.

T. J. Bass, *Humanité et demie* [*Half Past Human*, 1971], Françoise Mailleyt trad., Paris, Le Livre de poche, « SF », 1987.

Stephen Baxter, *Flux* [*id.*, 1993], Sylvie Denis et Roland C. Wagner trad., Paris, Pocket, « SF », 2014.

Francis Berthelot, *Rivage des intouchables*, Paris, Denoël, « Présence du futur », 1990.

James Blish, *Semailles humaines* [*The Seedling Stars*, 1957], Michel Deutsch trad., Paris, Opta, « Galaxie bis », 1968.

Kir Boulytchev, *La Robe blanche de Cendrillon* [Белое платье Золушки, 1980], Viktoriya et Patrice Lajoye trad., Encino, Black Coat Press, « Rivière blanche », 2011.

Arthur C. Clarke, *La Cité et les Astres* [*The City and the Stars*, 1956], Françoise Cousteau trad., Paris, Hachette/Gallimard, « Le Rayon fantastique », 1962.


mars 2010.

Frank Herbert et Bill Ransom, *L'Effet Lazare* [*The Lazarus Effect*, 1983], Guy Abadia trad., Paris, Le Livre de poche, « SF », 1989.

Danielle Martinigol, *Les Oubliés de Vulcain* [1995], Paris, Hachette, « Le Livre de poche jeunesse », 2014.

Danielle Martinigol, *C.H.A.R.L.E.x*, Paris, Syros Jeunesse, « Soon », 2013.

Larry Niven, *L'Anneau-monde* [*Ringworld*, 1970], Jacques Polanis trad., Paris, J'ai lu, « SF », 2003.

Larry Niven, *Les Ingénieurs de l'Anneau-monde* [*The Ringworld Engineers*, 1980], Bernadette Emerich trad., J'ai lu, « SF », 2008.

Frederick Pohl, *Homme-Plus* [*Man Plus*, 1976], Philippe Hupp trad., Paris, Le Livre de poche, 1979.

Christopher Priest, *Le Monde inverti* [*The Inverted World*, 1974], Bruno Martin trad., Paris, Presses Pocket, « Science-fiction », 1988.

Kim Stanley Robinson, *Red Mars*, New York, Spectra, 1993.

Kim Stanley Robinson, *Green Mars*, New York, Spectra, 1994.

Kim Stanley Robinson, *Blue Mars*, New York, Spectra, 1996.

Kim Stanley Robinson, *The Martians*, New York, Spectra, 1999.

Robert Silverberg, *Les Monades urbaines* [*The World Inside*, 1971], Michel Rivelin trad., Paris, Le Livre de poche, « SF », 1989.

Clifford D. Simak, *Demain les chiens* [*City*, 1952], Jean Rosenthal trad., Paris, J'ai lu, « Science-fiction », 1987.

Olaf Stapledon, *Les Derniers et les Premiers* [*Last and First Men*, 1930], Claude Saunier trad., Paris, Denoël, « Présence du futur », 1972.

Peter Watts, *Starfish*, New York, Tor, 1999. http://www.rifters.com/real/STARFISH.htm

Robert Charles Wilson, *Bios*, New York, Tor, 1999.

Robert Charles Wilson, *Spin* [*Spin*, 2005], Gillet Goullet trad, Paris, Gallimard, « folio SF », 2011.


### Études


Elaine Després et Hélène Machinal (dir.), *Post Humains : frontières, évolutions, hybridités*, Rennes, Presses universitaires de Rennes, « Interférences », 2014.

Linda Geddes, « Drug could turn soldiers into super-survivors », *New Scientist*, n° 2745, 27 janvier 2010.

Jérôme Goffette, « L'espace en résonance : corps, ville et monde dans *Étoiles mourantes* d'Ayerdhal et J.-C. Dunyach », in F. Dupeyron-Lafay et A. Huftier (dir.), *Poétique(s) de l'espace dans les œuvres fantastiques et de science-fiction*, Paris, Michel Houdiard, 2007, p. 33-52.

N. Katherine Hayles, *How We Became Posthuman: Virtual Bodies in Cybernetics, Literature and Informatics*, University of Chicago Press, 1999.

Fredric Jameson, « Science Fiction as a Spatial Genre: Vonda McIntyre's *The Exile Waiting* » [1987], *Archaeologies of the Future: The Desire Called Utopia and Other Science Fictions*, Londres, Verso, 2007, p. 296-313.

David Ketterer, « Pantropy, Polyploidy, and Tectogenesis in the Fiction of James Blish and Norman L. Knight », in *Science Fiction Studies*, vol. 10, n° 2, juillet 1983, p. 199-218.

Patrick Lin, Maxwell J. Mehlman et Keith Abney, *Enhanced Warfighters: Risk, Ethics and Policy*, The Greenwall Foundation, janvier 2013.

Max More et Natasha Vita-More (dir.), *The Transhumanist Reader*, Chichester, Wiley-Blackwell, 2013.

Olivier Simioni, « Politiques du corps et science-fiction *cyberpunk* », in Giovanni Haver et Patrick Gyger (dir.), *De beaux lendemains ? Histoire, politique et société dans la science-fiction*, Lausanne, Antipodes, 2002, p. 67-81.

Aurélie Villers, *La Planète Mars dans la littérature de science-fiction américaine des années 1990*, thèse, université de Nice, 2005.

Jean Didier Vincent (dir.), « Augmentation des performances humaines avec les nouvelles technologies : quelles implications pour la défense et la sécurité ? », *Les Travaux de l'Irsem II*, mars 2010.

# L'Antarctique, lieu(x) de (sur)vie
# dans la science-fiction

*Thomas Plançon*
*Docteur en Histoire et civilisation, Université de La Rochelle, CRHIA*
*Chercheur indépendant*

L'Antarctique est souvent considéré comme un espace non propice à la vie. « Pour la plupart de nos contemporains, les hautes latitudes représentent avant tout un monde hostile »[1]. Comment leur donner tort ? L'Antarctique, continent situé sur le Pôle Sud, est le plus grand désert du monde, bien qu'il soit recouvert de glace. Sa surface est d'approximativement 12,5 millions de km², mais la roche apparente ne représente que 2% de la surface (en particulier dans la Péninsule Antarctique). À l'intérieur des terres, la température moyenne est de -57°C, avec un record calculé à -93,2°C entre les dômes Argus et Fuji, dans l'est de l'Antarctique, le 10 août 2010. « Un continent où soufflent les vents les plus violents, où sévissent les froids les plus intenses et où ceux qui s'y aventurent courent les risques les plus extrêmes[2]. »

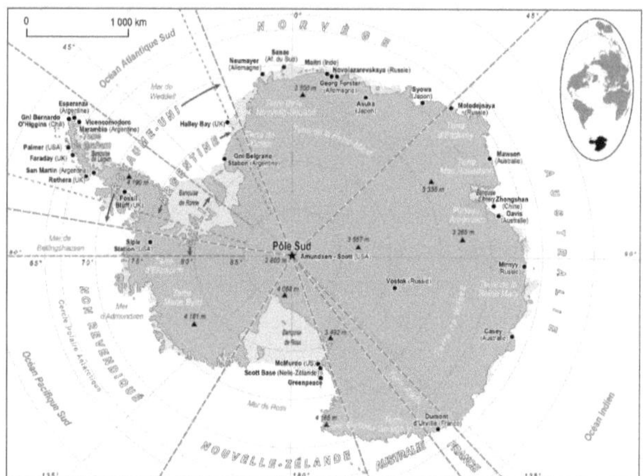

Fig. 1 : Possessions territoriales de l'Antarctique revendiquées et figées depuis le Traité sur l'Antarctique du 1ᵉʳ décembre 1959 (conception : P. Brunello)

---

1    A. GODARD, M.-F. ANDRÉ, *Les milieux polaires*, Paris, Armand Colin, 1999, p. 1.

2    Jean LEMIRE, *Le dernier continent. 430 jours au cœur de l'Antarctique*, Paris, Michel Lafon, 2009, p. 5.

Si cet espace parait pour beaucoup une terre loin d'être propice pour l'homme[1] (contrairement à certains animaux marins – oiseaux et mammifères), ce n'est pas le cas dans les écrits et films de science-fiction. Elle est un espace où se rencontrent de nombreuses formes de vie, différentes espèces et où l'homme, dans sa tentative de transformation du continent en lieu de vie, se voit contraint d'en faire un lieu de survie, quand celui-ci ne devient pas un lieu de mort. Depuis l'un des tout premiers textes relatant une aventure au Pôle Sud, *Les aventures d'Arthur Gordon Pym*, écrit par Edgar Allan Poe en 1838, jusqu'au dernier *The Thing* sorti en 2011 et réalisé par Matthijs van Heijningen Jr., en passant par la saga *Troisième humanité* de Bernard Werber, l'Antarctique a nourri un imaginaire particulier, que ce soit de par sa position actuelle, ou son ancienne situation géographique.

## Les vies anciennes et les anciennes vies de l'Antarctique

Avant d'avoir été "colonisé" par l'homme, l'Antarctique a connu divers emplacements sur la surface de la Terre, accueillant une flore exubérante et une faune merveilleuse. C'est dans cet environnement qu'ont évolué des espèces proches ou non de l'humanité actuelle. Elles ont fait de cet espace un lieu de vie idyllique, qui n'est pas sans rappeler l'Eden.

*Un continent en mouvement :*
*l'ancienne position de l'Antarctique*

C'est ce que démontre Eléa, l'héroïne de *La Nuit des temps* de René Barjavel en déséquilibrant le globe de « près de 40 degrés »[2]. Son pays, du nom de Gondawa, « occupe une place à mi-chemin du pôle et de l'équateur, en pleine zone tempérée chaude, presque tropicale »[3], expliquant la « flore exubérante, ces oiseaux de feu trouvés dans la glace »[4], mais également « un cheval blanc », le « tronc brisé d'un arbre gigantesque », « une fleur

---

1   « La vie existe ainsi malgré tout dans des écosystèmes spécifiques et fragiles. La vie aussi pour l'homme, dans des conditions d'inconfort et d'isolement sans égal ». François GARDE, *Paul-Émile Victor et la France de l'Antarctique*, Paris, Éditions Louis Audibert, 2006, p. 16.

2   René BARJAVEL, *La Nuit des temps* [1968], Paris, Presses de la Cité, « Pocket », 2001, p.173.

3   *Ibid.*

4   *Ibid.*

flamboyante, grande comme une rosace de cathédrale »[1] découverte lors d'un forage.

Si Eléa, dans le roman de Barjavel, est le témoin de cette époque lointaine, dans les autres histoires reprenant une situation géographique de l'Antarctique cette position est suggérée, voire évoquée. C'est le cas dans l'épisode 18 de la première saison de *Stargate SG-1*[2], ainsi que dans l'épisode 22 de la septième saison[3], où une Porte des Étoiles ensevelie est découverte sous la glace de l'Antarctique, tout comme un avant-poste des Anciens. De manière indirecte, les éléments extraterrestres abandonnés indiquent une position terrestre plus favorable du continent. Un des personnages d'*Alien Vs Predator* dit que « sur d'anciennes cartes l'Antarctique n'est pas sous les glaces. Le continent a été probablement habitable »[4].

Durant plus de 500 millions d'années, l'Antarctique a fait partie du Gondwana, un supercontinent, lui-même au cœur de la Pangée. À l'époque du Crétacé (environ de -145 à 66 millions d'années), le continent est déjà placé sur le Pôle Sud, mais connait toujours une végétation importante et une faune tropicale : « De cette époque datent des bois et feuilles pétrifiés, ainsi que des restes de reptiles marins ou de crocodiles laissant supposer que l'Antarctique était alors entourée d'une mer chaude tropicale »[5].


*Les multiples vies de l'Ancienne Antarctique*

Avant tout, qui occupait le continent avant sa glaciation ? Dans la plupart des cas, ce sont des espèces bien souvent supérieures technologiquement et intellectuellement à l'homme. Ce sont soit des êtres ressemblants à l'Homme[6], soit des êtres « semi-végétaux »[7]. De ce que l'on apprend des vestiges en eux-mêmes, l'Antarctique a été le lieu de puissants

---

1    *Idem*, p. 46.

2    Jonathan GLASSNER, Brad WRIGHT, *Stargate SG-1* 01x18 *Solitudes* [*Portés disparus*] © MGM Television, Syfy, 1998.

3    Jonathan GLASSNER, Brad WRIGHT, *Stargate SG-1* 07x22 *Lost City (Part 2)* [*La Cité perdue (2ᵉ partie)*] © MGM Television, SkyOne, 2004.

4    Paul William Scott ANDERSON, *Alien versus Predator* © Twentieth Century Fox, 2004, 00:11:30.

5    Frédérique RÉMY, *L'Antarctique. La mémoire de la Terre vue de l'espace*, Paris, CNRS Éditions, 2003, p. 53.

6    BARJAVEL, *La Nuit des temps, op.cit.*, p. 81.

7    Howard Phillips LOVECRAFT, *Les Montagnes hallucinées* [1936], Francis Lacassin (ed.), *Lovecraft t. 1*, Paris, Robert Laffont, « Bouquins », 1991, p. 370.

gouvernements, le Gondawa (*La Nuit des temps*) et la cité d'Anciens sur le plateau de Leng (*Les Montagnes hallucinées*).

Des deux espèces présentes sur le continent, les Anciens sont les seuls à avoir construit leurs cités à la surface. La cité apparait aux yeux des malheureux témoins comme « cyclopéenne », à la limite voire hors des limites « de l'imagination humaine », à l'« architecture inconnue de l'homme »[1], par conséquent « l'œuvre d'aucune race humaine »[2]. Clarke pousse cette description : « Je ne saurais la décrire : dépourvue de tout trait distinctif, exsudant une malignité absolue, l'entité amorphe nous barrait le passage de toute sa masse »[3].

Les anciennes sociétés établies sur le continent semblent fonctionner sur un principe égalitaire, voire « socialiste »[4]. Mais ce sont avant tout des sociétés pensantes, plus tournées vers la réflexion. Le travail n'est pas effectué par des ouvriers, mais plutôt par des machines, ou par des "serviteurs". Les interactions sociales fonctionnent également sur un principe d'affinités, conforté dans le cas du Gondawa par la « Désignation »[5]. Les civilisations antarctiques fonctionnent avec une économie avant tout basée sur une utilisation rationnelle de la monnaie : présente chez les Anciens[6], elle est remplacée par un système de crédits au Gondawa, dont le moyen de paiement est une clé[7].

Ces civilisations, malheureusement disparues, ont emporté avec elles leurs secrets. D'autant plus que la position actuelle de l'Antarctique ne semble pas propice au développement d'une civilisation. Pourtant, il existe dans certaines histoires des pays merveilleux entourés par les glaces.


### Des mondes tropicaux cernés par les glaces

Dans l'univers Marvel, il existe une contrée située en Antarctique du nom de Pays Sauvage. Elle se situe en Antarctique, sur la Péninsule de Palmer (ou Péninsule Antarctique), non loin de la baie de Marguerite. Sur cette terre réside Ka-zar, un fils d'explorateur élevé par un tigre à dents de sabre. Il est

---

1  *Idem*, p. 341.

2  Arthur Charles CLARKE, *Les Montagnes hallucinogènes* [1940], Philippe GINDRE (trad.), Aiglepierre, La Clef d'Argent, « Fhtagn », 2008, p. 23.

3  *Idem*, p. 28

4  LOVECRAFT, *Les Montagnes hallucinées*, *op.cit.*, p. 370.

5  BARJAVEL, *La Nuit des temps*, *op.cit.*, p. 195.

6  LOVECRAFT, *Les Montagnes hallucinées*, *op.cit.*, p. 370.

7  BARJAVEL, *La Nuit des temps*, *op.cit.*, p. 198-199.

devenu le protecteur de cette terre et a vécu de nombreuses aventures avec les plus grands héros Marvel[1].

Si cette création de Stan Lee (basée sur un ancien personnage né dans les années 40[2]) n'est pas anodine, c'est que situer un monde tropical sur le continent antarctique n'est pas une idée nouvelle. En effet, d'autres auteurs avaient imaginé que l'Antarctique était le lieu de vie pour une population semblable à celle des tropiques.

Présenté dans sa préface comme le témoignage véritable de son aventure, marquée par le sceau de la fiction, le récit d'Arthur Gordon Pym raconte les aventures de ce dernier sur les mers. Cet homme de Nantucket entreprend, sur les conseils d'Edgar Poe[3], de relater ses expériences morbides avant la « courte exploration de ce navire [la *Jane Guy*] dans l'Océan Antarctique ; prise de la goélette et massacre de l'équipage dans un groupe d'îles au QUATRE-VINGT-QUATRIÈME PARALLÈLE DE LATITUDE SUD[4]. »

Parti de Port-Christmas dans les îles Kerguelen, l'équipage fait route vers le Sud. Bientôt arrivés dans les eaux glacées du continent, tout semble confirmer les explorations passées (que Pym/Poe relate), quand le narrateur mentionne un changement : les navigateurs croisent un ours de dimension incroyable, et surtout arrivent dans un espace alors inattendu : une mer ouverte et tempérée.

L'équipage découvre bientôt une terre habitable, peuplée par des hommes noirs à l'aspect tribal. La réaction des marins est similaire à celles de leurs prédécesseurs sur les mers du Pacifique, lorsqu'ils arrivaient en des terres inconnues. La première rencontre avec les autochtones se déroule sur la goélette, et les habitants sont particulièrement fascinés par ce qu'ils trouvent sur le navire.

Une fois arrivé sur la terre ferme, en véritable chef scientifique de l'expédition, Pym décrit avec une grande minutie l'île de Tsalal et ses habitants. S'ensuit la découverte du village de Klock-Klock, où Pym peut rendre compte des habitants, et surtout de la beauté naturelle des femmes, bien qu'ayant des lèvres « épaisses et massives, à ce point que même en riant elles ne découvraient jamais les dents »[5].

---

1    http://www.marvel-world.com/encyclopedie-1021-fiche-ka-zar-plunder-biographie.html

2    http://www.marvel-world.com/encyclopedie-2572-fiche-ka-zar-rand-biographie.html

3    Edgar Allan POE, *Aventures d'Arthur Gordon Pym* [1838], Charles BAUDELAIRE (trad.), Gallimard, « Folio classique », 2004, p. 31-32.

4    *Idem*, p. 29. Les expressions en majuscule reprennent celles mises en avant dans le livre.

5    *Idem*, p. 236

Comment expliquer, alors que la plupart des récits s'accordent à dire qu'il y a eu une vie en Antarctique bien avant l'arrivée du premier homme moderne et que la science confirme une vie ancienne en ce continent, qu'il n'en reste plus aucune trace ?

Comme l'a montré Eléa, l'Antarctique-Gondawa se situait entre les tropiques, avec un climat plus agréable. Mais une précédente guerre a en premier lieu détruit la surface, d'où une vie en profondeur, mais quelques endroits ont été préservés pour permettre un retour de la vie. Cependant, l'emploi d'une arme de destruction massive causa un basculement du globe terrestre[1].

Cette explication, probable pour expliquer la position actuelle de l'Antarctique, est basée sur une théorie scientifique affirmant que la Terre a pu connaitre différentes positions axiales : « Il a été montré que la dérive du pôle de rotation d'une planète peut être produite par des changements dans la distribution des masses dans son manteau ou à sa surface »[2]. Elle est complémentaire de la théorie dite de dérive des continents émise par Alfred Wegener dans les années 1910 dans son ouvrage *La Genèse des continents et des océans*[3], et que Lovecraft analyse ici :

> Comme je l'ai dit, l'hypothèse de Taylor, Wegener et Joly, selon laquelle tous les continents sont des fragments d'une terre antarctique originelle, qui se fissura sous la pression centrifuge, en s'éloignant à la dérive sur un soubassement en principe visqueux – hypothèse inspirée entre autres par les profils complémentaires de l'Afrique et de l'Amérique du Sud, et la façon dont les grandes chaînes montagneuses sont roulées et repoussées – reçoit d'une source étrange une consécration frappante[4].

De ces sociétés, il ne reste plus rien, si ce n'est les vestiges que les hommes contemporains découvrent. Dans la continuation des *Aventures d'Arthur Gordon Pym*, Jules Verne, avec *Le Sphinx des glaces*, fait voyager des aventuriers à la recherche de Pym et du capitaine de la goélette. En arrivant sur Tsalal, il ne reste rien des descriptions paradisiaques faites dans

---

1   BARJAVEL, La Nuit des temps, op.cit., p. 317-318.

2   « Quand la Terre part à la dérive », Institut National des Sciences de l'Univers, CNRS, 30/06/2010, http://www.insu.cnrs.fr/terre-solide/dynamique-interne/noyau-manteau/quand-la-terre-part-a-la-derive#notes [consulté le 05/05/2015].

3   Alfred Lothar WEGENER, La Genèse des continents et des océans [1915], M. REICHEL, Paris, Albert Blanchard, 1924.

4   LOVECRAFT, Les Montagnes hallucinées, op.cit., p. 373-374.

le récit de Poe, que la désolation et le vide. Cela est expliqué par un tremblement de terre qui aurait tout englouti[1].

## *L'Antarctique, lieu de (sur)vie pour l'Homme*

Découvert tardivement, le continent antarctique a été le dernier que l'homme a tenté de conquérir. Il essaye d'en prendre possession, d'en faire un monde vivable pour développer une vie sur place. Cela a été le cas puisque plusieurs naissances sont à noter, dont celles d'Emilio Marcos Palma le 7 janvier 1978 (premier être humain né sur le continent à la base argentine Esperanza), et celle de Silvina Analía Arnouil (née le 14 janvier 1980)[2].

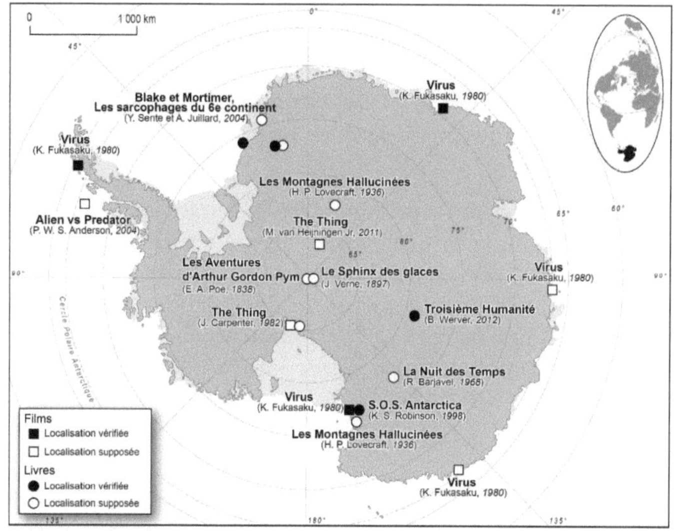


Fig. 2 : Les lieux de vie en Antarctique dans les récits de science-fiction, XIXᵉ-XXIᵉ siècles (Conception : P. Brunello)

---

1 Jules VERNE, Voyages extraordinaires, L'Île mystérieuse, Le Sphinx des glaces [1897], Paris, Gallimard, « Bibl. de la Pléiade », 2012, p. 915-923.

2 Explorer's Gazette, Volume 9, Numéro 1, Janvier-Mars 2009, p. 11, https://oaea.net/wp-content/uploads/2016/11/Volume9Issue1.pdf [consulté le 05/05/2015]

*L'adaptation au milieu*

La majorité des bases antarctiques se situent sur les côtes du continent. Sur les 67 bases scientifiques présentes, seules 4 se trouvent à l'intérieur des terres. Il n'est donc pas étonnant que certains récits se déroulent non loin de l'océan, comme c'est le cas dans *Alien versus Predator*. Une des premières séquences montre un port baleinier imaginaire[1], localisé sur une île de la Péninsule antarctique (par ailleurs, cette île a purement été inventée).

Ce n'est pas le seul endroit de l'Antarctique inventé. Les aventures vécues par les différents protagonistes de *La Nuit des temps* se déroulent dans « la tranche de melon » attribuée à la France, et dont la mission permanente se trouve à la base Paul-Émile Victor[2], alors que la véritable base se nomme Dumont d'Urville. Parfois, aucun nom n'est donné, seule la situation géographique est indiquée, comme c'est le cas pour les scientifiques américains de la nouvelle « La bête d'un autre monde »[3], puisqu'il est dit « campements de l'Antarctique »[4]. On retrouve ce même souci de rester flou dans le film *The Thing* de John Carpenter, où il est uniquement mentionné le lieu et l'année[5].

Une autre partie des récits prenant place en Antarctique s'appuie sur des lieux réels, notamment la base McMurdo. Bien que mise en activité en 1955, son emplacement sert déjà de point de départ pour l'expédition Miskatonic[6]. Après sa création, elle devient une sorte de « station-service d'autoroute abandonnée depuis des lustres »[7]. Elle est présente, ainsi que toutes les bases scientifiques des autres nations, dans *Virus*[8], film du japonais Kinji Fukasaku.

---

1    Paul William Scott ANDERSON, *Alien versus Predator* © Twentieth Century Fox, 2004, 00:00:45

2    BARJAVEL, *La Nuit des temps, op.cit.*, p. 12.

3    John Wood CAMPBELL JR., « La bête d'un autre monde », *Le Ciel est mort* [1978], Alain GLATIGNY, Francis VALÉRY, Michel DEUTSCH (trad.), Paris, Librairie Générale Française, « Le Livre de poche », 1992, p. 35-120.

4    *Idem*, p. 35.

5    John CARPENTER, *The Thing* © Universal Pictures, Turman-Foster Company, 1982, 00:02:08.

6    La position de la base antarctique McMurdo est 77°50' latitude sud, 77°9' dans le récit. LOVECRAFT, p. 320.

7    Kim Stanley ROBINSON, *S.O.S. Antarctica*, Dominique HAAS (trad.), Paris, Presses de la Cité, 1998, p. 13.

8    Kinji FUKASAKU, *Virus* © Haruki Kudokawa, 1980.

Pour pouvoir s'établir en ces points reculés et froids, les différents lieux de vie (à quelques exceptions près) se ressemblent. Ce sont en effet des baraquements extérieurs, souvent en dur ou en métal. On y trouve, de manière sommaire certes, tous les éléments pour vivre en société : une cuisine, une salle de repos, des chambres, une infirmerie. Plusieurs passages de *The Thing* et de son remake de 2011[1] montrent ces lieux de vie. Conditions spartiates, mais faites pour que le séjour se déroule le mieux possible pour la dizaine de personnes sur place[2].

Il n'y a que dans très peu de récits que les bases ne se situent pas en surface, mais sous la glace (ou, à l'instar du port de Razorback Point, les bâtiments sont conçus pour la pêche et son commerce[3]). Qu'en est-il à l'intérieur de ces installations souterraines ? « Cela puait dans le baraquement enfoui sous la glace. [...] Même dans cette cabane, enfouie à un mètre cinquante sous la surface glacée du continent balayé par le blizzard [...] Le blizzard balayait le camp souterrain[4]. »


*Survivre dans l'Enfer blanc...*

Qu'est-ce qui rend l'installation définitive de l'homme en Antarctique impossible ? Ce sont souvent des éléments en rapport avec les passés du continent, que l'Homme découvre malgré lui.

Les éléments perturbateurs viennent principalement du sous-sol antarctique, notamment des signaux. Que ce soit par des satellites[5], ou par des nouveaux instruments essayés au sol[6], les scientifiques sont confrontés à des émissions d'ondes provenant du monde souterrain du continent. Et dans ce cas précis, ce sont des ruines plus ou moins anciennes qui sont découvertes, certifiant qu'une vie a été possible sur des terres à une époque antérieure plus acceptable pour des êtres humains ou non.

---

1 Matthijs van HEIJNINGEN JR., *The Thing* © Morgan Creek Productions, Strike Entertainment, 2011.

2 « Base Dumont d'Urville, Terre Adélie, Présentation », Institut Polaire Français Paul-Émile Victor,
http://www.institut-polaire.fr/ipev/bases_et_navires/base_dumont_d_urville_terre_adelie [consulté le 06/05/2015].

3 Paul William Scott ANDERSON, *Alien versus Predator* © Twentieth Century Fox, 2004, 00:00:45.

4 CAMPBELL, *Le Ciel est mort, op.cit.*, p.35, p.37.

5 Paul William Scott ANDERSON, *Alien versus Predator* © Twentieth Century Fox, 2004, 00:02:20-00:03:02.

6 BARJAVEL, *La Nuit des temps, op.cit.*, p. 13.

Ces découvertes sont, on le voit, l'élément perturbateur du récit. Chacune des histoires entraine une modification irréversible de l'environnement des hommes en un espace hostile. En ce sens, le film de Carpenter est représentatif de ces transformations. La première apparition de la "Chose" a lieu dans le chenil, car elle a auparavant pris l'apparence d'un chien de traineau. C'est la révélation de l'animalité de la "Chose". Progressivement, les suspicions se font de plus en plus fréquentes, pour au final conduire à l'explosion du complexe.

Ce schéma (lieu du quotidien, transformation, explosion/destruction) est propre à une majorité de récits (Barjavel, Campbell par exemple). Chez Lovecraft, c'est l'exploration d'une cité perdue des Anciens qui entrainent le narrateur et son assistant à s'enfoncer dans les entrailles de l'horrible ville et à sombrer dans la folie. *Les Montagnes hallucinées*, bien que propre au style lovecraftien, sont également « un récit d'exploration qui paraît à première lecture s'affranchir des conventions du récit d'épouvante », avec une « rigueur toute scientifique des descriptions »[1].


*... Et mourir.*

Dans les histoires autour de la "Chose", la survie contre l'intrus s'accompagne d'une lutte contre la suspicion. Car même mort, l'individu infecté ne l'est pas, comme l'on peut le constater au moment de l'infection de Bennings[2], ou lorsque Norris fait un arrêt cardiaque[3]. La destruction finale par MacReady de la base transforme définitivement l'endroit en un lieu de mort, même si le jeu vidéo se voulant la suite du film de Carpenter développe une histoire autour d'une conspiration[4]. Dans d'autres récits, la mort est souvent brutale, comme l'attestent différentes scènes d'*Alien versus Predator*, où toutes les équipes de scientifiques et de soldats sont soit exterminées par des Aliens "Facehugger" ou par des Predators.

Dans *Virus*, les forages en Atlantique provoquent des secousses sismiques perçues par les systèmes de défense nucléaire américains comme des essais atomiques, envoyant dès lors des bombes sur l'U.R.S.S. Cette dernière riposterait, mais enverrait également des missiles sur la base

---

1   Philippe GINDRE, « Introduction », Arthur Charles CLARKE, *Les Montagnes hallucinogènes*, *op.cit.*, p.13

2   John CARPENTER, *The Thing* © Universal Pictures, Turman-Foster Company, 1982, 00:45:20.

3   John CARPENTER, *The Thing* © Universal Pictures, Turman-Foster Company, 1982, 01:13:55.

4   William LATHAM, *The Thing* © Black Label Games–Computer Artworks, 2002

Palmer où réside la majorité des scientifiques. Les quelques personnes envoyées pour désactiver le système de défense ne parviennent pas à empêcher l'envoi de missiles, éradiquant ainsi le seul endroit où l'humanité aurait pu reconstruire une société. On peut y voir un écho à la scène où deux membres de la base japonaise découvrent dans une base abandonnée une jeune femme enceinte mourante, comme l'idée que la vie ne peut se perpétuer sur ce continent.

La destruction du lieu de vie est souvent synonyme de mort, comme l'on constate dans *Les sarcophages du 6ᵉ continent*[1]. Le récit où la vie et la mort se côtoient de la manière la plus explicite est celui de James Morrow, *Ainsi finit le monde*[2]. Après la destruction du monde par une pluie de bombes atomiques, les quelques personnes ayant miraculeusement réchappé se retrouvent en Antarctique, où elles sont jugées par les "Non-admis", l'humanité future non née, mais pourtant présente le temps d'une distorsion temporelle. La vie, symbolisée par les survivants, est confrontée à la mort, représentée par les "Non-admis". Et elle est défaite par cette dernière, puisque même les survivants se retrouvent stériles[3].

Il apparait clairement que l'Antarctique est un lieu fortement utilisé en science-fiction, où les hommes vivent et meurent, malgré les conditions difficiles. Qu'est-ce qui poussent les auteurs à envoyer des hommes au cœur de ce territoire gelé ? La réponse pourrait se trouver au travers des différentes images et interprétations que l'Antarctique autorise.

## Par-delà les glaces de l'Antarctique

Le choix de l'Antarctique, contrairement à ce que l'on pourrait penser, n'est pas anodin. Choisir d'installer son récit de science-fiction répond à des problématiques, à des enjeux, mais surtout à un imaginaire qui poursuit le continent depuis que l'Homme a pris conscience de son environnement.

---

1   Yves SENTE, André JUILLARD, *Les aventures de Blake et Mortimer, Les sarcophages du 6ᵉᵐᵉ continent*, Tome 2, *Le duel des esprits*, Bruxelles, Les Éditions Blake et Mortimer, 2004

2   James MORROW, *Ainsi finit le monde*, Luc CARISSIMO (trad), Denoël, « Présences du futur », 1988.

3   *Idem*, p. 166.

*La « Terra Incognita »,*
*ou la première vision fantasmée de l'Antarctique*

Comme nous le rappelle Frédérique Rémy, « les pythagoriciens pensaient que la Terre était ronde et qu'un imposant continent, la *Terra non dum cognita*, occupait le pôle Sud, ceci à des fins de symétrie et d'équilibre »[1]. Cette croyance en l'antichtone perdure plusieurs siècles. Lorsque la théorie de la terre plate succède à celle de la rotondité, la question de cette *Terra non dum cognita* est éludée. Ce n'est qu'avec l'impression en 1475 de la géographie de Ptolémée que sort la *Terra Incognita* des oubliettes de l'histoire[2]. Dès lors, les hommes n'eurent de cesse que d'atteindre cette terre merveilleuse, où vivraient « d'hypothétiques habitants, les Antipodes – littéralement « ceux qui marchent les pieds en l'air » –, et cet univers serait entouré d'une zone torride, de mers bouillantes, gardées par des monstres terrifiants »[3].

Il faut dire que les récits de voyages des premiers marins excitent l'imagination : « Le mythe des richesses et des merveilles australes s'élabore dès les premiers voyages maritimes vers ces lointaines contrées »[4]. Mais progressivement, les différentes explorations des mers du sud repoussent les côtes de la *Terra Incognita* plus au sud[5].

Le récit de Binot de Paulmier, marin normand ayant vogué vers les terres australes et propagé par un descendant du XVIIe siècle, l'abbé Paulmier, marque les esprits, notamment lorsque Jean-Baptiste Bouvet de Lozier, un Malouin, décide d'emprunter la route vers le Sud et qu'il découvre le 1er janvier 1739 un cap, qu'il nomme Circoncision (en réalité l'Île Bouvet). S'il avoue à son retour ne pas avoir découvert les terres australes, son récit influence le cartographe Philippe Buache et surtout Charles de Brosses[6].

---

1   Frédérique RÉMY, *L'Antarctique. La mémoire de la Terre vue de l'espace, op.cit.*, p. 25.

2   L'Antarctique est également mentionné sur les cartes de Piri Reis (XVIe siècle).

3   Bertrand IMBERT, Claude LORIUS, *Le grand défi des pôles* [1987], Paris, Gallimard, « Découvertes Gallimard Histoire », 2006, p. 14.

4   Frédérique Rémy, *Histoire des pôles : mythes et réalités polaires XVIIe-XVIII[e] siècles*, Paris, Éditions Desjonquères, 2009, p. 12.

5   L'observation de quelques cartes de ces époques et des récits émis par les navigateurs montre néanmoins que ce super continent possédaient une partie nommée *Terra frigida*, « Terre froide »

6   Charles de BROSSES, *Histoire des navigations aux Terres australes*, Paris, 1756, t. 1, p. 13

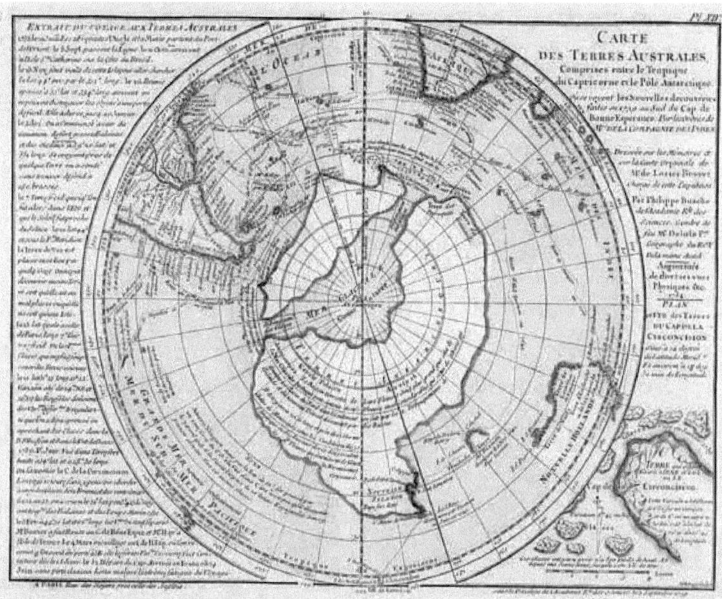

Fig. 3 : Philippe Buache, *Carte des terres australes comprises entre le tropique du Capricorne et le Pôle Antarctique où se voient les nouvelles découvertes faites en 1739 au sud du cap de Bonne Espérance*, 1754[1]

Les voyages de Cook (notamment le second, 1772-1775) mettront fin à ce mythe. Dès lors, l'Antarctique n'a plus existé comme mythe continental, mais a évolué en celui d'un monde tropical au cœur des glaces. Le récit de Poe est en ce sens significatif de cet imaginaire, comme le souligne Claude Richard dans les *Œuvres* de Poe[2].

La théorie de la « mer libre » est aussi très présente dans l'idée des scientifiques. Elle évoque l'hypothèse d'une mer sans glace, à la température tempérée et aux eaux limpides. C'est ce que l'on retrouve chez Poe, comme chez Verne. Ce dernier, en écrivant une suite, a certes perdu toute la symbolique mystique de Poe, mais a apporté la vision scientiste propre à ses romans. En donnant des explications plausibles à toutes les situations des *Aventures d'Arthur Gordon Pym* et à la sienne, il est l'écho d'une époque où la science et l'exploration méthodique rendent véritablement compte des

---

1 Carte disponible à la BNF et sur le site Gallica, http://gallica.bnf.fr/ark:/12148/btv1b5970597m/f1/ [consulté le 02/06/2015]

2 Claude RICHARD, « Notes sur *Les Aventures d'Arthur Gordon Pym de Nantucket* », Edgar Allan POE, *Contes, essais, poèmes*, Claude RICHARD (ed.), Paris, Robert Laffont, « Bouquins », 1989, p. 1329.

choses. Mais les deux romans ne sont pas indissociables pour autant, car « tous deux s'achèvent et se rassemblent dans ce rêve de fusion mystique que promettait le mythe initial du paysage blanc[1]. »

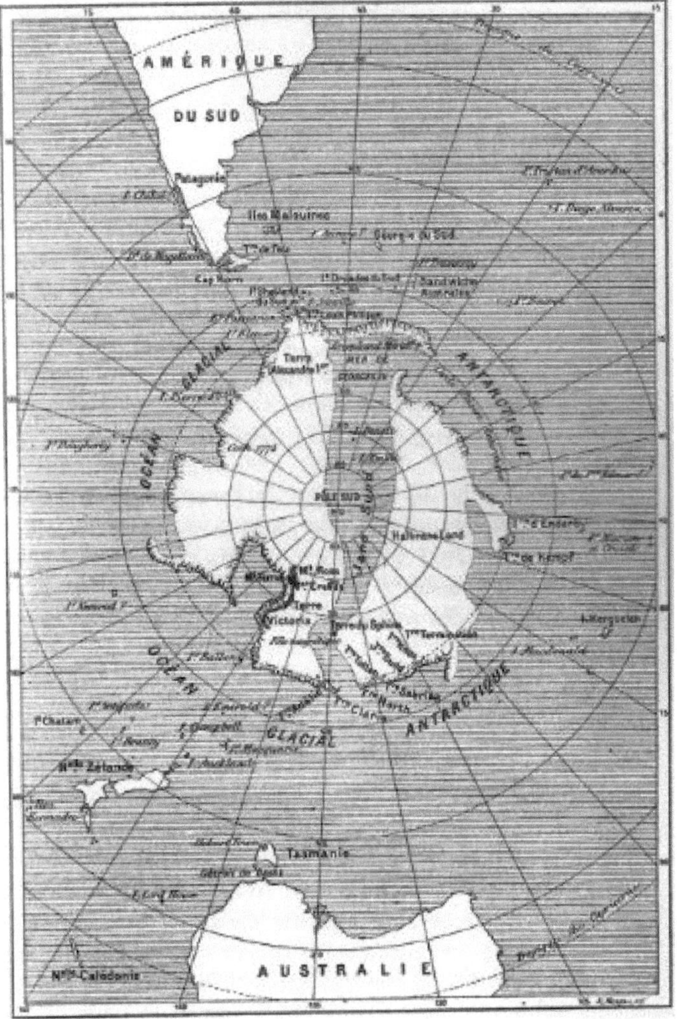

Fig. 4 : Carte de l'Antarctique dans *Le Sphinx des glaces* par Georges Roux[2]

---

1 Pascal-Emmanuel GALLET, « Postface », Jules Verne, *Le Sphinx des glaces* [1897], Paris, Librairie Générale Française, « Le Livre de poche », 2003, p. 460.

Cet imaginaire d'un Paradis perdu se retrouve dans les images que projette Eléa au monde. Vivant sur des éléments spécifiques (chaque couleur correspondant à une fonction), chacun est à sa place, comme les éléments d'un corps humain. L'agissement en opposition avec la volonté de Coban fait de Païkan et d'Eléa des formes de « cancer ». Cette tour de Babel qu'est l'E.P.I. connait la même fin que son illustre ainée, lorsque Lukos, le philologue turc, responsable de la traductrice, la fait exploser, en même temps que la pile nucléaire. L'Antarctique devient le lieu où aurait dû naitre l'homme nouveau[1], mais qui chute pour avoir voulu se rapprocher de la source d'énergie ultime, de Dieu en quelque sorte.

### Quand l'Histoire s'en mêle

Au-delà de cette nouvelle mythologie de l'Antarctique que les auteurs de science-fiction apportent, il faut également lire une présence de l'Histoire au cœur même de certains récits.

*La Nuit des temps*, écrit en 1968, est la reprise du scénario d'un film qui ne verra jamais le jour. Barjavel, pour rendre crédible son récit, et l'implanter dans son époque, n'hésite pas à semer quelques références. « Il y avait des années que le travail sur le continent antarctique n'était plus l'affaire des intrépides, mais celle des sages organisateurs » fait écho au Traité sur l'Antarctique du 1er décembre 1959, faisant du continent un espace uniquement consacré aux sciences. « Seules les activités pacifiques sont autorisées dans l'Antarctique. Sont interdites, entre autres, toutes mesures de caractère militaire »[2]. Les revendications nationalistes sont gelées, même si certains états contestent la souveraineté de certains pays (notamment celle les États-Unis envers la France).

Paul-Émile Victor est véritablement le nom qui reste associé aux missions polaires. En 1956, il arrive pour la première fois en Antarctique et dirigera pendant 20 ans les Expéditions Polaires Françaises. D'ailleurs, si dans le roman la base principale s'appelle Paul-Émile Victor, un personnage lui ressemblant peut être aperçu, Rochefoux[3]. La ressemblance est frappante, tant sur l'apparence que sur les qualités de l'homme. « Victor a misé sur la télévision, il a compris, avant les hommes politiques de son temps, la

---

2   Jules VERNE, *Voyages extraordinaires, L'Île mystérieuse, Le Sphinx des glaces*, Paris, Gallimard, « Bibl. de la Pléiade », 2012, p. 797.

1   BARJAVEL, *La Nuit des temps, op.cit.*, p. 322-323

2   « Le Traité de l'Antarctique », Bertrand IMBERT, Claude LORIUS, *Le grand défi des pôles, op.cit.*, p. 138.

3   BARJAVEL, *La Nuit des temps, op.cit.*, p. 35.

nécessité d'une présence récurrente dans les foyers des Français »[1]. La participation de toutes les nations au projet de retrouver la source du signal, les différentes actions des scientifiques à ce projet ne sont pas sans rappeler un autre point du Traité de l'Antarctique, celle de la liberté de la recherche scientifique et de la collaboration.

Robinson, avec son *S.O.S. Antarctica* amène une réflexion sur l'écologie, la « dérive de l'Antarctique » (tourisme, exploitation minière). « Le nombre de touristes en Antarctique est passé de moins de 2 000 par an dans les années 1980 à plus de 46 000 pendant l'hiver 2007-2008. Puis il a chuté fortement à moins de 27 000 en 2011-2012 »[2]. Aujourd'hui, il y a environ 40 000 touristes par an. Le livre, sorti en 1997, traite de la possible exploitation minière et pétrolière des ressources de l'Antarctique, contrecarrée par une base d'écologistes militants. Il a fallu attendre 1991 pour que soit entérinée la décision qu'aucune exploitation n'aura lieu en Antarctique avec le Protocole de Madrid, « qui a ajouté un volet environnemental au traité ». L'Antarctique est ainsi devenu une « réserve naturelle consacrée à la paix et à la science »[3].

L'Antarctique, en servant de lieu principal de la narration, centralise les inquiétudes, les craintes d'une destruction possible de la société. *Virus* rend compte de cet état d'esprit, dans une période où la moindre pression sur un bouton pouvait enclencher l'éradication de l'humanité, exactement comme dans *Ainsi finit le monde*, où une guerre nucléaire totale éradique l'ensemble de la population mondiale.

### L'Antarctique, un lieu de vie ?

La question de l'Antarctique comme lieu de vie en science-fiction s'élargit aussi à sa position dans le monde réel.

Il apparait clairement que l'Antarctique, au cœur de la science-fiction, est un lieu de vie. Il existe des conditions qui permettent d'établir durablement un ensemble d'interactions entre des individus, de construire des ensembles sociétaux, des gouvernements. Par ailleurs, ces anciennes sociétés se rapprochent plus d'un modèle « socialiste » (dans *La Nuit des temps*,

---

1 François GARDE, *Paul-Émile Victor et la France de l'Antarctique*, *op.cit.*, p. 138.

2 « L'Antarctique sans défense face au tourisme », *Courrier International*, 29/04/2013, http://www.courrierinternational.com/article/2013/04/25/l-antarctique-sans-defense-face-au-tourisme [consulté le 07/05/2015]

3 Mathias STROBEL, Frank TÉTART, « Le tourisme en Antarctique : un enjeu géopolitique ? », *Hérodote*, 2007/4 (n° 127), p. 168-171.

Léonova, la scientifique russe de l'expédition, compare Enisoraï aux capitalistes, semblant indiquer que la rationalité de Gondawa se rapprocherait des valeurs communistes).

Cependant, le fait que l'ensemble des vestiges découverts soient ceux d'anciennes civilisations ayant disparues conduit à penser qu'il n'y aucune relation avec les « précédents » et les « suivants ». Lorsque cela aurait pu arriver, l'espace humain est détruit, comme pour éradiquer toute présence pouvant être perpétuée, comme dans *La Nuit des temps*, *The Thing* ou *Virus*.

Alors, que dire de l'Antarctique ? Est-ce un lieu anthropologique ? Un "non-lieu" ? Cela n'est pas le cas. Le continent échappe en fait à ces deux notions. La première correspond à cette « construction concrète et symbolique de l'espace qui ne saurait à elle seule rendre compte des vicissitudes et des contradictions de la vie sociale, mais à laquelle se réfèrent tous ceux à qui elle assigne une place, si modeste soit-elle»[1]. Or, l'Antarctique ne permet pas de rendre compte d'une histoire personnelle, d'une identité propre. Mais elle n'est pas un "non-lieu", « un espace qui ne peut se définir ni comme identitaire, ni comme relationnel, ni comme historique »[2].

Il faut voir en l'Antarctique une autre forme, un « alter-lieu », un espace qui ne serait pas un lieu de vie, ni un « non-lieu », mais plutôt un lieu adaptable en fonction d'un besoin donné, pour un individu donné. L'Antarctique a été un lieu de vie pour les Gondas et les Anciens, comme pour les habitants de Tsalal. Mais pour les hommes modernes, il est un espace qu'il faut adapter pour mener une vie proche de ce que pourrait être le quotidien. Il doit surtout répondre à des besoins de vie, mais surtout de survie en des conditions extrêmes.

*

Dernier des continents découverts par l'Homme, dont l'exploration a été marquée par des disparitions célèbres, des aventures extraordinaires, et dont la connaissance n'est pas achevée, l'Antarctique est le symbole d'un imaginaire collectif encore présent. C'est aussi « le dernier endroit sur la planète où l'empreinte de l'homme reste extrêmement limitée »[3].

---

1 Marc AUGÉ, *Non-lieux, introduction à une anthropologie de la surmodernité*, Paris, Seuil, « La Librairie du XXᵉ siècle », 1992, p. 68.

2 *Idem*, p. 100.

3 Aude SONNEVILLE, « Conclusion », Muséum d'Histoire naturelle du Havre, *Antarctique : une explosion de vie*, Le Havre, Éditions du Muséum d'Histoire naturelle du Havre, 2013, p. 164.

« L'Antarctique est "une autre planète", disait Paul-Émile Victor »[4]. C'est pourquoi la science-fiction ne pouvait pas échapper à son emprise.

Si l'homme « n'est pas le bienvenu en Antarctique » (Ernest Shackleton)[1], les auteurs n'ont de cesse de l'y envoyer, de le confronter à un passé lointain, ou à des menaces venues d'un autre monde. C'est avant tout un saut dans l'imaginaire, une façon de s'échapper sans voyager par-delà la Voie Lactée. Son côté sauvage et désertique sert également à l'introspection, et sa condition particulière permet une transposition de ces craintes et des inquiétudes envers un futur incertain.

« L'Antarctique, continent des extrêmes par son climat, son aridité, son altitude, son absence de peuplement, sa difficile accessibilité »[2], est enfin cet « alter-lieu », espace où l'adaptation est primordiale, mais en fin de compte altéré par l'usage que l'homme en fait, offrant une autre facette de ce qu'il est.

---

4 François GARDE, *Paul-Émile Victor et la France de l'Antarctique*, op.cit., p. 15.

1 Thomas JOUANNEAU, Élisabeth NODINOT, *Portraits polaires : Antarctique, sur la route de Concordia*, op.cit., p. 9.

2 Mathias STROBEL, Frank TÉTART, « Le tourisme en Antarctique : un enjeu géopolitique ? », *Hérodote*, 2007/4 (n° 127), p. 167.

# Observer la foule et/ou devenir la foule

## Étude de la société
## dans la science-fiction soviétique du Dégel

*Natalia Chumarova*
*Doctorante en études slaves*
*Université Paris Sorbonne, UMR 8224 EUR'ORBEM*

Le récit sur la découverte et l'exploration d'une société autre que la nôtre est né bien avant l'apparition de la littérature de science-fiction. Il se retrouve tout d'abord dans des journaux de voyage qui font découvrir des pays lointains accessibles par des voies terrestres et maritimes. Il est aussi présent dans les contes et les légendes décrivant des mondes mystérieux, et il s'introduit ainsi dans la littérature de l'imaginaire. Avec la naissance et le fleurissement de la littérature de science-fiction, les mondes explorés ont été déplacés sur d'autres planètes ou dans des réalités parallèles. Les buts et les méthodes d'explorations présentés dans les récits de science-fiction varient selon le pays et l'époque, selon les situations sociales et politiques, etc.

Il s'agira ici d'étudier des romans de science-fiction parus en Union soviétique dans les années 1960, soit à la fin de l'époque du Dégel. Afin d'analyser cette problématique de la découverte et l'exploration d'une société, nous comparerons deux romans emblématiques de l'époque : *Il est difficile d'être un dieu* des frères Arkadi et Boris Strougatski paru en 1964, et *L'Heure de Taureau* d'Ivan Efremov paru en 1968.

Dès la fin du XIXe siècle, la science-fiction se manifeste en Russie comme l'un des outils principaux de la vulgarisation des sciences et donc de la familiarisation du grand public russe avec le progrès scientifique et technologique. Elle attire des scientifiques. Ainsi un des premiers auteurs du genre fut Constantin Tsiolkovski. Cette littérature donne une description minutieuse du progrès technologique sans se soucier des hommes. Au fur et à mesure, avec l'installation du gouvernement communiste, elle devient aussi un outil pour promouvoir les plans quinquennaux décrivant la société communiste parfaite réalisée en quelques années. C'est la littérature de la science-fiction des premières décennies de l'existence de l'URSS, conforme aux normes du réalisme socialiste[1], elle est appelée par les critiques « la science-fiction de but proche » (en russe *fantstika bližnego pricela*). Ce terme apparait d'abord dans la presse soviétique à la fin des années 1950[2] afin de réunir les œuvres de science-fiction qui se concentrent sur une invention scientifique, et qui ne se projettent pas loin ni dans le temps, tous les evenements passent dans le futur très proche, ni dans l'espace, les personnages ne vont pas plus loin que Mars[3] et la majorité des histoires se déroulent sur Terre. Il est employé pour distinguer cette science-fiction de l'autre, nouvelle, qui nait avec le Dégel, et qui est appelée « la science-fiction de but lointain » (en russe *fantastika dal'nego pricela*).

Avec l'arrivée du Dégel khrouchtchevien, mais surtout après le XXe congrès du Parti communiste en 1956 et la lecture par Khrouchtchev du rapport secret dénonçant le Culte de la personnalité de Staline, une relative liberté s'est installée dans la société et dans la culture soviétique. Il est alors devenu possible d'imaginer et de décrire des réalités jusqu'alors impensables. En 1957, Ivan Efremov, paléontologue reconnu qui a obtenu le prix Staline pour la création d'une nouvelle discipline et écrivain de science-fiction, publie le roman *La Nébuleuse d'Andromède*, qui pour la première fois dans la science-fiction soviétique décrit la société communiste idéale du futur en se projetant non pas dans un avenir proche, où l'on vit d'ailleurs aujourd'hui, mais à des milliers d'années dans l'avenir.

Selon Efremov, la société idéale ne peut pas être établie en quelques années, car pour cela il faut une évolution morale et physique de l'humanité et pas seulement un progrès technologique. Ainsi le roman contredit un principe fondamental de la science-fiction soviétique de l'époque et provoque la critique. Cette critique lance un débat dans la presse sur le rôle et le devoir de la science-fiction en URSS. Désormais, ce n'est plus une littérature de vulgarisation scientifique, mais avant tout une littérature d'analyse sociale, qui à côté de la description du progrès technologique, se concentre davantage sur les changements sociaux qui séparent le monde idéal du nôtre.

---

1   Par exemple nous retrouvons cette idée chez Jacqueline LAHANA *Les mondes parallèles de la science-fiction soviétique*, Lausanne, L'Âge d'Homme, « Outrepart », 1979, p. 110

2   Par exemple chez Gennadij Gurevič, G. GUREVIČ, « Priključenija i literatura », *Komsomol'skaja pravda*, n°138, 1958, p.2, ou chez Brandis et Dmitrievski, Vl. DMITRIEVSKI, E. BRANDIS, «Sovremennost' i naučnaja fantastika», *Kommunist*, n° 1, 1960, p.73

3   Le roman le plus connu du debut de l'epoque communiste en Russie, dont l'histoire se deroule sur Mars est surement *Aelita* d'Alexeï Tolstoï paru en 1922.

Le monde et ses habitants décrits dans *La Nébuleuse d'Andromède* deviennent un exemple et une inspiration pour quasi toutes les sociétés utopiques du futur qu'embrasse la science-fiction soviétique. Il peut alors être considéré comme le modèle d'une société-type.

Quelle est cette société ? C'est une seule nation qui occupe la planète entière et dont les membres parlent la même langue et vivent en harmonie. La nature et le climat sont aménagés afin de rendre la vie plus confortable et la production agricole plus fructueuse. Tous les lieux de la planète sont accessibles grâce au transport à grande vitesse. Le pouvoir centralisé est absent, la gestion de la société est assurée par des Conseils dont les membres occupent des métiers différents. Le travail, sans être pénible, occupe une place importante dans la vie de chaque membre de la société et sert le bien de tous. Les professions exercées sont celles d'astronautes qui explorent l'univers et de chercheurs de tout genre, de physiciens et de mathématiciens, mais aussi d'historiens et d'archéologues.

Mais ce qui rend ce monde véritablement idéal, ce sont ses habitants. Efremov, pour la première fois dans la science-fiction soviétique, donne une description détaillée de ses personnages. Tous les Terriens sont beaux, forts, intelligents, leurs vies sont deux ou trois fois plus longues que les nôtres. Plus important, ils sont dotés d'une haute conscience morale. Il est impossible pour eux de mentir, ils ne connaissent ni la haine ni la jalousie, et sont toujours prêts à aider les autres. Selon Efremov, les principes moraux comme le respect d'autrui, la responsabilité envers la société, l'incapacité de faire du mal, etc., forment la base de la société utopique. Ce sont ces principes qui ont été repris par les autres écrivains de la science-fiction du Dégel.

Il faut dire que même en conférant à *La Nébuleuse d'Andromède* le titre de chef-d'œuvre de la science-fiction soviétique, certains critiques ont constaté un grand écart qui sépare les héros et les héroïnes d'Efremov des gens ordinaires ; ils sont trop parfaits et leurs conversations sont trop sophistiquées[1].

D'autres écrivains, souvent jeunes, commençant à peine leur cheminement littéraire, proposent alors leurs propres personnages, plus humains du point de vue de gens du XX^e siècle siècle, mais habitant toujours dans un futur idéal « à la Efremov ». C'est le cas des frères Strougatski, qui ont publié leur premier roman *Strana bagrovyh tuč* (*Le pays des nuages*

---

1   Par exemple A. Sinjavskij dans l'article « Realism fantastiki », paru dans le journal *Literaturnaja gazeta* en janvier 1960 souligne que même les conversations quotidiennes des personnages de *La Nébuleuse d'Andromède* sont inutilement trop scientifiques. A. SINJAVSKIJ, « Realism fantastiki », *Literaturnaja gazeta*, n° 2, 5 janvier 1960, p. 3.

*pourpres*) en 1959. Ils ont très rapidement fait partie des écrivains les plus significatifs et les plus influents de la science-fiction soviétique du Dégel à côté d'Ivan Efremov, Ariadna Gromova, Igor Varšavski, Guennadi Gor, le Polonais Stanislas Lem, etc., et ont gardé ce statut jusqu'à leur disparition – le cadet des Strougatski, Boris, est mort en 2012. Les personnages des Strougatski sont moins parfaits physiquement que les héros et les héroïnes d'Efremov. Ils sont beaucoup plus proches de citoyens soviétiques, même s'ils montrent plus de force physique et psychique. Or, en ce qui concerne les sentiments et les principes moraux, les Strougatski reprennent les postulats d'Efremov[1].

L'intérêt croissant pour la science-fiction ne fait pas naître que de nouveaux auteurs russes, mais fait aussi connaître au public des auteurs occidentaux comme Bradbury, Asimov etc. La science-fiction se mélange avec les autres genres ; les Strougatski deviennent les véritables maîtres de cette nouvelle tendance. Au milieu des années 1960 l'anti-utopie entre dans la science-fiction soviétique en créant ce que la critique soviétique appellera « roman d'avertissement » (en russe *roman- predupreždenije*). En réalité ce n'est une autre manière de nommer une anti-utopie et faire accepter l'existence de ce type de littérature dans la science-fiction soviétique. Pour la première fois ce terme apparaît en 1966 dans l'article de Vadimir Dmitrievski dans *Literaturnaja gazeta*[2], il est employé pour qualifier les trois romans de frères Strougatski, *Il est difficile d'être un dieu, Tentative de fuite (1962 )* et *Les choses sauvages de notre siècle (1965)*. Dmitrievski utilise le terme « roman d'avertissement » pour les œuvres parues donc en URSS, qui décrivent les sociétés anti-utopiques devenues archaïques pour la société soviétique, mais encore existante dans le monde du capitalisme; le terme « anti-utopie » est employé seulement aux œuvres occidentales et illustre la vision pessimiste du futur de leurs auteurs. Ce caractère archaïque des sociétés dégradées et leur confrontation avec une société supposée d'être parfaite est analysé dans *Il est difficile d'être un dieu* et *L'Heure du Taureau*. Dans les deux romans, les représentants de la société communiste idéale de la Terre du futur arrivent sur des planètes dont les sociétés représentent des périodes du passé de cette société idéale du futur. Ainsi dans *Il est difficile d'être un dieu* l'histoire se déroule dans un royaume médiéval ; *L'Heure du Taureau* à son tour fait référence au XXe siècle, mais il ne faut pas oublier que le présent dans lequel vit l'auteur est aussi le passé pour les sociétés du futur. Ces sociétés présentent alors un intérêt historique pour les Terriens, leurs études permettent de mieux comprendre l'évolution de leur propre société.

---

1     Le monde du futur des frères Strougatski et ses habitants sont décrits en détail dans le cycle *Polden'. XXII vek (Midi. XXII siècle)*

2     Vl. DMITRIEVSKI, « Fantasty pišut dlja vseh », *Literaturnaja gazeta*, n° 14, 1 février 1966, p. 3.

## Les sociétés anti-utopiques présentées dans les romans

Le royaume Arkanar décrit dans *Il est difficile d'être un dieu* est une société soumise à des lois tyranniques. Son roi est gravement malade et le pouvoir est usurpé par Don Reba, un ministre autoritaire qui sous prétexte d'assurer la protection du roi instaure un service secret. Les lois répressives proclamées par Reba condamnent les savants, les poètes et les simples citoyens qui savent lire et écrire. La liberté de penser et d'être éduqué est le crime le plus grave. Au moment dans lequel l'histoire du roman se déroule, la majorité des intellectuels sont soit exterminés par Reba, soit envoyés par leurs protecteurs dans les pays voisins dont la situation est meilleure et où ils peuvent continuer de mener une vie plus tranquille. Le culte de la noblesse est, en revanche, en pleine croissance : les nobles ont tous des privilèges et les gens ordinaires doivent tout faire afin de garantir le confort de l'aristocratie. Mais même les familles les plus proches du roi vivent dans la crainte constante de commettre une erreur à l'encontre de Don Reba et d'être condamnées à mort.

Une crainte similaire, mais moins prononcée, s'est installée dans la société de la planète Tormance décrite dans *L'Heure du Taureau*. Cette société est dirigée par le Conseil des Quatre et son chef suprême Tchoio Tchagass. La société est divisée en deux classes selon leur utilité : les Cvil (citoyens à la vie longue) et les Cvic (citoyens à la vie courte), qui sont condamnés à mourir à l'âge de 25 ans. Les Cvil sont des médecins, des scientifiques et des fonctionnaires. Les Cvic occupent surtout des emplois pénibles ; les plus chanceux d'entre eux réussissent à devenir sportifs ou artistes, et ainsi à prolonger un peu leur vie. Les deux classes ne se mélangent jamais, leurs espaces sont séparés : les Cvil vivent dans des appartements confortables dans la partie haute de la Capitale et les Cvic occupent de petits appartements mal isolés dans la partie basse, bruyante et étouffante de la Capitale. Cette division garantit, selon le pouvoir, l'ordre dans la société, et afin de la maintenir le système a mis en place le contrôle total de toutes les sphères de la vie : du travail au divertissement. Or, ce contrôle est devenu depuis longtemps une chose habituelle pour les habitants de Tormance qui ne se rendent plus compte de sa présence.

Ces deux sociétés, différentes au niveau du développement, mais vivant sous le joug des mêmes restrictions de liberté, sont alors visitées et observées par les Terriens, ceux venus du monde idéal. C'est d'ailleurs à travers leur regard que le lecteur découvre ces mondes dystopiques. L'histoire de la visite de Tormance racontée dans *L'Heure du Taureau* est un film projeté lors d'une leçon d'histoire à une des écoles de la Terre du futur. La narration d'*Il est difficile d'être un dieu* est faite à la troisième personne, mais les commentaires du personnage principal sont à la première personne.


## *Conditions d'enquête du terrain*


Il faut dire que l'observation d'une société est menée suivant des règles strictes dont la principale est la non-intervention. Les Terriens ont seulement le droit d'observer, de pousser très légèrement le progrès, mais sous aucun prétexte ils ne doivent provoquer des changements radicaux. Ainsi la planète où se trouve Arkanar est, depuis longtemps, un terrain de recherches pour les historiens de la Terre. Leur but est d'étudier la société en question afin de comprendre son organisation. En aucun cas ils ne sont autorisés à intervenir dans le déroulement naturel des événements, même dans les périodes les plus sombres de l'histoire.


Des conditions moins strictes sont imposées aux Terriens de *L'Heure du Taureau*. Les personnages d'Efremov arrivent sur la planète Tormance afin d'observer ses habitants et d'établir des liens avec ceux qu'ils croient être les descendants de Terriens partis de la Terre il y a des milliers d'années. D'après les données d'observations faites par une autre civilisation de l'univers, la société de Tormance vit sous un régime oppressif. Les Terriens doivent avant tout vérifier ces données et seulement en cas de constatation d'aggravation de la vie dans la société observée ont- ils le droit d'intervenir et de provoquer la révolution.


Une autre nuance que nous trouvons dans les deux romans est la division des chercheurs terriens en deux groupes : ceux qui font des études de terrain en s'introduisant dans la société étudiée et ceux qui enregistrent les données en simples observateurs. Ainsi l'équipage des Terriens de *L'Heure du Taureau* s'est divisé en deux groupes, une moitié de l'équipage est descendue sur Tormance et s'est confrontée à la vie de ses habitants, l'autre moitié est restée enfermée dans un vaisseau stellaire.


Dans *Il est difficile être un dieu* chaque chercheur sur le terrain porte sur lui une petite caméra cachée afin de partager l'information en temps réel avec l'Institut d'Histoire Expérimentale situé sur la Terre. Mais c'est l'Institut qui dirige la recherche et qui décide alors du niveau acceptable d'intervention. Protégés par les murs d'un vaisseau stellaire ou par la distance, les observateurs lointains ne se rendent pas toujours compte de la situation réelle dans laquelle se trouvent les sociétés observées[1].

Afin de réussir leur mission sur le terrain et d'obtenir des données objectives et fiables, les héros venus du monde utopique ont besoin tout d'abord d'être acceptés par les membres de la société dans laquelle ils interviennent. Pour gagner leur confiance ils doivent se rapprocher d'eux, avoir les mêmes pensées et les mêmes sentiments. Et parfois, afin de mieux comprendre le fonctionnement de la société analysée, les Terriens sont obligés de se déguiser en « locaux ». C'est par exemple le cas de chercheurs d'*Il est difficile d'être un dieu*. Quelques centaines de Terriens vivent déguisés sur une planète lointaine, parmi eux Anton qui explore depuis six ans le royaume Arkanar en prétendant être un riche noble, Don Roumata venu de la Capitale. Il s'est créé une réputation d'aristocrate insouciant, s'est fait des amis et des ennemis et a gagné une place privilégiée à la cour royale. Il fréquente la noblesse et les voleurs, il se promène dans les couloirs du palais et dans les ruelles où habitent les gens les plus pauvres. Cela lui permet de recueillir des informations précieuses, mais aussi de surveiller de près les atrocités commises par Don Reba.

Les personnages de *L'Heure du Taureau* n'ont pas de telles obligations vis-à-vis des habitants de Tormance. Et parfois le fait de garder leur propre identité leur ouvre les portes secrètes du pouvoir. Ainsi l'historienne Fai Rodis, la capitaine de l'expédition, gagne en partie la confiance de Tchoio Tchagass et apprend la vérité sur le fonctionnement du système. Or, certains Terriens décident volontairement de se mettre dans la peau des locaux afin de ressentir ce qu'est leur vie au quotidien. C'est par exemple le cas de la sociologue Tchedi Daan. Étudiant les conditions de vie de Cvic, elle prétend être l'une d'entre eux. Ce déguisement lui permet d'assister à une séance d'hypnose collective ou encore d'affronter la violence quotidienne faite aux femmes.

Cette vie apprise, mais surtout ressentie dans leur propre chair, influence à leur tour les Terriens. Nous pouvons considérer les deux romans comme complémentaires en quelque sorte, ils analysent les différentes étapes de cette intégration dans une société dystopique et aussi les effets que cette société a sur eux.

---

1    Il faut dire que cette division en soi est très intéressante à analyser, mais nous nous concentrons sur le second groupe de chercheurs, sur ceux qui se trouvent sur le terrain.

## *Étapes de l'intégration dans une société étudiée*

Ainsi les personnages de *L'Heure du Taureau* viennent d'arriver sur Tormance et y passent seulement quelques mois. Au début de leur séjour dans une société dystopique, les Terriens croient pouvoir améliorer doucement la vie de ses membres en y introduisant une bonne éducation et en montrant qu'une vie meilleure est possible. Ainsi les héros de *L'Heure du Taureau* parlent de la vie sur la Terre aux habitants de Tormance, mais les Tormanciens prennent ces récits pour des contes et ne parviennent pas à croire qu'une telle vie est possible pour eux. Au cours de leur séjour les Terriens se rendent compte des inégalités et des injustices, des combats pour le pouvoir et des tortures, de la haine et du mépris qui règnent dans toutes les classes de société. Ils comprennent que s'ils veulent vraiment changer la vie des Tormanciens, ils ne doivent pas seulement agir plus vite, mais aussi appliquer les méthodes de la société observée. Et une seule méthode est possible dans la situation donnée : renverser le pouvoir en place.

Les Terriens qui se présentent au début comme égaux à tous les peuples de l'univers, acceptent avec le temps d'être supérieurs aux Tormanciens et d'utiliser leur supériorité pour révolutionner la société. Ils trouvent les opposants au pouvoir et les aident dans leur lutte avec leur savoir, mais aussi avec leurs armes. Enfin, un des Terriens reste volontairement sur Tormance afin de guider la résistance. En effet, ce que les Terriens ont observé et vécu dans la société dystopique change certains de leurs principes moraux, mais le temps passé dans cette société n'a pas été suffisant pour changer complètement leur être. Acceptant d'agir comme les Tormanciens, les personnages d'Efremov restent au fond d'eux-mêmes les Terriens du monde idéal, mais ils connaissent désormais le mensonge, et la force de ces sentiments que sont la pitié et la haine. Ainsi Fai Rodis, avant de mourir, demande aux autres membres de l'équipage:

> Ne commettez pas de violence ! Ne semez pas la haine et la terreur dans le peuple de Tormance ! Ne supprimez pas la vision pure qu'ils ont de la Terre. N'aidez pas ceux qui sont venus pour tuer, en leur donnant l'image d'un dieu qui sévit, ce qui est la pire image de l'homme[1].

La situation est différente chez les Strougatski ; *Il est difficile d'être un dieu* est pratiquement entièrement consacré au changement personnel vécu par Anton-Roumata. Il est possible de voir le personnage des Strougatski comme la continuation des personnages d'Efremov. Depuis longtemps il vit en Arkanar, et il a bien appris à simuler la haine et le mépris. Il a appris à mentir, et c'est d'ailleurs

---

1    Ivan Efremov, *L'Heure du Taureau*, Jacqueline Lahana (trad.), Lausanne, L'Âge d'Homme, 1979, p. 346.

grâce à des mensonges qu'Anton-Roumata réussit à soustraire plusieurs savants à la répression de Don Reba. Mais l'impossibilité de lutter ouvertement contre Don Reba au risque de se faire démasquer et de faire démasquer ainsi les autres Terriens habitants sur la planète, l'amène à réfléchir sur son rôle d'aristocrate médiéval, mais aussi sur son rôle d'historien de la Terre. Tout au long du roman ses réflexions sont insérées dans la narration de la vie en Arkanar.

Au début du roman est présenté aux lecteurs encore un Terrien qui essaie encore de préserver sa vraie nature par de petites habitudes, comme un bain matinal et du linge propre, et par son attitude envers ses serviteurs qu'ils traitent avec respect. À mesure que la situation s'aggrave en Arkanar, la personnalité d'Anton change. Il devient de plus en plus Roumata. Le passage suivant illustre bien ses réflexions sur sa transformation :

> Il entendit le soldat remuer derrière lui et réalisa soudain que les mots méprisants et les gestes dédaigneux étaient devenus un réflexe chez lui, qu'il ne jouait pas au goujat de noble famille, mais qu'il en était un par bien des côtés. Il s'imagina dans ce rôle, sur la Terre, et se sentit glacé de honte. Pourquoi cela. Que m'est-il arrivé ? Où sont passés le respect, la confiance en mes semblables, en cet être remarquable appelé 'Homme', qu'on m'a inculqués depuis l'enfance ? Il n'y plus rien à faire, pensa-t-il avec effroi, je les déteste et je les méprise. Je peux parfaitement expliquer la bêtise et la cruauté de ce garçon, les conditions sociales, une horrible éducation, tout ce qu'on veut, mais je vois maintenant que c'est mon ennemi, l'ennemi de tout ce que j'aime, l'ennemi de mes amis, l'ennemi de ce que je tiens pour sacré. Je ne le déteste pas théoriquement, en tant que 'représentant typique', mais personnellement, en tant qu'un individu[1].

Ainsi il a compris qu'il n'est plus le Terrien Anton, mais Roumata, un noble d'Arkanar. Ce changement de personnalité lui a donné une certaine liberté ; il ne s'est plus senti responsable vis-à-vis de l'Institut d'Histoire Expérimentale de la Terre. Il a été libre de mener son propre combat, d'utiliser sa force contre Don Reba. Et il a arrêté de se cacher, il a démontré sa force à Reba en le menaçant et en assurant ainsi la sécurité de ses amis. Mais l'assassinat de sa compagne, une fille d'Arkanar, l'a rendu fou et il a pratiquement détruit la ville qu'il était seulement censé observer.

En intervenant dans le cours de l'histoire d'Arkanar, Anton-Roumata n'enfreint pas seulement la loi instaurée par Don Reba, il désobéit également aux règles de l'Institut d'Histoire Expérimentale de la Terre.Ainsi, Anton rompt un des fondements de la société utopique qui est un travail uni pour le bien de tous. Il apprend à être égoïste, une qualité inconnue des représentants du monde idéal.

---

1    Arcadi et Boris STROUGATSKI, *Il est difficile d'être un dieu*, Bernadette du Crest (trad.), Denoël, Paris, 1973, p. 125.

## *Conclusion*

Les deux romans étudiés ici ne parlent pas simplement d'une évolution sociale, mais l'interrogent d'un point de vue historique. Les héros et les héroïnes venus du monde idéal de la Terre du futur se posent une question sur le droit d'intervention dans le cours naturel de l'histoire. Finalement ils interviennent. Mais en changeant l'histoire de la société observée, qui est aussi en quelque sorte le passé de la Terre, ils changent leur propre être et donc leur propre présent. Ainsi *Il est difficile d'être un dieu* et *L'Heure du Taureau* nous proposent de réfléchir sur une des problématiques centrales du Dégel, celle de la manipulation de l'Histoire.

Leonid Heller et Michel Niqueux écrivent dans *Histoire de l'utopie en Russie* (1995) :

> On peut considérer la manipulation de l'Histoire comme le thème spécifique de la 'science-fiction d'avertissement' soviétique, tant est grande l'insistance avec laquelle elle le traite, en condamnant implicitement l'expérience qui a brutalement précipité la société russe vers un avenir communiste[1].

Cette problématique de la manipulation de l'Histoire est un sujet sensible en URSS, car comme le remarque Marie-Hélène Mandrillon « ici, le discours historique ne saurait exister hors du discours politique »[2]. Afin de créer une image positive du pays envers ses citoyens le pouvoir soviétique a utilisé des méthodes variées de falsification de l'histoire comme « l'ajustement permanent de l'analyse aux besoins du moment, la disparition de personnages et de faits historiques qui contrediraient le postulat selon lequel le déroulement de l'histoire soviétique va dans le sens du progrès, l'introduction de non-personnages et de non-faits historiques artificiellement gonflés pour construire une histoire officielle largement mythique »[3]. Il faut dire qu'il s'agit ici non pas seulement de la falsification de données du présent ou du passé proche de la période soviétique, mais également du passé lointain de l'État russe. Afin de former après la révolution la nouvelle conscience collective correspondant à l'idéologie de l'État communiste, l'histoire de la Russie et des autres pays – Républiques de l'URSS a été également réécrite. Par exemple, la nouvelle version privilégie l'image glorieuse de la nation russe ayant amené les autres peuples vers la civilisation et le bonheur collectif.

---

1    Leonid HELLER, Michel NIQUEUX, *Histoire de l'utopie en Russie*, Paris, Presses Universitaires de France, « Écriture », 1995, p. 256

2    Marie-Hélène MANDRILLON, « Les Historiens en Urss : la conformité par la vérité ? », *Vingtième Siècle. Revue d'histoire*, n° 20, Octobre-Décembre, 1988, p. 121-123, p. 121

3    Nicolas WERTH, « La Transparence et la mémoire », in *Vingtième Siècle. Revue d'histoire.* N°21, Janvier-Mars, 1989, pp. 5-28, p. 5

Faire remarquer cette transformation des données historiques devient dans ces conditions un élément important de critique sociale. En créant des mondes imaginaires, la littérature de la science-fiction soviétique n'oublie pas de mettre en lumière cet aspect. C'est précisément le cas des romans *Il est difficile d'être un dieu* et *L'Heure du Taureau*, dont les personnages-terriens apprennent à accepter le passé de leur propre société à travers la découverte de la société d'autres planètes. Devenir la partie des mondes étudiés signifie pour eux assumer le passé historique de la Terre tel comme il a été en réalité et non tel comme il est enseigné par les livres d'histoire.

## *Bibliographie*


### *Œuvres de la science-fiction soviétique utilisées dans l'analyse*

Ivan EFREMOV, *La Nébuleuse d'Andromède*, Harald Lusternik (trad.), Moscou, Radouga, 1988.

Ivan EFREMOV, *L'Heure du Taureau*, Jacqueline Lahana (trad.), Lausanne, L'Âge d'Homme, 1979.

Arcadi et Boris STROUGATSKI, *Il est difficile d'être un dieu*, Bernadette du Crest (trad.), Paris, Denoël, 1973.

Arcadi et Boris STROUGATSKI, « Polden' XXII vek », in *Xiščnye vešči veka*, Moskva, Eksmo, 2006.

### *Sur Ivan Efremov*

Olga ERJOMINA, Nikolaj SMIRNOV, *Ivan Efremov*, Moskva, Molodaja Gvardija, 2013.

E. BRANDIS, V. DMITRIEVSKI, *Čerez gory vremeni: očerk tvorčestva I. Efremova*, Moskva, Sovetskij Pisatel', 1963.

Gennadiy PRACHKEVIČ, « Ivan Antonovic Efremov », *Krasnyj sfinks: istorija russkoj fantastiki ot V.F. Odoevskogo do Borisa Sterna*, Novosibirsk, Svin'in i synov'ja, 2007, pp. 408 – 426.

### *Sur Arcadi et Boris Strougatski*

Boris VIŠNEVSKIJ, *Arkadij i Boris Strugackie. Dvojnaja zvezda*, Sankt-Peterburg, Izdatel'stvo Sojuza pisatelej Sankt-Peterburga, 2013.

Gennadiy PRACHKEVIČ, « Brat'ja Strugackie », *Krasnyj sfinks: istorija russkoj fantastiki ot V.F. Odoevskogo do Borisa Sterna*, Novosibirsk, 2007, Svin'in i synov'ja, pp. 478 – 496.

Skalandis Ant, *Brat'ja Strugackie*, Moskva, AST, 2008.

*Sur la science-fiction soviétique*

A.F. BRITIKOV, *Russkij sovetskij nauno-fantastieskij roman*, Leningrad, Nauka, 1970.

Leonid GELLER, *Vselennaja za predelom dogmy. Sovetskaja naunaja fantastika*, Londres, Overseas Publications Interchange Ltd, 1985.

Leonid HELLER, Michel NIQUEUX, *Histoire de l'utopie en Russie*, Paris, Presses Universitaires de France, « Écriture », 1995.

Jacqueline LAHANA, *Les mondes parallèles de la science-fiction soviétique*, Lausanne, L'Âge d'Homme, « Outrepart », 1979.

Darko SUVIN, *Pour une poétique de la science-fiction*, Montréal, Les presses de l'Université du Québec, 1977.


*Critiques soviétiques de la science-fiction*
*(la presse soviétique du Dégel, sélection d'articles)*

E. BRANDIS, « Nauka i fantazija », *Leningradskaja pravda*, n° 207, 3 septembre 1959, p. 3.

P. VOEVODIN, A. ZVORYKIN, L. MAJSTROV, B. RZONSNICKIJ, « 'Tumannost' Andromedy' ili beduin pered verbljudom », *Promyšlenno-ekonomičeskaja gazeta* n° 84, 19 juillet 1959, p. 4.

Vl. DMITRIEVSKI, « Videt' buduščee, umet' rasskazat' o njom », *Izvestija*, n° 157, 2 juin 1958, p. 4.

Ivan Antonovic EFREMOV (beseda s), « Mečtatel' protiv robota », *Moskovskij komsomolec*, n° 138, 12 juillet 1958, p. 3.

A. ELKIN, E. RUSKAKOVA, M. HVASTUNOV, « Za metu bol'šogo poljota! », *Komsomol'skaja pravda*, 8 juillet 1958, p. 3.

Ariadna GROMOVA, « V mire dvizuščejsja deistvitel'nosti», *Detskaja literatura*, n° 6, 1966, pp. 14 - 18.

L. LAGIN, « Bez skidok na žanr! », *Literaturnaja gazeta*, n° 19, 11 février 1961, pp. 1-2.

A. SINJAVSKIJ, « Realism fantastiki », *Literaturnaja gazeta*, n° 2, 5 janvier 1960, p. 3.

V. SYPIN, « Litaratura naučnoj mečty ili deistvitel'nosti », *Moskovskaja pravda*, n° 139, 16 juillet 1958, p. 3.

« Nespravedlivye obvinenija », *Literaturnaja gazeta*, n° 107, 29 août 1959, p. 2.

G. GUREVIČ, «Priključenija i literatura», *Komsomol'skaja pravda*, n° 138, 1958, p.2

Vl. DMITRIEVSKI, E. BRANDIS, «Sovremennost' i naučnaja fantastika», *Kommunist*, n° 1, 1960, pp. 67 - 74

Vl. DMITRIEVSKI, « Fantasty pišut dlja vseh », *Literaturnaja gazeta*, n° 14, 1 février 1966, p. 3.

*Société, la culture et la littérature en URSS*

François-Xavier Coquin, « Histoire, historiens et déstalinisation », *Revue des études slaves*, Tome 61, fascicule 4, 1989, pp. 449-457.

Efim Etkind, George Nivat, Ilya Serman et Vittorio Strada, éd., *Histoire de la littérature russe. Le XXe siècle. Gels et Dégels*, Fayard, 1990.

Denis Kozlov, en coll. avec Eleonory Gilburd, *The Thaw: Soviet Society and Culture During the 1950s and 1960s*, Toronto, University of Toronto Press, 2013.

Branko Lazitch, *Le Rapport Khrouchtchev et son histoire*, Paris, Seuil, 1976.

Marie-Hélène Mandrillon, « Les Historiens en Urss : la conformité par la vérité ? », *Vingtième Siècle. Revue d'histoire*, n° 20, Octobre-Décembre, 1988, p. 121-123.

Régine Robin, *Le Réalisme socialiste. Une esthétique impossible*, Paris, Payot, 1986.

Agnès Sola, « Littérature du fait et réalisme socialiste », *Revue des études slaves*, Tome 55, fascicule 1, 1983. Communications de la délégation française au IXe Congrès international des slavistes (Kiev, 7-14 septembre 1983). pp. 231-238.

Cécile Vaissié, « 1956, Un Court Dégel littéraire en URSS. Les 'audaces' de Novy Mir et de Litératournaïa Moskva », in *Vingtième siècle. Revue d'histoire*, N. 98, avril-juin 2008, Presse de Sciences Po, p. 149-162.

Nicolas Werth, « La Transparence et la mémoire », in *Vingtième Siècle. Revue d'histoire*. N°21, Janvier-Mars, 1989, pp. 5-28.

Nicolas Werth, *Histoire de l'Union soviétique*, Paris, PUF, 1990.

# Lieux paradoxaux
# et
# métaphysiques

# Dream of life
## De l'urbain au divin, du lieu de vie comme espace paradoxal dans l'œuvre de William Gibson

*Christophe Becker*
*Docteur en études anglophones, Paris 8*
*Chercheur associé au CRHIA La Rochelle*

Si Dieu n'existait pas, il faudrait l'inventer.

Voltaire


Si Dieu existait réellement,
il faudrait le faire disparaître.

Mikhaïl Bakounine


William Ford Gibson est né à Conway en Caroline du Sud le 17 mars 1948. Écrivain américain émigré au Canada en 1972, il est plus largement connu pour son premier roman *Neuromancer* publié en 1984. Gibson est aujourd'hui considéré comme le représentant le plus considérable – non l'inventeur *stricto sensu*[1] – du mouvement « Cyberpunk », « sous-genre de la science-fiction » caractérisé « par des antihéros contreculturels pris au piège d'un futur déshumanisé[2] » qui vont vivre une partie de leur existence dans un espace virtuel. Cet espace, baptisé du nom de « matrice » ou « matrix », s'est bientôt trouvé réapproprié par la culture populaire, depuis les jeux de rôle comme *Shadowrun* (FASA Corporation) en 1989, jusqu'au cinéma avec la trilogie *Matrix* des Wachowski à partir de 1999.

---

[1]  Les ancêtres du mouvement sont en réalité nombreux ; parmi eux James Tiptree Jr (Alice Sheldon), Alfred Bester, Philip K. Dick. Pour davantage d'informations on se référera à *Storming the Reality Studio, A Casebook of Cyberpunk and Postmodern Science Fiction*, Larry McCaffery (éd.), Durham & London, Duke University Press, 1991.

[2]  « Cyberpunk (Literature) », *Encyclopedia Britannica*, Ma traduction.

http://global.britannica.com/EBchecked/topic/147816/cyberpunk [consulté le 01/10/2014].

Auteur postmoderne par excellence, Gibson est un écrivain de la réappropriation, du détournement et de la captation des cultures : la première culture *mainstream*, la seconde *underground*. Aussi définit-il la singularité des romanciers de sa génération par leur lecture complémentaire, et non plus antinomique, des « deux Burroughs » : Edgar Rice et William S., autrement dit un auteur populaire et un auteur expérimental.

Gibson s'est toujours intéressé à l'architecture et à la représentation de la ville, plus particulièrement des métropoles, au point d'en faire l'un des fils conducteurs de son œuvre, romans comme essais ; en témoigne un certain nombre de ses articles où il étudie plus attentivement quelques-unes des grandes agglomérations mondiales, parmi lesquelles Tokyo, Singapour et Londres[1]. Gibson a également collaboré avec les architectes Ming Fung et Craig Hodgetts pour l'exposition *Visionary San Francisco* au San Francisco Museum of Modern Art en 1990, et a écrit l'introduction de l'essai photographique *Phantom Shanghai* de Greg Girard en 2007[2], essai qui montre la coexistence de taudis, de zones laissées à l'abandon et de gratte-ciels high-tech jetés pêle-mêle dans une Chine de toutes les contradictions.

De leur côté, des architectes comme Marion Roussel ou Catherine Slessor ont immédiatement considéré l'œuvre de Gibson comme un sujet d'étude valide et comme révélatrice d'interrogations pertinentes envers leurs travaux tandis que Tatiani G. Rapatzikou consacre une place centrale au motif gothique – motif à la fois littéraire et architectural – dans son œuvre[3].

L'intérêt de Gibson pour l'espace urbain est à double entente. « Ma première ville fut le Londres de Conan Doyle, en compagnie de Holmes et de Watson », écrit-il dans l'article « Life in the Meta City » publié dans le magazine *Scientific American* en septembre 2011[4], indice que la question du territoire et de l'urbanisme est, à ses yeux, irrévocablement liée à celle de la littérature et du travail d'imagination.

L'architecture, aussi bien physique que mentale, est, pour Gibson, le symptôme d'un projet plus vaste, d'un discours socioéconomique, philosophique et artistique ambitieux.

---

1   Respectivement dans « My Own Private Tokyo », « Disneyland with the Death Penalty », « Metrophagy: The Art and Science of Digesting Great Cities », réunis dans William GIBSON, *Distrust that Particular Flavor*, Londres, Penguin Books, 2012.

2   Greg Girard, *Greg Girard: Phantom Shanghai* (Introduction by William Gibson), Toronto, Magenta Publishing for the Arts, 2010.

3   Voir bibliographie.

4   « My first city was Conan Doyle's London, in the company of Holmes and Watson », William GIBSON, « Life in the Meta City », *Scientific American*, septembre 2011, http://www.scientificamerican.com/article/life-in-a-meta-city/ [consulté le 03/03/ 2015].

## Aux sources du paysage urbain gibsonien

L'espace urbain, tel que décrit par William Gibson, a trois modèles.

### Premier modèle

La ville de Tokyo telle qu'il l'imagine jeune homme, et qu'il ne verra pour la première fois qu'en 1988. Les quartiers de Tokyo comme Shibuya ou Akihabara font écho à l'intuition qu'a l'écrivain d'un futur qui serait « déjà là », mais qui ne serait pas « distribué de manière égale[1] ». La ville japonaise que se figure Gibson est semée de néons, de couleurs criardes et de panneaux publicitaires ; il s'agit de la mégalopole sillonnée par des immeubles de bureaux où les salariés passent le plus clair de leur temps avant de se retrancher dans de minuscules appartements, un espace ambigu, enfin, solitude au cœur de la société, écho du phénomène *hikikomori*[2].

C'est cette ville qu'on trouve en filigrane dans les textes de Gibson, une conurbation futuriste qui renvoie à une époque, le début des années 1980, où le Japon décrit par l'économiste américain Ezra Vogel semble devoir devenir – et rester – la première puissance économique mondiale.

Le Japon se montre très rapidement sensible à l'image de la ville telle qu'imaginée par William Gibson. Celle-ci se retrouvera ainsi à l'écran dans les films de Katsuhiro Ôtomo, Sogo Ishii, Shin'ya Tsukamoto ou encore Mamoru Oshii qui citent largement l'univers urbain de Gibson[3]. Le Cyberpunk est en effet très populaire au Japon où est publiée *Hayakawa's SF Magazine*, la première revue à avoir consacré un numéro entier au mouvement en novembre 1986, année de la première traduction de *Neuromancer* en langue nippone.

### Second modèle

L'influence de William Gibson, les textes de William S. Burroughs, en particulier *Naked Lunch* (1959), qu'il lit avec difficulté adolescent tout en ayant une intuition certaine des stratégies d'écriture à l'œuvre[4], et où l'auteur offre un panorama de la ville d'Interzone, elle-même inspirée par Tanger,

---

1    « The future's already here: it's just not evenly distributed », l'aphorisme célèbre de Gibson est reproduit sur l'édition Penguin/Viking de *Distrust that Particular Flavor, op. cit.*

2    Jeunes gens qui, au Japon, tendent à s'isoler complètement, dans leur chambre, par exemple, et coupent pratiquement toute communication avec l'extérieur. Ce phénomène prend de plus en plus d'importance (on parle de plusieurs centaines de milliers de cas), jusqu'à devenir un phénomène d'étude sociologique et psychiatrique majeur qui s'étend également en Europe et en Amérique du Nord.

3    Voir filmographie sélective.

carrefour de nationalités, de langues et de cultures différentes. C'est l'idée même de collage ou de « cut/up », comme le baptise Burroughs après Picasso en peinture ou T. S. Eliot en poésie, qui va amener Gibson à imaginer une cité composite, un empilement d'éléments disparates. Pour lui, la ville du futur n'est pas neuve. Elle est ancienne, antique, presque, et procède par dépôts successifs d'éléments vieillis et usés.

Ainsi la notion de *gomi*, terme japonais pour désigner les ordures, le rebus au cœur de l'espace urbain imaginé par William Gibson a, dès l'origine, une portée double, puisqu'il résume aussi bien le phénomène de montage à l'œuvre au cœur de la conurbation que le travail de réappropriation d'éléments exogènes, plus anciens, par l'auteur afin de rédiger son texte.

La ville du futur est elle-même parfaitement mise en images par le biais du travail commun de Syd Mead et Douglas Trumbull pour le film *Blade Runner* (1982) de Ridley Scott, l'adaptation d'un roman de Philip K. Dick à laquelle Scott préfère donner le titre d'un texte de William Burroughs : *Blade Runner (A Movie)*, 1979[1]. Gibson a, à de très nombreuses reprises, lui-même expliqué avoir dû quitter la séance de cinéma tant il ne pouvait supporter que la vision de Scott illustre aussi parfaitement ses textes.[2].

La ville comme accumulation et superposition apparaît au cinéma avant *Blade Runner*, dans les décors et maquettes conçus par Erich Kettelhut et Otto Hunte pour le *Metropolis* de Fritz Lang (1927) ; autant d'éléments inspirés par la peinture de Brueghel et par la comparaison explicite entre la cité moderne et la tour de Babel, par la tension permanente entre espace utopique et dystopique.

---

4    « I remember being totally baffled by one Beat paperback, an anthology of short bits and excerpts from novels. I sort of understood what little bits of Kerouac were in this thing—I could read him—but then there was William S. Burroughs and excerpts from *Naked Lunch* I thought, What the heck is that? I could tell that there was science fiction, somehow, in *Naked Lunch*. Burroughs had cut up a lot of pulp-noir detective fiction, and he got part of his tonality from science fiction of the forties and the fifties. I could tell it was kind of like science fiction, but that I didn't understand it. », William Gibson, « William Gibson, The Art of Fiction No. 211 / Interviewed by David Wallace-Wells », *The Paris Review*, Summer 2011, http://www.theparisreview.org/interviews/6089/the-art-of-fiction-no-211-william-gibson [consulté le 02/02/ 2015].

1    Le titre a été suggéré par le scénariste Hampton Fancher. Voir Paul M. SAMMON, *Future Noir: The Making of Blade Runner*, New York, HarperPrism, 1996, p. 379. À l'époque, Fancher ne sait pas qu'un roman éponyme a déjà écrit par Alan E. Nourse.

2    William Gibson, « William Gibson, The Art of Fiction No. 211 / Interviewed by David Wallace-Wells », *op. cit.*

*Troisième modèle*

Les dessinateurs Moebius et Druillet dont Gibson, comme Scott, a lu les bandes-dessinées dans le magazine *Heavy Metal* – version américaine du magazine français *Métal Hurlant* publié de 1975 à 2006[1]. Une bande dessinée comme « The Long Tomorrow » (Dan O'Bannon, Moebius) publiée dans *Heavy Metal* en 1977 avec ses architectures labyrinthiques projetées dans un univers de film noir aura, ainsi, une influence notable sur la représentation de la science-fiction en général, de Ridley Scott à George Lucas.

## Un univers urbain uniformisé

Chez William Gibson, l'espace urbain peut revêtir plusieurs aspects. Dans sa première trilogie – de science-fiction – il s'agit de la « Sprawl », ou BAMA pour « Boston-Atlanta Metropolitan Axis », un espace urbain tentaculaire qui s'étend jusqu'à la côte Pacifique des États-Unis. Dans sa deuxième trilogie, Gibson concentre son attention sur la ville de San Francisco. Pour sa troisième trilogie, sur la ville de New York peu après les attentats du 11 Septembre. Dans *The Peripheral*, enfin, dernier roman en date de l'auteur publié en 2014, celui-ci situe l'action dans la ville de Londres.

Passé sous le prisme de la science-fiction, l'espace urbain gibsonien est moins un lieu de vie qu'un lieu de mort où viennent se côtoyer assassins, prostituées, voleurs, policiers corrompus et, finalement, employés anonymes. La « Sprawl » est une société autocratique dirigée par des multinationales ou *zaibatsus* qui la régentent selon leurs seules ambitions commerciales et financières.

La métaphore qui convient le mieux aux *zaibatsus* est celle du virus, d'autant plus juste à nos yeux que les mouvements d'infiltration ou d'exfiltration d'informations ressemblent, à bien des égards, à la prolifération d'un virus invisible et que les contacts de la multinationale Hosaka sont comparés à des « cellules spécialisées protégeant l'organisme parent[2] ».

---

1     Qui doit elle-même son nom à un cut-up de Burroughs.

2     « Our Hosaka contacts were like specialized cells protecting the parent organism », William Gibson, « New Rose Hotel », in *Burning Chrome and Other Stories*, New York, Arbor House, 1986, p. 131.

L'analogie semble d'autant plus pertinente si l'on se penche sur la manière qu'ont ces multinationales de parasiter des compagnies concurrentes ou d'infiltrer des territoires avec des agents pour en prendre le contrôle. Les *zaibatsus* envahissent le territoire décrit par l'auteur comme elles parasitent la lecture. Anne Balsamo, professeur à la Southern California University, décrit justement « l'usage compulsif des noms de marques par Gibson[1] ». Le lecteur remarquera les références continues aux marques de matériel électronique, qu'elles soient authentiques – Sony, Hitachi, Mitsubishi, Nikon, Zeiss, Braun etc... – ou inventées – Ono-Sendai – dans le corps du texte. Ces marques envahissent le discours et participent à une dimension critique par hyperbolisation ; elles prolifèrent dans le roman. Répétées, martelées, celles-ci soulignent que le futur décrit par l'auteur n'a rien à voir avec les équipées spatiales que promettait Edgar Rice Burroughs avec ses engins extraordinaires, mais plutôt avec un gigantesque encart publicitaire, un catalogue qui fera d'autant moins rêver que la plupart de ces marques nous entourent déjà[2].

Dans les textes plus récents de Gibson, la description de l'espace urbain diffère finalement peu. Il est peuplé des mêmes fantômes, des mêmes marginaux, des mêmes laissés-pour-compte, mais finalement débarrassé de tout vernis Cyberpunk. C'est le néologisme de « starbuckization » que Gibson pousse ici à son paroxysme, avec la tendance de la société à se standardiser et à gommer ses particularismes , toute empreinte de caractère, de pittoresque s'effaçant pour laisser la place à des marques – autrement dit, à des signes ou symboles – connues de tous, à des franchises qu'on peut trouver sur n'importe quel continent et qui proposent les mêmes produits, les mêmes services.

Dans la première trilogie, les *zaibatsus* contrôlent chaque employé et épient ses mouvements au cours du temps passé aussi bien à l'intérieur qu'en dehors de l'entreprise. Les *sarariman* – la déformation du mot anglais pour « salaryman » ou « employé » – ne quittent plus l'entreprise et vivent dans des « arcologies » aménagées. Gibson se réfère ici au terme d'« arcologie » formé par l'Italien Paolo Soleri qui imagine, au début des années 1970, des bâtiments qui allieraient harmonieusement architecture et écologie. Remarquons ici l'humour résolument noir de l'auteur qui emploie l'utopie de

---

1   « Gibson's compulsive use of brand names is a testimony to the cybernetic expansion of multinational capitalism », Anne Balsamo, « Femininism for the Incurably Informed », note 15, *Flame Wars, the Discourse of Cyberculture* (Mark Dery éd.), Durham and London, Duke University Press, 1994, p. 151.

2   Voir William Gibson, *Pattern Recognition*, New York, G.P. Putnam's Sons, 2003, roman qui développe une critique directe de l'omniprésence des marques.

Soleri dans un contexte évidemment dystopique puisqu'en fait de bonheur et d'harmonie l'arcologie sert à emprisonner l'individu , et non à l'épanouir.

Les mouvements des employés sont réduits au minimum, et l'entreprise, en prenant désormais en charge leurs frais de logement, mais aussi de funérailles, les accompagne à chaque instant de leur existence. Dès lors, l'employé semble entièrement déshumanisé, et ne se définit plus que par rapport au travail ; il peut très bien ne pas quitter l'arcologie dans laquelle il est logé pendant plusieurs années.

À ce titre, la marque que font apposer certaines entreprises sur le corps de leurs employés pour signifier qu'ils leur appartiennent renvoie au marquage systématique des esclaves ou du bétail, ou à celui des prisonniers dans les camps de concentration[1].

La cité imaginée par Gibson ne laisse aucune place au secteur public. Tout y est privé et réservé à quelques privilégiés. L'État, qu'il s'agisse du gouvernement lui-même ou de ses prolongements – police, justice, armée –, est décrit comme effacé, inefficace. Ce sont les conséquences de la philosophie de l'Ecole de Chicago[2], que l'écrivain dissimule à peine : politique du laisser-faire, réduction des dépenses publiques, privatisations, désengagement de l'État de fonctions autrefois régaliennes comme l'éducation, la santé, la sécurité. C'est également peu ou prou la société du contrôle forgée par Gilles Deleuze à partir des textes de William Burroughs, un monde où les marchés dominent dorénavant l'espace politique, social et, à vrai dire, philosophique :

Les conquêtes de marché se font par prise de contrôle et non plus par formation de discipline, par fixation des cours plus encore que par abaissement des coûts, par transformation de produit plus que par spécialisation de production. La corruption y gagne une nouvelle puissance. Le service de vente est devenu le centre ou l'« âme » de l'entreprise. On nous apprend que les entreprises ont une âme, ce qui est bien la nouvelle la plus terrifiante du monde. Le marketing est maintenant l'instrument du contrôle social, et forme la race impudente de nos maîtres[3].

---

1    Dans la même idée, l'idée du code barre tatoué sur la nuque des personnages dans le film *Alien 3*, 1992, seule idée conservée d'un script écrit par Gibson et refusé par les studios.

2    École économique libérale inspirée par l'économiste américain Milton Friedman. L'École de Chicago soutient l'offre plutôt que la demande ainsi qu'un désengagement de l'État, celle-ci sert de base idéologique aux politiques de Reagan et Thatcher dans les années 1980. Naomi Klein revient largement sur les conséquences catastrophiques de l'École de Chicago sur les populations les plus pauvres dans Naomi Klein, *The Shock Doctrine: The Rise of Disaster Capitalism*, New York, Picador, 2007.

3    Gilles Deleuze, « Post-Scriptum sur les Sociétés du Spectacle », tiré de *L'autre journal*, n° 1, mai 1990, https://infokiosques.net/imprimersans2.php3?id_article=214 [consulté le 03/03/ 2015].

Ce qui frappe dans la façon qu'a William Gibson de décrire ces espaces urbains séparés par des milliers de kilomètres et même par le temps, puisque sa première trilogie se déroule dans un avenir proche dont la date n'est jamais fixée, et ce qui fait de lui un écrivain presque immédiatement reconnaissable, c'est son recours à une palette de mots volontairement restreinte pour ses descriptions topographiques.

Cette palette participe à un malentendu de la critique qui peut reprocher à Gibson de systématiquement écrire le même texte. Une étude du système lexical privilégié par l'auteur permet ainsi de distinguer cinq catégories principales : les mots qui renvoient à la couleur, ceux qui évoquent la lumière ou une certaine qualité de brillance ou reflet, ceux qui évoquent des matières, ceux qui évoquent la vieillesse, la saleté, et, finalement, les mots qui renvoient à l'idée d'amoncellement, d'empilement. Qu'importe, ainsi, que la diégèse des textes Cyberpunk de Gibson se déroule sur plusieurs continents, en Asie, en Amérique et en Europe, ou encore dans l'espace. Ces endroits différents et géographiquement éloignés finissent par ressembler à un même décor inlassablement répété, comme si aucun autre paysage n'était possible ou envisageable dans le corps du texte. En outre, le narrateur met régulièrement en évidence le fait que les personnages visitent toujours un seul et même endroit : les bâtiments anonymes des environs de Baltimore ressemblent aux hôtels de Tokyo[1], qui eux-mêmes ressemblent à s'y méprendre aux hôtels d'Istambul[2], qui rappellent l'intérieur de la station spatiale Zion[3] et ressemble encore aux hôtels quelconques de la Sprawl[4].

Qu'il s'agisse du paysage urbain décrit dans ses romans de science-fiction ou dans ses romans ultérieurs, Gibson modélise un monde uniforme, monolithique ; cette réduction du texte à un cortège d'images participe de l'idée d'un alignement ou d'une standardisation du monde décrit qui peine d'autant plus à surprendre le lecteur ou à nourrir son imagination. Cette idée d'espace clos et itératif est encore soulignée par la tendance de l'auteur à

---

1    « an anonymous condo-rack near the old hub of Baltimore. The building was modular, like some giant version of Cheap Hotel each coffin forty meters long », William Gibson, *Neuromancer* [1984], New York, Ace Books, 2003, p. 71.

2    « Their room might have been the one in Chiba where [Case had] first seen Armitage. [Case] went to the window, in the morning, almost expecting to see Tokyo Bay », *Ibid.*, p. 88.

3    « Zion's makeshift hull reminded Case of the patchwork tenements of Istambul », *Ibid.*, p. 103.

4    « Kumiko paced the gray carpet. There was something vampiric about the room, she decided, something it would have in common with millions of similar rooms, as though its bewilderingly seamless anonymity were sucking away her personality », William Gibson, *Mona Lisa Overdrive* [1988], London, HarperCollinsPublishers / Voyager, 2000, p. 168.

employer des noms qui vont se ressembler d'un roman à l'autre ou qui sont construits sur des allitérations[1].

Aussi, la métropole gibsonienne a un ennemi clairement identifié : la rareté, le particularisme et, par extension, le singulier, l'exclusif, le personnel, renvoyant à la dénonciation que fait le philosophe Ralph Waldo Emerson d'une société qui conspire contre l'individualité de chacun de ses membres. Au travers des textes de Gibson, ce sont bien les échos du Transcendentalisme et des textes fondateurs du canon littéraire américain du XIXᵉ siècle auquel le lecteur est renvoyé, une philosophie qui admet la société non comme un espace uniforme, mais comme un espace divers, un espace de liberté et d'épanouissement individuel.


## *Contre l'uniformisation : les forces de résistance*

Si la cité gibsonienne refuse effectivement l'individualisme, c'est en conséquence du côté des non-conformistes ou libres-penseurs décrits dans les textes de l'écrivain qu'il nous faut aller chercher l'espoir d'une force de résistance.

Or les personnages d'esprit en apparence libre, voire d'anarchistes, apparaissent très tôt dans son œuvre. Ainsi, le groupe de jeunes gens baptisé « Lo Tek » qui apparaît dans la nouvelle « Johnny Mnemonic » en 1981.

Dans cette nouvelle, le personnage de Molly se rend sur le territoire des « Lo Tek », au cœur de Nighttown, un pan de la ville où seuls les marginaux résident. Comme leur nom l'indique, les « Lo Teks », pour « Low technique, low

---

1   Ainsi, le nom de Hollis Henry (*Spook Country*) évoque celui de Henry Dorsett, le véritable nom de Case (*Neuromancer*) et celui de Slick Henry (*Mona Lisa Overdrive*), comme celui de Bobby Chombo (*Spook Country*) évoque celui de Bobby Quine (« Burning Chrome »), de Bobby Newmark (*Count Zero*) et de Shombo (*Zero History*). Le nom de Ada Lovelace (*The Difference Engine*) évoque à son tour celui de l'assassin Loveless (*Virtual Light*), et le nom de Mona, qui apparaît fugitivement dans le premier volet de la trilogie, renvoie à celui de la jeune prostituée Mona Lisa, qui donne son nom au dernier volet de la trilogie. De même, le nom de son souteneur, Eddy, renvoie au personnage de Eddie (*Idoru*) et à Eddie Bax, l'un des pseudonymes de Johnny Mnemonic (« Johnny Mnemonic »). Le nom de Jones dans *Count Zero* évoque celui du personnage éponyme dans « Johnny Mnemonic ». Le nom de Colin (*Mona Lisa Overdrive*) évoque celui de Colin Laney (*Idoru*), celui de Lony Zone (*Neuromancer*) renvoie au personnage de Zona Rosa (*Idoru*), le nom de Lanette (*Mona Lisa Overdrive*) renvoie à celui de Chevette Washington (*Virtual Light*) et celui de Cayce Pollard (*Pattern Recognition*) renvoie à celui de Case (*Neuromancer*). Le nom de Automatic Jack (« Burning Chrome ») renvoie à celui de Jackie (dans *Count Zero* et *Zero History* pour deux personnages différents). Le nom de Bodine Wilson (*Count Zero*) évoque celui de Mr. Wilson (*Zero History*). Enfin, le nom de Cherry-Lee Chesterfiel (*Mona Lisa Overdrive*) renvoie à celui de Linda Lee (*Neuromancer*).

technology[1] », refusent d'utiliser les technologies de pointe qui, pourtant, pullulent dans le monde décrit par Gibson. Ce sont des exceptions. Ils ne sont pas tournés vers le futur, mais, bien au contraire, vers un monde primitif. Ce refus de la « civilisation » et de tout ce qui s'y rattache, comme le consumérisme à outrance, peut se lire également dans le vocabulaire du texte puisque, chose exceptionnelle dans un texte de Gibson, aucune marque n'y est citée.

Les « Lo Teks » marquent leur territoire à l'aide de graffitis, un territoire que le gouvernement semble avoir déserté et où il ne lève plus l'impôt, mais aussi à mettre en garde les étrangers contre toute espèce d'intrusion. C'est l'image du tribal qui l'emporte ici. Comme le sauvage stéréotypé, les « Lo Teks » arborent des « cicatrices » et des « tatouages » comme autant de signes de reconnaissance[2] ; ils vivent également à demi nus[3], autrement dit comme de véritables anomalies dans un monde où la mode et le vêtement, le paraître au sens large, ont une place prépondérante. Les personnages que décrit Gibson ne sont pas obligés de se tourner vers une culture fruste : ils la choisissent de leur plein gré.

Ils vivent des restes de la ville, de tout ce dont ses habitants ne veulent pas[4] et volent l'électricité[5], seule concession faite, en apparence du moins, à la technologie moderne. C'est leur physique bien particulier qui permet de distinguer à coup sûr les « Lo Teks » puisqu'ils se font greffer des organes ou des appendices animaux, canins, spécifiquement. Mais Gibson va plus loin encore en indiquant que leur comportement emprunte également à l'animal, ou au monstre, ce que le lecteur constate dans le choix des mots employés par le narrateur pour les décrire. On trouve les « Lo Teks » accroupis ou à quatre pattes, humant l'air pour y repérer des odeurs et leur expression se résume à un rugissement ou à un hurlement de contentement[6].

On pense aux Luddites[7] apparus en Angleterre au début du XIXe siècle, avec ces ouvriers qui s'opposent à la multiplication des machines qui menacent leur force de travail, et finissent par détruire les métiers à tisser — comme à Nottingham en 1811 ; mais, là encore, le discours n'est pas à prendre au premier degré. Les « Lo Teks » vont servir de modèle à ces futurs personnages d'anarchistes ou de révolutionnaires, qui, certes, considèrent

---

1   William Gibson, « Johnny Mnemonic », in *Burning Chrome and Other Stories*, *op. cit.*, p. 28.

2   William Gibson, *Burning Chrome and Other Stories*, *op. cit.*, p. 32.

3   *Id.*, p. 28.

4   *Id.*, p. 31.

5   *Id.*, p. 32.

6   *Id.*, p. 34.

7   Les Luddites sont des personnages centraux dans William Gibson, Bruce Sterling, *The Difference Engine*, New York, Bantam Books, 1991.

que « la propriété, c'est le vol », mais se gardent bien de proférer aucun discours, aucun réquisitoire. Ce sont des personnages chez qui le refus de la société se résume à une pose, et le narrateur signale, comme une confirmation, que cette animalité qu'ils érigent en emblème de leur marginalité tient du simple « masque[1] », de la surface, et que leur mode de vie parallèle est davantage un arrangement qu'une rupture. Les « Lo Teks » constituent des forces de résistance, mais leur résistance est passive, symbolique. Celle-ci renvoie au cynisme des agitateurs désormais assagis, aux « gauchistes » vilipendés par Lénine, aux grands revirements idéologiques, aux illusions perdues, aux « prositus », aux bluffeurs, aux fanfarons, aux enfants, enfin, qui ne font pas de différence entre le jeu et la réalité. Dans les textes de Gibson, les non-conformistes sont, en réalité, tout aussi orthodoxes que ceux à qui ils s'opposent.

Parallèlement, les pirates informatiques ou hackers qui vivent dans l'illégalité complète ne sont pas différents des multinationales manœuvrières qui sapent les fondements de la démocratie dont ils détournent les données. Car la cité gibsonienne impose ses codes à chacun de ses habitants ; que ceux-ci l'acceptent ou refusent de s'y soumettre n'a finalement que peu d'importance.

Gibson traite de la même manière les anarchistes « Panther Moderns » de *Neuromancer* qui mettent en échec les forces de police en les gavant d'informations tronquées voire totalement fausses. Le mode opératoire renvoie à des groupes qui échappent aux catégories politiques, comme les Situationnistes en France qui détournent aussi bien les films que les bandes dessinées, King Mob en Angleterre[2], ou les Discordiens, adorateurs farfelus d'Éris, déesse de la discorde, qui émaillent les romans de Robert Anton Wilson[3], et dont les enfantillages et l'humour, souvent cruel et gratuit, soulignent efficacement l'impossibilité de donner sens à un monde résolument absurde.

### Vers l'Utopie

L'architecture est d'autant plus présente dans les textes de Gibson qu'elle peut échapper à l'espace physique et matériel et se prolonger dans la réalité virtuelle. Il y a une corrélation volontaire entre ces deux espaces et l'auteur

---

1   « a mask of total bestiality », William Gibson, *Burning Chrome and Other Stories*, *op. cit..*, p. 28.

2   Groupe né à la fin des années 1960. King Mob dénonce une démocratie de supermarché ; ses théories font écho à celles énoncées par les Situationnistes français.

3   Voir Robert Shea, Robert Anton Wilson, *The Illuminatus! Trilogy, New York,* Dell Publishing, 1984.

emploie un même ensemble lexical caractéristique pour les décrire. Ainsi, la description de la réalité virtuelle trouvée dans sa nouvelle « Skinner's Room » (1990)[1] servira à Gibson à décrire les environs du Golden Gate Bridge dans son roman *Virtual Light* en 1993[2].

L'espace digital tel qu'imaginé par William Gibson dans sa première trilogie est dès lors ambigu. Cet espace, qui anticipe Internet, pose la question de savoir comment représenter un espace informatique par définition sans substance, comment rendre une illustration, voire une cartographie, de l'immatériel. De nombreux réalisateurs ont résolu cette question par un même artifice : l'espace digital peut être illustré par une série de chiffres, une accumulation de symboles, de pictogrammes et de formes géométriques. Ainsi, comme le confirme Marion Roussel, chercheuse et architecte diplômée d'État de l'École Nationale Supérieure d'Architecture, le cyberspace est bel et bien une « métaphore spatiale[3] ».

Cet espace est, sans le moindre doute, marqué par l'architecture avec ses territoires, ses frontières, ses formes tirées de la géométrie euclidienne : des cubes, des sphères, des volumes, des spirales... C'est un espace ordonné que Gibson va immédiatement comparer à un espace urbain : « Une représentation graphique de données extraites des mémoires de tous les ordinateurs du système humain. Une complexité impensable. Des traits de lumière disposés dans le non-espace de l'esprit, des amas et des constellations de données. Comme les lumières de villes, dans le lointain[4] ».

Ce monde digital, immatériel, n'échappe donc pas au phénomène d'alignement ou de standardisation et pose, une fois de plus, la question du Mot comme un obstacle à affronter.

---

1    *Visionary San Francisco* (Paolo Polledri (éd.), Munich, Prestal, 1990.

2    Gibson reprend la description de la réalité virtuelle dans « Skinner's Room » (« The architecture of virtual reality imagined as an accretion of dreams: tattoo parlors, shooting galleries... ») pour décrire l'architecture d'un futur proche dans *Virtual Light* (« Its steel bones, its stranded tendons, were lost within an accretion of dreams: tattoo parlors, gaming arcades... ») ; pour le détail de ces réemplois voir : Christophe Becker, « Who owns the words (3) : William S. Burroughs/William Gibson remix », *POP-EN-STOCK*, 13 mars 2013,

http://popenstock.ca/dossier/article/who-owns-words-3-william-s-burroughs-william-gibson-remix [consulté le 02/02/ 2015].

3    Marion Roussel, « Architecture liquide et cyberespace : De William Gibson à la virtualité éversée. Partie I », DNArchi, 23/05/2012, http://dnarchi.fr/culture/architecture-liquide-et-cyberespace-de-william-gibson-a-la-virtualite-eversee-partie-i/ [consulté le 01/02/ 2015].

4    « A graphic representation of data abstracted from the banks of every computer in the human system. Unthinkable complexity. Lines of light ranged in the nonspace of the mind, clusters and constellations of data. Like city lights, receding... », William Gibson, *Neuromancer, op. cit.*, p. 51.

De la même manière que les Intelligences Artificielles qui parcourent les romans de Gibson se trouvent limitées par des contraintes mathématiques, par les paquets d'octets comme par le système binaire, l'auteur se montre effectivement prisonnier du langage, des phonèmes et de la syntaxe, autrement dit d'un code. À ce constat pessimiste répond néanmoins un espoir, espoir de fuite, d'affranchissement de toute espèce de cadre et de répétition qui demeure aujourd'hui encore sous-évalué dans l'œuvre de l'écrivain qui en fait pourtant un sous-texte de la totalité de sa production. Ainsi le titre du documentaire que Mark Neale consacre à Gibson en 2000 : *No Maps for these Territories* renvoie à l'aphorisme du linguiste polonais Alfred Korzybski (1879 – 1950) « A map is not the territory » (« une carte n'est pas le territoire. ») et permet d'établir un lien entre les deux hommes. Korzybski, par le biais de la Sémantique Générale, affirmait que notre langage, fonctionnant autour de l'articulation binaire « either/or » – une chose « est », ou elle n'« est » pas –, entraîne un appauvrissement de nos constructions mentales et nous entraîne à mésinterpréter, voire falsifier, le monde qui nous entoure[1]. Ce que nous prenons pour la réalité n'est rien d'autre que le reflet d'une expérience cognitive et langagière[2], ce dont Arthur Schopenhauer ou plus tard Karl Popper ont également l'intuition.

Parmi les pistes à explorer pour Korzybski : le développement d'un langage visuel, non verbal – silencieux.

---

1    Les idées défendues par la Sémantique Générale se diffuseront également dans la science-fiction par le biais d'A. E. Van Vogt, en particulier dans *The World of Null-A, New York,* Simon & Schuster, 1948.

2    « Here, following [Bertrand] Russell, we can only state roughly that in the Indo-European languages the verb "to be" has at least four entirely different uses (36, p. 64).

> 1. As an auxiliary verb: It is raining.
> 2. As the "is" of existence: I am.
> 3. As the "is" of predication: The rose is red.
> 4. As the "is" of identity: The rose is a flower.

The first two are difficult to avoid in English, and relatively harmless. The other two, however, are extremely pertinent to our discussion. If we say, "The rose is red," we falsify everything we "know" in 1950 about our nervous systems and the structure of the empirical world. There is no "redness" in nature, only different wave lengths of radiation. *Our reaction* to those light waves is only our individual reaction. If one is a Daltonist, for example, he will see "green." If one is color-blind, he will see "gray." We may correctly say, "We see the rose as red," which would not be a falsification.

The fourth, the "is" of identity, if used without consciousness of the identifications implied, perpetuates a primitive type of evaluation. In some languages-the Slavic, for instance-there is no "is" of identity. If we say, "I classify the rose as a flower," this is structurally correct, and implies that our nervous system is doing the classifying.

The importance of that "is" of identity embedded in the structure of our language can hardly be overemphasized, as it affects our neuro-evaluational reactions and leads to mis-evaluations in the daily life of every one of us which are sometimes very tragic », Alfred Korzybski, « The Role of Language in the Perceptual Processes », http://esgs.free.fr/uk/art/ak3.htm [consulté le 01/03/ 2015].

Par le biais de ses descriptions topographiques stéréotypées, Gibson confirme son intention de dénoncer le mot, l'outil par définition de l'écrivain – on parle de « wordsmith » en anglais pour désigner celui qui forge les mots au même titre que le « locksmith » construit ou répare des serrures. Or, si, dans les textes de Gibson, le territoire est peu ou prou un cachot, le lecteur peut déduire que l'affranchissement ultime, l'émancipation politique, philosophique, passe, obligatoirement, par une levée de toute espèce de cadre, de frontière, enfin de caractérisation.

Cet affranchissement, les personnages de William Gibson en sont incapables. C'est du moins ainsi que l'auteur les décrit. Les personnages tirés de la littérature Cyberpunk ne sont rien de moins que des stéréotypes évoluant eux-mêmes dans des univers entièrement stéréotypés et sans surprise. Leurs noms, même, collent à leur fonction au sein du texte[1]. Aussi, des lecteurs comparant des romans de William Gibson, Neal Stephenson ou Bruce Sterling, pourront avoir la désagréable impression de lire un même *urtexte*.

Gibson multiplie dès lors les renvois à des créatures insaisissables, qui deviennent, paradoxalement, les personnages principaux de ses romans : les Intelligences Artificielles, des entités impossibles à définir et qui apparaissent sous une forme ou sous une autre dans la quasi-totalité de son œuvre. Le titre de *Neuromancer* renvoie à ce qui deviendra l'archétype de cette créature hors-norme : l'Intelligence Artificielle Neuromancer qui, en fusionnant avec la seconde entité Wintermute, va accéder à un statut quasi divin et à des pouvoirs illimités. Or, quelles sont les caractéristiques de cette nouvelle entité ? Précisément d'être « partout » et « nulle part » (c'est bien l'« utopie », du grec οὐ-τοπος, « non lieu ») au même moment, de ne plus être comprise ou assimilable par les autres personnages, ce jusqu'à être finalement évacuée du roman comme si l'espace littéraire n'était plus en mesure de la contenir. Le lecteur n'aura droit à aucune description. À peine le narrateur explique-t-il que Wintermute et Neuromancer « étaient devenues quelque chose d'autre[2] », sans plus de détails. Le dialogue entre Case, héros du roman, et Neuromancer, devenu contre toute attente le personnage principal, se termine sur l'apparition d'un « écran blanc[3] ». Une interruption qui hante depuis des décennies maintenant le travail de William Gibson et, plus largement, le discours élaboré patiemment dans ses textes.

---

1    Les exemples sont très nombreux, nous ne donnerons que celui du personnage de Molly dans « Johnny Mmemonic » ou *Neuromancer* que le lecteur découvre ancienne prostituée alors que son surnom (« Moll ») signifie littéralement « prostituée ».

2    « Wintermute had won, had meshed somehow with Neuromancer and become something else », William Gibson, *Neuromancer, op. cit.*, p. 268.

3    « And then the screen was blank », *Ibid*, p. 270.

Gibson se réapproprie les théories de Korzybski et les inclut harmonieusement dans un projet à la fois plus personnel et novateur qui culmine avec la publication de son seul et unique poème intitulé « Agrippa— A Book of the Dead » (1992), poème dans lequel il revient sur des souvenirs d'enfance savamment déconstruits puis reconstruits entre nostalgie et inventions.

Gibson a jusqu'à récemment laissé planer le doute sur la publication de cet ouvrage. À la différence d'écrivains qui préféraient oublier qu'ils avaient pu écrire un texte qui, des années plus tard, leur paraissait mal écrit, mauvais ou trop éloigné de l'évolution de leur style, Gibson entretient un mystère autour d'« Agrippa » qui fait partie intégrante de son projet initial.

En collaboration avec le peintre new-yorkais Dennis Ashbaugh, Gibson fait fabriquer un livre d'art dont le mode de lecture est aujourd'hui encore inédit. « Agrippa », dont les très rares exemplaires sont gardés dans des musées comme le Victoria and Albert Museum de Londres, est à la fois un livre-objet dont la présentation imite la dégradation d'un livre ancien, et un texte contenu sur une disquette. Le livre lui-même, les illustrations d'Ashbaugh, les mots imprimés, s'abiment dès l'ouverture du volume par le biais d'un procédé chimique complexe.

Une fois insérée dans un ordinateur, une « bombe logique » commence à effacer le texte du poème à mesure que celui-ci défile sur l'écran. En s'effaçant, le texte « Agrippa » fait du lecteur certes un décodeur, mais davantage un « révélateur » doublé d'un « destructeur » puisque la bombe logique à l'œuvre dans « Agrippa » a pour résultat une multiplication et une intensification des données telles que l'ordinateur qui lit le programme ne peut plus en faire sens. À la place : un long silence. Le texte ne s'est jamais effacé. Il est dissimulé, caché à la vue du lecteur, par hypertrophie, par excès, par prolifération intempestive.

Si des catalogues comme ceux de la Bibliothèque du Congrès répertorient chaque nouvelle publication avec un numéro ISBN[1] attribué à chaque livre afin d'en faciliter l'identification et la classification, preuve indéniable qu'au moins un exemplaire est en circulation, elle ne garde pas de trace du livre écrit par Gibson. Un texte intitulé « Agrippa » circule en ligne et peut être lu gratuitement sous la forme de fichiers textes partagés, c'est-à-dire, comme le confirmera n'importe quel amoureux des livres, dans des conditions qui ne sont pas favorables à la lecture. Le poème est copié puis recopié à plusieurs reprises ; des variations, la plupart légères, apparaissent d'une version à l'autre.

---

1    Pour « International Standard Book Number ».

Certes, « Agrippa » peut être consulté dans un musée, mais, contrairement à la présence de toiles et de textes dans une galerie d'art, l'exposition de ce livre massif pose problème, et les conservateurs du Victoria & Albert Museum de Londres, en le conservant dans leurs coffres, expriment leurs interrogations... Comment conserver un texte dont l'objectif final est bien de ne pas être conservé ? Comment consulter un texte qui, par définition, ne peut pas l'être, y compris par le personnel du musée, les conservateurs, les chercheurs ? Comment cataloguer « Agrippa » sans s'assurer du contenu de la disquette qui l'accompagne, et qui pourrait bien être vide, soit qu'elle ait été effacée par accident... soit que les auteurs n'y aient jamais rien mis, « Agrippa » devenant ainsi un objet à la fois matériel et imaginaire ? Autant de questions qui poussent les tenants des institutions culturelles à s'interroger sur leur fonction[1].

Comme l'affirme Marie-Laure Ryan, professeur de littérature à l'Université du Colorado et spécialiste du mouvement Cyberpunk, « Agrippa » est bien le symbole du « texte comme antiobjet[2] ». En étant détruit par la bombe logique, le texte gagne paradoxalement sa liberté. Il s'émancipe et continue à vivre en partie dans la mémoire du lecteur. Il participe à une forme encore inédite de littérature qui ne joue plus sur le mot écrit, condamné par la page à une immobilité mortifère, mais sur le mot qui, devenu souvenir plus ou moins confus, est intégré dans un processus mental. Chaque lecteur d'« Agrippa » garde en mémoire une version différente, ni plus ni moins juste que celle d'un autre, une version mouvante, fluctuante.

Le livre, dont le texte est finalement soustrait aux yeux du lecteur, acquiert une vie nouvelle, séparée de toute contrainte matérielle. Le texte non pas gommé, mais codé, démultiplié, se lance dans une routine autonome à laquelle l'individu ne peut assister. Le Mot est débarrassé des règles linguistiques, des conventions d'ordre langagier, grammatical, et de l'articulation binaire dénoncée par Alfred Korzybski.

*

Si, pour William Gibson, l'urbanisme ne se découvre qu'au travers des mêmes lignes, des mêmes courbes, des mêmes ensembles répétés sans discernement sur tous les continents et à toutes les époques, c'est bien que

---

1 Interrogations recueillies par mes soins à Londres en novembre 2008 auprès de Doug Dodds (Head of Central Services) et Honor Beddard (Computer Art Project Curator) du V & A Museum.

2 Marie-Laure R, *Narrative as Virtual Reality: Immersion and Interactivity in Literature and Electronic Media* (Parallax: Re-visions of Culture and Society), Baltimore, Maryland, The Johns Hopkins University Press, 2003, p. 268.

l'humanité, et, par là même, la littérature, a atteint son point de rupture. Car l'échec de cette urbanité, non pas lieu de vie, mais lieu de mort, prison, cachot, renvoie d'abord à l'échec du texte et à la difficulté de forger des formes nouvelles.

Ainsi les trilogies successives publiées par Gibson depuis 1984 semblent-elles témoigner d'un univers unique, monotone, confirmé par le recours à un même vocabulaire restreint et à une dénonciation du mot désormais incapable de rendre compte d'une réalité – y compris fictive.

De manière significative, le silence auquel se réduit le poème « Agrippa », œuvre unique dans la bibliographie de l'auteur, vient tout droit d'un « sarcophage » – c'est ce mot exact qu'emploie Honor Beddard en sortant le livre des archives tandis qu'il est encore enfermé dans sa coque de kevlar – mais n'est certainement pas un silence de mort.

C'est ce silence qui réalise de manière concrète une « utopie », à la fois un ailleurs et un nulle part, une création de l'esprit qui s'affranchit de toute interprétation. S'il y a accès au divin, nous dit Gibson, c'est par le biais du Mot libéré de toutes contraintes, y compris de celle de la page.

Et si « Agrippa », somme des obsessions de l'auteur, rappelle un tombeau, c'est celui d'Anatole, fils de Stéphane Mallarmé mort en 1879, que le poète reconstruit par le biais de la littérature, « pour ne plus le voir qu'idéalisé – après, non plus lui vivant là – mais germe de son être repris en soi.[1] » En s'inspirant des essais et des textes programmatiques d'auteurs comme William S. Burroughs ou Alfred Korzybski, Gibson porte l'espoir d'une littérature où l'auteur, démiurge sinon « nécromancien », fait du texte le lieu paradoxal d'un silence qui ne tait rien, mais fait sens et prolifère, un espace mental, lieu de vie ultime et « véritable programme d'action spirituelle[2]. »


## *Remerciements*

Danièle André, Noëlle Batt, Jonathan Boutemy, Géraldine Cauly, Aurélien Gleize, Nathalie Montoya, Samuel Minne, Gilles Volle.

---

1    Stéphane MALLARME, *Pour un Tombeau d'Anatole*, Paris, Éditions du Seuil, 1961, p. 171.

2    *Ibid.*, p. 39, Introduction de Jean-Pierre Richard.

## Bibliographie sélective

### Ouvrages de William Gibson

William GIBSON, *Neuromancer* [1984], New York, Ace Books, 2003.

----, *Count Zero*, New York, Arbor House, 1986.

----, *Burning Chrome and Other Stories*, New York, Arbor House, 1986.

----, *Mona Lisa Overdrive* [1988], London, Harper Collins Publishers / Voyager, 2000.

----, *Virtual Light*, New York, Bantam Books, 1993.

----, *Idoru*, New York, G.P. Putnam's Sons, 1996.

----, *All Tomorrow's Parties*, New York, G.P. Putnam's Sons, 1999.

----, *Pattern Recognition*, New York, G.P. Putnam's Sons, 2003.

----, *Spook Country*, New York, G.P. Putnam's Sons, 2007.

----, *Zero History*, New York, G.P. Putnam's Sons, 2010.

----, *Distrust that Particular Flavor*, Londres, Penguin Books, 2012.

----, *The Peripheral*, New York, G.P. Putnam's Sons, 2014.

William GIBSON, Bruce STERLING, *The Difference Engine*, New York, Bantam Books, 1991.


### Autres ouvrages cités

William S. BURROUGHS, *Naked Lunch*, Paris, Olympia Press, 1959.

----, *Blade Runner: A Movie*, Berkeley, Blue Wind Press, 1979.

Philip K. DICK, *Do Androids Dream of Electric Sheep?*, Garden City, N.Y., Doubleday, 1968.

Greg GIRARD, *Greg Girard: Phantom Shanghai* (Introduction by William Gibson), Toronto, Magenta Publishing for the Arts, 2010.

Naomi KLEIN, *The Shock Doctrine: The Rise of Disaster Capitalism*, New York, Picador, 2007.

Stéphane MALLARME, *Pour un Tombeau d'Anatole*, Paris, Éditions du Seuil, 1961.

Tatiani G. RAPATZIKOU, *Gothic Motifs in the Fiction of William Gibson*, New York, Rodopi, 2004.

Marie-Laure RYAN, *Narrative as Virtual Reality: Immersion and Interactivity in Literature and Electronic Media* (Parallax: Re-visions of Culture and Society), Baltimore, Maryland, The Johns Hopkins University Press, 2003.

Paul M. SAMMON, *Future Noir: The Making of Blade Runner*, New York, Harper Prism, 1996.

Robert SHEA, Robert Anton WILSON, *The Illuminatus! Trilogy, New York,* Dell Publishing, 1984.

A. E. VAN VOGT, *The World of Null-A, New York,* Simon & Schuster, 1948.


## Ouvrages collectifs

*Conversations with William Gibson*, Patrick A. Smith (éd.), Jackson, Mississippi, The University Press of Mississippi, 2014.

*Flame Wars, the Discourse of Cyberculture* (Mark Dery éd.), Durham and London, Duke University Press, 1994.

*Storming the Reality Studio, A Casebook of Cyberpunk and Postmodern Science Fiction*, Larry McCaffery (éd.), Durham & London, Duke University Press, 1991.

*Visionary San Francisco* (Paolo Polledri (éd.), Munich, Prestal, 1990.


## Bibliographie mass media

Christophe BECKER, « Who owns the words (3) : William S. Burroughs/William Gibson remix », *POP-EN-STOCK*, 13 mars 2013,

http://popenstock.ca/dossier/article/who-owns-words-3-william-s-burroughs-william-gibson-remix [consulté le 02/02/ 2015].

William GIBSON, « *Agrippa—A Book of the Dead* », https://web.archive.org/web/20190322065716/http://www.williamgibsonbooks.com/source/agrippa.asp [consulté le 20/02/ 2021].

----, « William Gibson, The Art of Fiction No. 211 / Interviewed by David Wallace-Wells », *The Paris Review*, Summer 2011, http://www.theparisreview.org/interviews/6089/the-art-of-fiction-no-211-william-gibson [consulté le 02/02/ 2015].

----, « Life in the Meta City », *Scientific American*, septembre 2011, http://www.scientificamerican.com/article/life-in-a-meta-city/ [consulté le 03/03/ 2015].

Gilles DELEUZE, « Post-Scriptum sur les Sociétés du Spectacle », tiré de *L'autre journal* n° 1, mai 1990, https://infokiosques.net/imprimersans2.php3?id_article=214 [consulté le 03/03/ 2015].

Alfred KORZYBSKI, « The Role of Language in the Perceptual Processes »,

http://communication.ucsd.edu/_files/Korzybski_Role-of-Language-in-the-Perceptual-Process.pdf [consulté le 01/03/ 2015].

Marion ROUSSEL, « Architecture liquide et cyberespace : De William Gibson à la virtualité éversée. Partie I », DNArchi, 23/05/2012, http://dnarchi.fr/culture/architecture-liquide-et-cyberespace-de-william-gibson-a-la-virtualite-eversee-partie-i/ [consulté le 01/02/ 2015].

Catherine SLESSOR, « Editorial: Past imperfect, future tense », *The Architectural Review*, 26/03/15, http://www.architectural-review.com/opinion/editorial-view/editorial-past-imperfect-future-tense/8680489.article [consulté le 01/02/ 2015].

David WALLACE-WELLS, « William Gibson, The Art of Fiction No. 211 », *The Paris Review*, été 2011, http://www.theparisreview.org/interviews/6089/the-art-of-fiction-no-211-william-gibson [consulté le 03/03/ 2015].


*Travaux universitaires*

Noëlle BATT, *L'Écriture de William Burroughs*, thèse de Doctorat de Troisième Cycle sous la direction de M. Pierre Dommergues, université de Paris VIII-Vincennes, 1975.

Christophe BECKER, *L'Influence de William S. Burroughs dans l'œuvre de William Gibson et Genesis P-Orridge*. Thèse de Doctorat en Langues, Littératures et Civilisations des pays anglophones, sous la direction de Noëlle Batt, Paris : université Paris VIII, 2010.

Benoît DELAUNE, *Le Cut-Up chez William S. Burroughs : modèle plastique, Création Littéraire*. Thèse de Doctorat en Littérature générale et comparée sous la direction de Didier Plassard, Rennes : université Rennes 2, 2003.


*Filmographie sélective*

David FINCHER, Alien 3 © Twentieth Century Fox Film Corporation, Brandywine Productions, 1992.

Sogo ISHII, *Electric Dragon 80.000 V* © Suncent CinemaWorks, Taki Corporation, 2001.

Fritz LANG, *Metropolis* © Universum Film (UFA), 1927.

Mark NEALE, *No Maps for These Territories* © Mark Neale Productions, 2000.

Mamoru OSHII, *Ghost in the Shell* © Bandai Visual Company, Kôdansha, Production I.G., 1995.

----, *Avalon* © Deiz Production, Bandai Visual Company, Media Factory, Dentsu Productions Ltd., Nippon Herald Films, 2001.

----, *Ghost in the Shell 2: Innocence* © Bandai Visual Company, Buena Vista Home Entertainment, DENTSU Music And Entertainment, ITNDDTD, Kôdansha, Production I.G., Studio Ghibli., 2004.

Katsuhiro ÔTOMO, *Akira* © TMS Entertainment, Akira Committee Company Ltd., Bandai, Kôdansha, Mainichi Broadcasting System (MBS), Sumitomo Corporation, Toho Company, Tokyo Movie Shinsha (TMS), 1988.

Ridley SCOTT, *Blade Runner* © The Ladd Company, Shaw Brothers, Warner Bros., 1982.

Shin'ya TSUKAMOTO, *Tetsuo* © Japan Home Video (JHV), K2 Spirit, Kaijyu Theater, SEN, 1989.

----, *Tetsuo II: Body Hammer* © Kaijyu Theater, Toshiba EMI, 1992.

Paul VERHOEVEN, *RoboCop* © Orion Pictures, 1987.

Andy & Larry (Lana) WACHOWSKI, *The Matrix* © Warner Bros., Village Roadshow Pictures, Groucho II Film Partnership, Silver Pictures, 1999.

----, *The Matrix Reloaded* © Warner Bros., Village Roadshow Pictures, Silver Pictures, NPV Entertainment, Heineken Branded Entertainment, 2003.

----, *The Matrix Revolutions* © Warner Bros., Village Roadshow Pictures, NPV Entertainment, Silver Pictures, 2003.

# L'Espace de la chambre d'hôtel
# chez Enki Bilal
## Révélateur d'une humanité en mutation

*Aurélien Mérard*
*Docteur en Littératures française, francophones et comparée*
*TELEM, Université de Bordeaux - Montaigne*

Enki Bilal est aujourd'hui un visage familier du paysage de la bande dessinée de science-fiction française. Né à Belgrade dans les années Cinquante, il arrive très jeune en France, et collabore rapidement au journal *Pilote*. C'est en travaillant avec le scénariste Pierre Christin qu'il se forge une solide renommée et en vient à parfaire la maîtrise de sa pratique artistique. Ses efforts se concrétisent au début des années Quatre-vingt lorsqu'il prend son envol et publie, seul cette fois-ci, *La Foire aux immortels*, premier volume de ce qui deviendra *La Trilogie Nikopol*. Avec cette Trilogie, Enki Bilal propose une science-fiction très personnelle, marquée par les questions de l'identité et de la mémoire. En 1998, il commence à travailler sur un nouveau cycle : *La Tétralogie du Monstre*. Les questionnements s'y font plus prégnants et laissent plus de place à des interrogations, notamment vis-à-vis des rapports que l'homme occidental entretient avec la technique. Le projet de Bilal est clairement défini, il s'agit de traiter « [...] de manière exagérée les mutations en cours[1]. »

Pour Bilal, l'humanité serait dans « une fin de cycle » (*CO*, p.19). Si cette dernière pourrait trouver sa cause dans la mise à mal d'un certain ordre politique (Bilal a ainsi pu mettre en scène la chute progressive du bloc de l'Est[2]), l'évolution des sciences et techniques n'est néanmoins pas étrangère à cette idée de fin de cycle. Aussi, comme le souligne le sociologue Frederic Vandenberghe à propos de certains objectifs des nouvelles technologies :

> [...] la vie [...] est devenue quelque chose de virtuel. Digitalisé et Informatisé, le code génétique apparaît comme une sorte de software complexe qui peut être reprogrammé en principe et [...] en pratique[3].

---

1   Enki BILAL, *Ciels d'orage : conversations avec Christophe Ono-dit-Biot*, Paris, Flammarion, 2011, p. 175. À partir de maintenant nous nous référerons à ce livre par le sigle *CO*.

2   Voir Enki BILAL et Pierre CHRISTIN, *Partie de chasse*, Paris, Les Humanoïdes associés, 1991.

Les nanotechnologies, les biotechnologies ou encore l'informatique convergeraient ainsi vers l'idée d'une évolution maîtrisée qui verrait s'abolir les frontières entre l'homme et la machine, l'homme et l'animal. Le *cyborg* (mot composé, rappelons-le, par la fusion des mots *cybernetic* et *organism*), l'hybride, qui jusqu'il y a quelques années relevait purement du champ de la science-fiction, a aujourd'hui envahi l'espace public à mesure que des termes tels que ''posthumain'', et plus encore ''transhumanisme'' se sont démocratisés. Preuve, s'il en fallait encore une, qu'Enki Bilal est particulièrement sensible à cette thématique : sa dernière exposition au Musée des arts et métiers, en 2013, intitulée *Mécanhumanimal*[1].

Voici donc un des symptômes de cette fin de cycle dont parlait l'artiste : l'inauguration d'une phase de transition pour l'humanité, une ''fin de l'homme'' ouvrant à des formes de vie encore incertaines. On comprend alors la propension d'Enki Bilal à peupler ses fictions de créatures hybrides : Nikopol était ainsi pourvu d'une jambe métallique sculptée dans un rail du métro parisien par Horus, dieu du panthéon égyptien au corps humain et à la tête de faucon. De fait, dès 1980, la thématique ''mécahumanimal'' est en place et ne cessera d'occuper une position centrale dans les préoccupations et l'esthétique d'Enki Bilal. L'autre symptôme de cette fin de cycle, palpable dans la matière même de ses œuvres, est bien évidemment ce goût certain pour la déliquescence, le délabrement. En effet, chez l'auteur ne subsiste nulle structure qui ne soit fêlée, zébrée, nul personnage qui ne soit au bord la rupture, tant physique que mentale. C'est ce que Jean-Pierre Andrevon a pu nommer une « déglingue généralisée[2] ».

Il y a donc une curieuse adéquation entre ce *décorum* déglingué et cette humanité déchue, en phase de transition. De là à affirmer que le premier est la cause du deuxième, il n'y a qu'un pas qu'il ne faudra pas hésiter à franchir ! En effet, comme le rappelle le philosophe Dominique Lecourt, l'essence de la technique réside dans sa capacité à détacher l'homme de son animalité, à l'assister dans son débat avec son milieu[3]. En somme, la technique aurait pour vocation première de fac' et d'améliorer la qualité de celle-ci. Pourtant, il faudrait convenir que chez Enki Bilal, ''hypertechnologisation'' rime moins avec émancipation qu'avec aliénation. La ville, comme lieu de vie, semble ainsi être le reflet des transformations, mutations ou même réifications subies par les personnages bilaliens. Au sein de cet

---

3    Frederic VANDENBERGHE, *Complexités du posthumanisme : trois essais dialectiques sur la sociologie de Bruno Latour*, Paris, L'Harmattan, « Diagonale critique », 2006, p. 11.

1    Voir Benoît MOUCHART et Gaëtan AKYÜZ (dir.), *Mécanhumanimal : Enki Bilal au Musée des arts et métiers*, Bruxelles, Casterman.

2    Jean-Pierre ANDREVON, « Bilal : un itinéraire de la déglingue », *Schtroumpf, Les Cahiers de la bande dessinée*, n°53, juillet 1983, p. 33-38, p. 38.

3    Dominique LECOURT, *Humain, posthumain*, Paris, Presses Universitaires de France, « Quadrige », 2011, p. 51-53.

espace s'insèrent d'autres lieux où le personnage voyant se suspendre, enfin, la marche inéluctable de sa transformation, peut prendre le temps de faire le point sur sa situation. La chambre d'hôtel a, dans la poétique d'Enki Bilal, ce rôle clé d'espace réflexif. Ce lieu de vie transitoire est le révélateur d'un être au monde en suspens, de cette humanité de transition. La chambre occupe donc une place particulière à plusieurs niveaux. Narrativement, elle instaure une rupture dans le rythme du récit. Symboliquement, elle désigne les personnages qui l'habitent comme des êtres instables. Enfin, pragmatiquement, elle invite le lecteur à s'interroger sur cette instabilité même.

C'est ce que nous nous attacherons à montrer au travers de l'analyse de quelques planches extraites de *La Trilogie Nikopol* et de *La Tétralogie du Monstre*.


## *La chambre d'hôtel comme espace réflexif*

La première planche sur laquelle on s'attardera est tirée du premier volume de la trilogie : *La Foire aux immortels*. En guise de résumé, on précisera que les dieux du panthéon égyptien, dont la pyramide volante est en panne de carburant, font escale au-dessus de Paris pour réclamer au dictateur Jean-Ferdinand Choublanc l'intégralité des réserves de carburant de la ville. Sur cette trame de fond viennent se greffer les aventures de deux personnages que tout oppose, a priori. Horus d'un côté, dieu rebelle et avide de pouvoir, et Alcide Nikopol de l'autre, simple mortel dont la geôle cryogénique s'est accidentellement écrasée dans un Paris futur, et qu'il ne connaît bien évidemment pas. Deux personnages diamétralement opposés donc, mais qui paraissent, tous deux, en complet décalage avec l'univers dans lequel ils évoluent. Cryogénisé depuis plus de 30 ans, Nikopol a à peine le temps de reprendre ses esprits qu'Horus s'incarne en lui, prenant ainsi possession de son corps, pour mieux lui dicter ses faits et gestes. La jambe métallique de Nikopol est symbolique de cette aliénation : amputé dans sa chute de sa jambe de chair et d'os, Horus lui en modèlera une nouvelle dans l'acier d'un rail du métro. Celle-ci étant trop lourde pour son corps humain, Nikopol ne pourra se déplacer sans la médiation de Horus, c'est-à-dire sans que celui-ci ne le possède, lui dictant ainsi ses faits, gestes et paroles. Nikopol est doublement aliéné, d'une part à sa jambe qui l'empêche, par son poids, de se mouvoir, et d'autre part à l'emprise qu'Horus a sur lui et sur ses actions. C'est cet étrange tandem qui va se lancer à l'assaut du pouvoir. En l'espace de quelques planches, Nikopol passe donc de la fange dans laquelle il s'est écrasé, aux quartiers chics de Paris, avant de disputer un match de Hockey sur glace sous les yeux du dictateur Choublanc, qui impressionné par la performance de Nikopol l'invitera à le rencontrer. La planche étudiée[1] fait suite à ces événements.

Celle-ci est intéressante à plusieurs égards. Premièrement, elle a le mérite d'exemplifier l'idée d'esthétique de la déglingue. En effet, dans cette planche, Horus et Nikopol savourent leur récente victoire dans une chambre d'hôtel. La première case est un plan d'ensemble de l'extérieur de l'hôtel à laquelle succède une série de cases ayant pour cadre l'intérieur de cette même chambre. L'intérieur comme l'extérieur de cette dernière se caractérisent par une multitude de détails visant à déprécier cet environnement. La narration graphique fait ainsi passer le lecteur de la vue externe d'un grand ensemble haussmannien défiguré, à l'intimité d'une chambre délabrée. Nikopol et Horus ne sont pas en reste. Outre leur hybridité, on pourra signaler la déliquescence de leur corps respectif. Si le corps d'Horus paraît avoir été ''recollé'' maintes et maintes fois, celui de Nikopol trahit une sombre lassitude. En effet, hormis les multiples pansements qui ornent son corps (séquelles du match de hockey), et bien sûr sa jambe métallique mise en évidence par le cadrage, on notera la position voutée et apathique du personnage. Au travers de cette première chambre d'hôtel on décèle déjà les grandes lignes du style de l'auteur : des environnements saturés de détails signifiant leur déliquescence, et des personnages souvent hybrides, tout aussi abîmés que leur environnement et enclins à une certaine forme de fatigue.

L'autre aspect intéressant de la planche réside dans sa position même dans l'économie et le rythme du récit. De fait, si les trente premières pages se sont déroulées à un rythme effréné, sans ménager de véritable pause ni pour le lecteur ni pour Nikopol, cet épisode constitue en revanche la première véritable respiration dans cette course. L'idée de pause est renforcée par la mise en scène : d'une part on pourra noter la position assise des deux personnages dans la case centrale de la planche, et d'autre part le fait qu'ils soient renvoyés dos à dos. Aussi, si Nikopol, précédemment, n'avait d'autres choix que de suivre Horus, ici, au contraire, il signale corporellement (et verbalement[2]) sa fatigue et son désaccord avec les objectifs et les méthodes d'Horus. Nikopol se positionne comme une entrave à la marche du récit. En effet, traditionnellement une bande dessinée (occidentale, il va s'en dire) vectorise la lecture de la gauche vers la droite. Ainsi en fixant obstinément le bord gauche de l'hypercadre[3], le personnage semble retenir la fuite en avant de la narration. La chambre d'hôtel constitue alors ce lieu privilégié et

---

1    Enki BILAL, *La Trilogie Nikopol : édition intégrale*, Paris, Casterman, 2005, p. 43. À partir de maintenant nous nous référerons à ce livre par le sigle *LTN*.

2    « Je vais vous dire finalement... Vous êtes pire que tous les Mussolini, Hitler, Stalline et Choublanc réunis... Vous êtes un égocentriste totalitaire, ambitieux, paranoïaque, sanguinaire et inhumain. » *(LTN, p. 43)*.

propice au repos et à la réflexivité où le personnage peut se retourner sur lui-même et sur les événements qu'il traverse, un lieu où s'extrayant momentanément du tumulte extérieur, il peut laisser jaillir sa vie intérieure. L'action laisse alors place à la réflexion et la succession effrénée des images au calme et à la contemplation de ces chambres d'hôtel délabrées.

## *Une plongée dans l'intériorité des personnages*

Pour poursuivre avec cette idée de projection d'une vie intérieure, on prendra maintenant pour exemple une planche tirée de *La Femme piège* (deuxième volume de *La Trilogie Nikopol*). Afin de mieux cerner les enjeux de cette planche on précisera qu'à la suite de la mort de son amant, le personnage de Jill Bioskop sombre peu à peu dans la folie. Souhaitant oublier le défunt, elle commence à ingérer une drogue, le HLV. Cette drogue l'emporte dans un monde fantasmé, sa perception du monde et des événements s'altérant profondément, au point qu'elle pensera être une meurtrière. Horus, dans le même temps, cherchera à faire de Jill la mère de sa progéniture, tandis que Nikopol, suite à des visions, partira à la recherche du dieu dans l'optique de l'empêcher de nuire.

La planche qui nous intéresse survient alors que Jill est, à ce moment du récit, persuadée qu'elle est responsable de la mort de trois hommes (*LTN*, p. 114). Les récitatifs qui émaillent la planche tendent à imiter les textes que Jill tape frénétiquement sur son *script walker*, une sorte de machine à écrire lui permettant d'expédier ses textes dans le passé... Bien que la mort des deux premiers hommes (Jeff et Nick) soit hypothétique, celle d'Ivan est bel et bien avérée. Ce dernier ayant été choisi par Horus pour le transporter et donc pour féconder Jill. Mais le corps d'Ivan ne pouvant supporter la possession divine, sera déchiqueté. La planche se situe donc juste après le décès de ce dernier. Horus, chassé d'un corps trop faible, se réfugie dans la chambre 237 alors que Nikopol est en passe d'atterrir à Berlin, théâtre de cette plongée dans la folie, et que Jill recourt une fois encore au HLV pour oublier l'horrible spectacle dont elle a été témoin (premier *strip* de la planche).

---

3    « Quoique le plus souvent séparées par de minces travées blanches, les vignettes peuvent être considérées comme les fragments solidaires d'une forme globale, d'autant plus nette et consistante que les bords extérieurs des cadres vignettaux sont traditionnellement alignés. Cette forme affecte en général l'aspect d'un rectangle, dont les dimensions sont à peu de chose près homothétiques à celles de la page. Le tracé extérieur de cette forme, son périmètre, peut recevoir le nom d'*hypercadre* [...]. L'hypercadre est à la planche ce que la cadre est à la vignette. » Thierry GROENSTEEN, *Système de la bande dessinée*, Paris, Presses Universitaires de France, « Formes sémiotiques », 2011, p. 38. À partir de maintenant nous nous référerons à ce livre par le sigle *SBD*.

On pourra constater que la mise en page de la planche confirme ce qui a déjà été observé sur rôle de la chambre d'hôtel dans les récits bilaliens. Aussi, alors que le premier *strip* concentre un grand nombre d'informations dans un espace restreint et procède à une nette accélération du rythme du récit (notamment par la réduction régulière de la taille des cases qui le constituent), l'irruption du lecteur dans l'intimité de Jill (la case centrale étant un plan d'ensemble montrant Jill recroquevillée dans sa baignoire, entourée de trois cadavres livides) marque une pause brutale dans ce même récit. La monstration de la chambre d'hôtel (ici la salle de bain) fonctionne encore une fois comme une suspension. Le lecteur est en effet tout autant suspendu dans son évolution dans le récit, qu'au délire de Jill. Et, par conséquent, lorsque le récit reprend sa progression, selon un régime de visibilité rationnel (les deux dernières cases de la planche), on remarque que les corps ont disparu, que le délire perd de sa puissance et que la narration reprend son cours « normal ».

La planche découvre donc en son centre, un espace baigné de rouge, au milieu duquel se trouve le personnage de Jill Bioskop, elle-même tachée de rouge, entourée de trois corps spectraux, tout aussi rouges. En conséquence, cette couleur aurait une valeur indicielle, puisqu'elle signale directement le délire vécu par Jill. La peinture, la faïence, le sang, les pilules de HLV, jusqu'au tabouret sur lequel repose le *script walker*, tous les éléments de la scène se rattachent à un même réseau de signifiance : les fantasmes de Jill ont pris le dessus sur le réel. Suite au tragique et à l'horreur de sa situation, Jill voit sa vie s'effondrer. Le rouge signe une dualité : Jill prise entre son désir d'oublier et son besoin d'écrire son histoire. Cette dualité se retrouve également dans la dichotomie constituée par la monstration (la couleur rouge comme signe iconique du délire) d'une part et la récitation de l'autre (matérialisant le besoin d'écrire de Jill par la facture particulière des récitatifs de la planche)[1]. Cependant, du fait même de cette dualité, de cette instabilité, c'est le sens (et ici le langage[2]) qui se délite. Ne reste alors que ce lieu de vie transitoire, peuplé de fantômes et d'êtres entre deux mondes : Jill entre réel et fantasme et les corps entre vie et mort. En montrant au lecteur l'intimité de Jill, sa chambre d'hôtel, l'auteur lui dévoile également son instabilité et sa fragilité. La chambre d'hôtel ne saurait dès lors, chez Enki Bilal, être autre chose que l'environnement de personnages en proie au doute, des êtres profondément instables.

---

1    Thierry Groesteen désigne par le terme de monstrateur « l'instance [narrative] responsable de la mise en dessin de l'histoire. » (*SBD*, p. 93), tandis que celui de récitant est retenu pour désigner « l'instance responsable de cette énonciation » (*SBD*, p. 96). « Le récitant sera donc, pour le texte narratif, l'instance équivalente à celle du monstrateur, pour le dessin. » (*SBD*, p. 96).

2    « Ces trois hommes s'appellent Jeff Nick et Ivan et leurs noms sont Jeff Nick et Ivan Le premier Jeff Le deuxième Nick et le dernier Ivan Ce sont Jeff Nick et Ivan Jeck Niff et Ivan Jen Nive et Ivaff Jive Neck et Iffan Jeff Nick et Iv » (*LTN*), p. 114.

## Le lieu d'une transformation

On continuera désormais ce parcours dans l'œuvre d'Enki Bilal, en nous intéressant à des planches extraites de *La Tétralogie du Monstre*. Ce récit est centré autour de Nike Hatzfeld, un hypermnésique né à Sarajevo en 1993, et de sa quête, c'est-à-dire retrouver Amir et Leyla deux orphelins avec qui il a partagé les premiers jours de sa vie. Entre le personnage et son objectif vient alors interférer le docteur Optus Warhole, en fait un extraterrestre cherchant lui-même un sens à sa vie, et sa propre humanité. Cette recherche passera notamment par l'adoption de plusieurs corps[1].

À un certain point du récit, Warhole se verra dans l'obligation de parasiter le corps de Nike Hatzfeld. Bilal reconduit ici une thématique déjà présente dans *La Trilogie Nikopol*, le dieu Horus laissant ici sa place de « Pilote » à l'extraterrestre Warhole. Aussi, en attendant de pouvoir se reconstituer un corps décent, ce dernier vivra sous la forme d'un parasite cybernétique[2] fixé au thorax de Nike.

La planche qui nous intéresse montre pour la première fois ce parasite[3] et fait suite à l'errance de Nike dans une Sarajevo qui, en apparence, aurait été vidée de ses habitants. Précisons que les sens de Nike ont été amoindris par le parasite (exception faite de son odorat, à ce moment de l'intrigue, il cherche à retrouver Leyla en flairant sa trace). Les deux planches précédant celle-ci montrent un personnage égaré, qui ne sait ni où il se trouve, ni pourquoi il s'y trouve. On se retrouve donc, encore une fois, face à un personnage qui au terme de son errance, tant spatiale que psychique, échoue entre les murs d'une chambre d'hôtel. Encore une fois, la chambre crée un dispositif visant à la suspension du récit. Ici, ce dernier est limité à deux larges cases (soit le degré minimal de la bande dessinée, c'est-à-dire la séquence d'images réduite à sa plus simple expression). La séquence procède donc de deux temps forts : le premier où le lecteur prend conscience, en même temps que Nike, de la présence du parasite et de l'étrangeté de son corps ; corps qu'il ne reconnaît plus. Le deuxième où l'étrangeté est poussée à son paroxysme puisque le lecteur retrouve Nike au plafond de sa chambre, agitant frénétiquement ses membres tel un insecte. Il y a donc dans la planche un renversement, aussi littéral que figuré. En effet, dans ce corps

---

1     Au corps adipeux et grotesque du début du récit, succèdera un corps au physique de jeune premier, puis une mouche cybernétique, et enfin un parasite, cybernétique également, qui viendra prendre place sur le thorax de Nike.

2     Rappelons que le fondateur de la cybernétique, Norbert Wiener, a forgé ce terme d'après le grec *kubernêtês* (le pilote, le gouverneur).

3     Enki BILAL, *Rendez-vous à Paris*, Casterman, 2006, p. 25.

devenu étranger à lui-même (dans le premier récitatif, Nike parle d'un corps
« aliénisé »), on peut déceler la trace d'une chair dont on aurait perdu le
contrôle. Nike se trouve dépossédé de la gouvernance de son propre organisme
par la présence du parasite cybernétique. De fait, si la première case tend à la
représentation d'une hybridité homme-machine, la seconde oriente cette
hybridation vers l'animalité : la position de Nike fait penser à celle d'un insecte,
tandis que son comportement peut le rapprocher d'un chien de chasse, d'un
limier... Le corps se trouve défait, le crayonné apparent déforme les chairs, les
membres se démultiplient, le visage s'efface et disparaît.

La chambre d'hôtel est un espace au sein duquel l'identité de Nike semble se
défaire, ni tout à fait homme, ni tout à fait animal, il transite entre différents
états. La chambre est le lieu d'une transformation, non pas achevée, mais en
cours. Rappelons que la volonté de Bilal, à l'orée de cette tétralogie, était de saisir
les mutations de l'époque. La planche est le symbole d'une prise de conscience
face à ces mutations ; l'hybridité de Nike et sa transformation faisant alors écho à
celles annoncées par les progrès récents des technosciences. Le rôle joué par les
chambres d'hôtel dans ces récits nous éclaire sur les aspirations et ambitions de
leur auteur. Loin de prendre le cyborg, où l'hybride, comme une simple figure
motrice du récit, il la pose en tant que sujet à interroger. Il s'agit pour lui
d'explorer encore et encore ces limites, ces frontières que le transhumanisme
tend à faire exploser. Il apparaîtrait alors ce que Jean-Michel Besnier nomme des
« identités à la dérive [1] ». La fin de cycle dont parle Bilal serait donc une ère de
l'incertitude, de la perte des repères.


## *Une humanité à la poursuite d'elle-même*

De fait, au sein de l'imaginaire bilalien, la chambre d'hôtel fait
directement référence à cette perte de repère. Tout comme Nikopol ou
Horus, Nike est un personnage sans attaches, sans foyer, un personnage sans
cesse ballotté d'un lieu à un autre, lieux qu'il n'habite que provisoirement.
C'est un éternel étranger. On peut trouver dans le corpus qui nous intéresse
ici, une planche illustrant ce propos. Tirée du dernier tome de la tétralogie,
elle présente Nike, qui ayant retrouvé la trace de Leyla à Paris, et débarrassé
provisoirement de la présence de Warhole (mais pas du parasite), s'offre une
brève escapade dans le ciel de Paris [2].

---

1   Jean-Michel Besnier parle d'une « triple accentuation : l'animalisation de l'homme qui doit compter
avec sa parenté génomique avec les animaux, l'humanisation de l'animal auquel il ne manquera plus
que la parole, ainsi qu'on l'évoquera bientôt, mais aussi la mécanisation du vivant tout entier... Les
identités sont bel et bien à la dérive. » Jean-Michel BESNIER, *Demain les posthumains : le futur a-t-
il encore besoin de nous ?*, Paris, Hachette littératures, « Haute tension », 2009, p. 158.

2   Enki BILAL, *Quatre ?*, Paris, Casterman, 2007, p. 12.

La perte des repères se lit ici dans la dynamique même de la planche. Nike évoque sa propre dérive (« Paris est une ville pour piétons à la dérive... », nous dit-il). On retrouve par ailleurs un dispositif similaire à celui rencontré dans la première planche dont il a été question. De fait, la deuxième vignette montre Nike flottant dans le ciel de Paris, de droite à gauche, soit dans le sens contraire d'une lecture traditionnelle, le personnage revenant, de façon symbolique, en arrière ; il se poursuit lui-même[1]. Ce qui, dans un autre contexte, aurait constitué une entrave à la dynamique du récit et du sens (une faute technique dans la constitution d'un récit en images), est à prendre ici comme un dispositif poétique. En enfreignant une règle de base de son art, Bilal matérialise et donne un signifié graphique à l'errance de son personnage.

Nike, à la recherche de son passé et de son identité erre dans le temps et l'espace. Le récitatif de la troisième case renforce cette impression (« Je n'ai aucune notion du temps. [...] Je n'ai aucune notion du moi. »). Un autre paramètre intéressant dans l'économie de la planche, est la diagonale créée par la répétition de la figure du personnage. En allant du coin supérieur gauche au coin inférieur droit, le regard du lecteur dénombrera trois représentations de Nike (quatre en comptant la troisième case, où seule sa main est visible). Cependant, il faut remarquer que la figure centrale de cette diagonale (le personnage à la dérive) entre en opposition avec les deux autres figures, celles-ci tournées vers la droite et donc vers la séquentialité et le récit. La dynamique qui anime la planche viendrait alors répéter le parcours de Nike dans Paris, quittant sa chambre d'hôtel avant d'y revenir. La séquence se referme alors sur elle-même et Nike revient indéfiniment à sa chambre, seul lieu lui permettant de tenter de retrouver son identité. La quête de celle-ci prend alors la forme d'un éternel retour. Il apparaît ainsi, dans la dernière case, nu, le torse visiblement rongé par le parasite, dos courbé, tête penchée, le visage assombri. On pourrait assimiler cette pose particulière à celle identifiée par Erwin Panofsky, Raymond Klibansky et Fritz Saxl comme celle du mélancolique[2]. Nike est ainsi pris entre son idéal (retrouver Leyla et Amir – le retour en arrière de la deuxième case) et le désespoir que lui inspire le futur (la pose résignée de la dernière case).

*

---

1   Ainsi que le rapporte Benoît Peeters, ce phénomène était déjà connu d'Hergé « Si je le [le personnage] faisais courir de droite à gauche, il aurait l'air, à chaque dessin, de revenir en arrière, de se poursuivre lui-même. » Benoît PEETERS, *Lire la bande dessinée*, Paris, Flammarion, « Champs arts », 2003, p. 85.

2   Voir Raymond KLIBANSKY, Erwin PANOFSKY et Fritz SAXL, *Saturne et la mélancolie*, Paris, Gallimard, « Bibliothèque d'aujourd'hui », 1989.

On pourra convenir du fait que la chambre d'hôtel constitue dans la plupart des cas, un lieu conçu tout spécialement pour le repos (que ce soit celui des voyageurs et des errants de tous genres). Or, par ses mises en page et sa gestion du rythme, Enki Bilal parvient, au sein de ses fictions, à reconduire cette idée de repos. Il ménage de fait des espaces où ses personnages peuvent interrompre le cours des choses et se laisser aller à leur mélancolie (Nikopol comme Nike peuvent, en certaines circonstances, se laisser aller à déclamer quelques vers de Charles Baudelaire). L'imaginaire mélancolique agit chez Bilal comme une invitation à la réflexion, en cultivant un certain goût pour ce que l'on pourrait appeler l'image-choc (prolongement, en un sens, de son esthétique de la déglingue), Enki Bilal cherche à sa manière à saisir les bouleversements contemporains induits, entre autres, par les technosciences. La chambre d'hôtel, lieu de vie transitoire par excellence, se fait dès lors image de la phase de mutation dans laquelle se serait engagée l'humanité.


## Bibliographie


Andrevon (Jean-Pierre ), « Bilal : un itinéraire de la déglingue », *Schtroumpf, Les Cahiers de la bande dessinée*, n°53, juillet 1983.

Besnier (Jean-Michel), *Demain les posthumains : le futur a-t-il encore besoin de nous ?*, Paris, Hachette littératures, « Haute tension », 2009.

Bilal (Enki), *Ciels d'orage : conversations avec Christophe Ono-dit-Biot*, Paris, Flammarion, 2011.

Bilal (Enki) et Christin (Pierre), *Partie de chasse*, Paris, Les Humanoïdes associés, 1991.

Bilal (Enki), *La Trilogie Nikopol : édition intégrale*, Paris, Casterman, 2005.

Bilal (Enki), *Rendez-vous à Paris*, Casterman, 2006.

Bilal (Enki), *Quatre ?*, Paris, Casterman, 2007.

Groensteen (Thierry), *Système de la bande dessinée*, Paris, Pruf, 2011.

Klibansky (Raymond), Panofsky ( Erwin) et Saxl (Fritz), *Saturne et la mélancolie*, Paris, Gallimard, « Bibliothèque d'aujourd'hui », 1989.

Lecourt (Dominique), *Humain, posthumain*, Paris, Puf, « Quadrige », 2011.

Mouchart (Benoît) et Akyüz (Gaëtan) (dir.), *Mécanhumanimal : Enki Bilal au Musée des arts et métiers*, Bruxelles, Casterman.

Peeters (Benoît), *Lire la bande dessinée*, Paris, Flammarion, « Champs arts », 2003.

Vandenberghe (Frédéric), *Complexités du posthumanisme : trois essais dialectiques sur la sociologie de Bruno Latour*, Paris, L'Harmattan, « Diagonale critique », 2006.

# Idéologie et ontologie des lieux de vie dans *Ubik* de Philip K. Dick

*Mattia Petricola*
*Docteur en Littérature comparée, Université de Bologne*
*CRLC, Université Paris IV*

Le roman *Ubik* de Philip K. Dick[1] concrétise l'une des plus fascinantes et des plus fertiles possibilités narratives offertes par les littératures de l'imaginaire en général, et par la science-fiction en particulier : la création d'états ou de modes d'existence alternatifs à ceux dont on peut faire l'expérience dans le monde primaire[2].

Dans l'univers de *Ubik*, la technologie permet de cryogéniser le corps d'une personne *in articulo mortis* et d'intercepter ses signaux cérébraux avant qu'ils ne s'éteignent définitivement, ce qui lui permet de continuer à vivre dans un état dit de semi-vie (« halflife » dans le texte anglais), gardée dans des lieux significativement appelés "moratoriums" (le verbe latin *morari* signifie différer, retarder). C'est précisément dans la semi-vie qu'une nouvelle possibilité d'existence se condense : le corps des semi-vivants demeure dans le monde des vivants, tandis que leur esprit habite un nouveau plan de l'Être, dans lequel ils sont mis en communication, voire en communion, les uns avec les autres, et participent ainsi à une vie psychique collective qui bouleverse les concepts de "je" et de "conscience". Les semi-

---

1   Philip K. DICK, *Ubik* [New York, Doubleday, 1969], Boston & New York, Mariner Books, 2012.

2   Nous utilisons ici la distinction classique entre "monde primaire" et "monde secondaire" formulée par J.R.R. Tolkien : « Les enfants sont bien entendu capables de croyance littéraire, lorsque l'art de l'auteur est assez bon pour l'engendrer. Cet état d'esprit a été appelé « suspension volontaire de l'incrédulité ». Mais ce ne me semble pas être une bonne description de ce qui se passe. Ce qui se passe en vérité est que l'auteur du conte s'avère un « sub-créateur » qui parvient à ses fins. Il crée un Monde Secondaire dans lequel votre esprit peut pénétrer. À l'intérieur, ce qu'il raconte est « vrai », c'est-à-dire correspond aux lois de ce monde. Par conséquent, vous y croyez, aussi longtemps que vous vous trouvez à l'intérieur, en quelque sorte. Au moment où surgit l'incrédulité, le charme est rompu ; la magie, ou plutôt l'art, a échoué. Vous êtes alors de nouveau dans le Monde Primaire, à regarder de l'extérieur le petit Monde Secondaire avorté. » (John R.R. TOLKIEN, *Les Monstres et les critiques et autres essais*, Christopher TOLKIEN (éd.), Christine LAFERRIÈRE [trad.], Paris, Christian Bourgois, « Agora », 2006, p. 235-236).

vivants peuvent entrer en contact et communiquer avec les vivants, à la demande de ceux-ci ; à chaque contact, toutefois, leur vie s'écourte, jusqu'à ce que leur conscience meurt définitivement.

Le semi-vivant existe donc dans une dimension résiduelle et régressive au statut ontologique on ne peut plus fluctuant, au croisement entre matériel et immatériel, entre réel et fantasmé, entre vie et mort. La création d'un tel état liminaire entre les deux pôles de la vie et de la mort – ou qui, au contraire, semble même les dépasser – force les personnages de *Ubik* à entreprendre une véritable *enquête ontologique* dans le but de découvrir quelle existence ils sont en train d'exister.

Le protagoniste de l'enquête est Joe Chip, le dénicheur de talents de la plus grande entreprise de services "anti-psi" au monde, dont la fonction consiste à annuler l'action des personnes pourvues de pouvoirs psychiques et qui sont recrutées à leur tour par des entreprises de services "psi". La firme est dirigée par Glen Runciter et elle est soumise à un régime de concurrence brutale et acharné. Chip et Runciter, avec une équipe formée des meilleurs talents de l'entreprise, sont attirés sur la Lune, où une explosion tue (ou au moins semble tuer) Runciter. Chip et les autres se précipitent vers la Terre afin d'installer Runciter, en état de semi-vie, dans le même moratorium où Ella Runciter, la femme de Glen morte prématurément – mais qui garde toutefois son rôle de patronne associée dans l'entreprise de son mari – vit déjà.

Cependant, les techniciens du moratorium n'arrivent pas à garder Runciter en état de semi-vie. De plus, la réalité dont les survivants font l'expérience commence à se détériorer : les objets vieillissent de plusieurs dizaines d'années en un instant, ensuite le monde tout entier remonte progressivement dans le temps jusqu'au début du XX$^e$ siècle. En même temps, les survivants meurent les uns après les autres à cause d'un inexplicable processus de vieillissement extrême, et Runciter, désormais mort, se manifeste sur les effigies des pièces de monnaie, sur les graffiti des toilettes, dans une publicité à la télévision et sur les étiquettes de n'importe quel produit. En particulier, Runciter demande à Joe Chip d'aller à la recherche d'un spray appelé Ubik, qui constituerait un antidote à la mort et à la régression temporelle.

C'est seulement dans ses dernières pages que le roman révèle qu'en réalité, Glen Runciter est le seul survivant de l'explosion qui a eu lieu sur la Lune, que tous les autres membres de l'équipe se trouvent dans la semi-vie et qu'ils sont en train de vivre dans une réalité-simulacre créée par Jory Miller, un garçon semi-vivant de quinze ans, dans le but de dévorer ce qui reste de leur énergie vitale. Les apparitions de Runciter représentaient donc les tentatives de celui-ci d'entrer en contact avec Joe Chip et les autres, et le spray Ubik s'avère un produit créé par certains semi-vivants, Ella Runciter en tête, afin de résister aux attaques de Jory. Au moment où les événements semblent finalement se recomposer de façon univoque et sensée, la scène finale met à nouveau tout en question quand Glen Runciter, après avoir terminé une conversation avec Joe Chip dans le moratorium, trouve dans sa poche une pièce de monnaie portant le profil de Joe Chip lui-même.

Tout au long du roman les lieux de vie, leur manipulation et leur interprétation jouent un rôle fondamental, à commencer par le titre : le mot *Ubik* est calqué sur l'adverbe latin *ubique*, qui signifie "partout". Dans l'analyse qui suit, nous chercherons à examiner la construction et le traitement narratif des lieux de vie dans le roman de Dick : nous montrerons tout d'abord comment ils mettent en scène à la fois l'accomplissement parfait et la subversion du système économique et idéologique capitaliste ; puis, en nous appuyant sur la réélaboration narrative des technologies de la télécommunication, nous examinerons les rapports entre les lieux de vie et la construction du statut ontologique de la semi-vie, qui provoque une crise du concept de "réalité" et, par conséquent, une crise de l'Être.

## *Idéologie(s) des lieux de vie*

Comme le remarquait déjà l'une des premières études consacrées au roman, qui a significativement pour titre *Ubik : the deconstruction of bourgeois SF*[1], le monde de *Ubik* émerge des structures économiques, et plus largement culturelles, d'un capitalisme parfaitement accompli. L'attention des personnages est sans cesse portée sur les objets et leur valeur économique, sur la publicité dans toutes ses formes, ainsi qu'aux actions de payer et d'acheter. Le résultat le plus éclatant d'une telle fondation culturelle est représenté par la bombe *Ubik* elle-même : bien que pourvue de pouvoirs presque divins, elle est une marchandise qu'il faut acheter dans des boutiques particulières[2], et l'une des raisons pour laquelle elle est si difficile à obtenir réside tout simplement dans le fait qu'elle est chère (ainsi, très souvent, Joe Chip n'a pas assez d'argent pour l'acheter).

---

1   Peter FITTING, « Ubik : the deconstruction of bourgeois SF », *Science Fiction Studies*, no. 5, 1975, p. 47-54.

2   En poursuivant jusqu'au bout une interprétation marxiste de la bombe Ubik, Carlo Pagetti écrit : « Ubik est une substance divine, telle que l'huile avec lequel on oignait le front du roi [...], mais, au lieu de transmettre le bien-être de la Grâce, elle s'offre en tant qu'opium des peuples, qui sert à cacher la réalité ultime de la mort et de la destruction. » (Carlo PAGETTI, « L'alternativa è il nulla: Ubik uno e trino », introduction à DICK, *Ubik*, Paolo PREZZAVENTO [trad.], Rome, Fanucci, 2016, p. 10, nous traduisons).

Le premier espace narratif illustrant clairement la façon dont les lieux de vie prennent leur forme à partir de modes de pensée parfaitement capitalistes – avec lesquels Joe Chip se révèle significativement, dès le début du roman, incompatible – est l'appartement du protagoniste, son "conapt". Ici les objets et les appareils électroménagers possèdent non seulement des capacités linguistiques similaires à celles des humains, mais aussi la possibilité d'établir avec ces derniers un rapport d'égal à égal. Même un acte parmi les plus simples comme celui d'ouvrir la porte de l'appartement devient l'occasion d'une négociation riche en implications :

> Il [Joe Chip] se dirigea d'un pas décidé vers la porte du conapt et appuya sur le bouton commandant la libération du verrou. La porte refusa de s'ouvrir et déclara :
>
> — Cinq cents, s'il vous plaît.
>
> À nouveau il chercha dans ses poches. Plus de pièces ; plus rien.
>
> — [...]. Les pièces que je vous donne, continua-t-il, constituent un pourboire ; je ne suis pas obligé de vous payer.
>
> — Je ne suis pas de cet avis, dit la porte. Regardez dans le contrat que vous avez signé en emménageant dans ce conapt[1].

Face au refus de la porte de s'ouvrir, Chip cherche alors à la dégonder, et la scène se termine ainsi : « "Je vous poursuivrai en justice", dit la porte tandis que tombait la première vis. "Je n'ai jamais été poursuivi en justice par une porte. Mais je ne pense pas que j'en mourrai[2]" ». La grotesque obligation de payer la porte – et tous les services et les appareils électroménagers avec elle - à chaque utilisation confirme d'une manière obsédante que tout ce qui se trouve dans l'appartement existe d'abord en tant que marchandise. L'acte d'acheter imprègne ainsi complètement ce lieu de vie, en impliquant même les activités quotidiennes les plus élémentaires. De plus, la porte de l'appartement menace Joe Chip de le dénoncer : elle est donc un sujet juridiquement tout autant significatif que la personne qui habite l'appartement.

Ce dernier est donc un lieu de vie où l'homme doit vivre avec objets et machines au statut troublant et à la présence très envahissante, qui peuvent se transformer de choses inertes et désarmées au service de l'homme, en

---

1    Philip K. DICK, *Ubik* [1969], Alain DORÉMIEUX trad., Paris, 10/18, « Littérature étrangère », 1999, p. 25. « he [Joe Chip] [...] vigorously strode to the apt door, turned the knob and pulled on the release bolt. The door refused to open. It said, "Five cents, please." He searched his pockets. No more coins; nothing. "[...]. What I pay you," he informed it, "is in the nature of a gratuity; I don't have to pay you." "I think otherwise," the door said. "Look in the purchase contract you signed when you bought this conapt." (PICK, *Ubikk op. cit.,* . 24).

2    DICK, *Ubik, op. cit.,* p. 25I – « I'll sue you," the door said as the first screw fell out. Joe Chip said, "I've never been sued by a door. But I guess I can live through it." » (Dick, *Ubik, op. cit.,* p. 24).,

sujets complexes, capables de penser (dans le texte anglais, la porte dit « I think otherwise ») et de choisir, ainsi que, au moins en puissance, de piéger les humains en les enfermant dans leurs propres appartements, transformés en prisons.

L'importance narrative de cet appartement en tant que lieux de vie est confirmée par la deuxième et dernière scène qui se déroule ici. Le protagoniste y retourne, cette fois dans la réalité-simulacre de la semi-vie, sur indication de Runciter, en espérant trouver une bombe de Ubik dans la boîte aux lettres. Il s'agit d'une scène plutôt longue, fortement descriptive, dans laquelle le narrateur raconte en détail les changements qui se sont produits dans l'appartement à la suite de la régression dans le temps qui a affecté la réalité. C'est l'observation de cette transformation d'objets et machines qui déclenche une réflexion de Joe Chip autour de la possibilité d'appliquer la théorie platonicienne des idées à cette réalité qui se renveloppe sur elle-même[1] : il s'agit d'une des interprétations les plus importantes dans la construction théorique et philosophique du roman. L'analyse de l'appartement permet aussi à Chip de comprendre, après plusieurs jours d'incertitude, dans quel temps il se trouve, et jusqu'à quelle date – le 12 septembre 1939 – le monde est remonté dans le temps.

Si l'appartement de Chip représente le lieu de l'humanisation de l'objet, le moratorium, le lieu où les semi-vivants sont gardés, représente au contraire le lieu de la complète et définitive transformation de l'être humain en machine et en marchandise au service des vivants. La manière dont la narration s'alimente d'une véritable rhétorique de l'"objectification" – de laquelle découle une pragmatique correspondante – émerge déjà au tout début du roman, quand Herbert Von Vogelsang, le directeur du moratorium, s'occupe personnellement de prélever un "cercueil" (il s'agit de la caisse dans laquelle le semi-vivant est gardé dans le sommeil cryogénique) et de la remettre à un client dans la "salle de consultation" :

> Herbert se rendit aux entrepôts de congélation en recherchant le numéro 3054039-B. Quand il l'eut trouvé, il étudia la fiche. Il ne restait plus que

---

[1] « Mais pourquoi la télévision ne s'était-elle pas plutôt transformée en bouts de métal et de plastique ? Après tout c'était là ses constituants ; c'était avec ça qu'elle avait été construite, pas avec une antique radio. C'était peut-être la vérification assez épouvantable d'une ancienne philosophie mise au rancart, la théorie des idées chez Platon, des archétypes qui, pour chaque catégorie d'objets, sont la seule réalité. [...] Les formes premières, songea-t-il, doivent continuer une vie invisible et résiduelle à l'intérieur de chaque objet. » (DICK, *Ubik, op. cit.*, p. 175). – « But why hadn't the TV set reverted instead to formless metals and plastics? Those, after all, were its constituents; it had been constructed out of them, not out of an earlier radio. Perhaps this weirdly verified a discarded ancient philosophy, that of Plato's ideal objects, the universals which, in each class, were real. [...] Prior forms, he reflected, must carry on an invisible, residual life in every object. » (DICK, *Ubik, op. cit.*, p. 138).

quinze jours de semi-vie. Pas énorme, réfléchit-il ; machinalement il actionna l'amplificateur portatif de protophases placé dans la coque de plastique transparente du cercueil, le régla, puis guetta sur la fréquence adéquate l'indication d'une activité encéphalique [...].

— Vous l'avez bien vérifiée ? demanda l'homme en s'acquittant de la somme due.

— Je m'en suis chargé moi-même, répondit Herbert. Elle fonctionne à merveille. (Il appuya sur une série de touches de commande puis s'écarta.) Heureux Jour de Résurrection, monsieur[1].

La séquence des actions, les verbes employés et les objets utilisés pour la procédure indiquent que le propriétaire du moratorium manipule la semi-vie comme si elle était un appareil de télécommunication : son cerveau est une radio qu'il faut écouter à la juste fréquence, qui peut être réglée grâce à une série d'indicateurs et de boutons. Cela est confirmé par l'affirmation « Elle fonctionne à merveille » : le statut d'existence du semi-vivant n'est plus conçu sur la base de la polarité vie/mort, mais de celle fonctionnant/non fonctionnant, qui détermine, à son tour, la possibilité pour le vivant d'entrer en contact verbal avec les semi-vivants. Ces derniers sont aussi littéralement envoyés vers et hors du moratorium par des compagnies de livraisons, comme s'ils étaient des colis ou des objets inanimés :

Un camion venait d'apparaître sur la plate-forme de déchargement située derrière le moratorium. Deux hommes en descendirent, dans un uniforme bleu pâle qu'il connaissait bien. Les Transports et Livraisons Interplanétaires Atlas, se dit Herbert. Ils amenaient un nouveau semi-vivant juste décédé ou venaient en chercher un qui avait fini son temps[2].

Dans le texte anglais de l'extrait, l'ambiguïté stylistique du verbe « expire », qui signifie soit "expirer, mourir", soit "échoir, se périmer", doit son efficacité exactement à sa cohérence par rapport à ce système métaphorique.

Revenons de nouveau sur les rapports entre lieux de vie et économie : nous avons affirmé auparavant que le roman est parsemé, de façon presque

---

1   DICK, *Ubik, op. cit.*, p. 6. – « Herbert made his way back to the cold-pac bins to search out number 3054039-B. When he located the correct party he scrutinized the lading report attached. It gave only fifteen days of half-life remaining. Not very much, he reflected; automatically he pressed a portable protophason amplifier into the transparent plastic hull of the casket, tuned it, listened at the proper frequency for indication of cephalic activity [...]. "You checked her out, did you?" the customer asked [...]. "Personally," Herbert answered. "Functioning perfectly." He kicked a series of switches, then stepped back. "Happy Resurrection Day, sir." (DICK, *Ubik, op. cit.*, p. 3-4).

2   DICK, *Ubik, op. cit.*, p. 8. – « A truck had now appeared at the loading platform at the rear of the moratorium; two men hopped down from it, wearing familiar pale-blue uniforms. Atlas Interplan Van and Storage, Herbert perceived. Delivering another half-lifer who had just now passed, or here to pick up one which had expired. » (DICK, *Ubik, op. cit.*, p. 5).

obsédante, de références à l'acte d'acheter et à ce qui gravite autour de cet acte. Toutefois, il ne se limite pas à la narrativisation d'un ultra-capitalisme paroxystique et grotesque : dans le monde de la semi-vie, en fait, prend forme un véritable contre-système, qui bouleverse le concept de valeur monétaire et la logique du commerce elle-même.

Les coordonnées sémiotiques relevées dans l'analyse du premier épisode se déroulant dans l'appartement de Joe Chip trouvent leur cohérent développement dans le fait que la première manifestation de Runciter dans le monde de la semi-vie consiste dans l'apparition de son profil sur des pièces de monnaie, baptisées "Runciter-dollars". Dans les États-Unis du monde de *Ubik*, comme dans ceux des années Soixante où Philip Dick vivait, le lieu où l'acte de dépenser de l'argent règne en maître est représenté, bien évidemment, par le supermarché[1], et c'est justement dans un supermarché de Baltimore que Joe Chip et un membre de son équipe, Al Hammond, se rendent pour essayer de comprendre de qui ou de quoi dépend la régression temporelle de l'espace dont ils sont en train de faire l'expérience. Le supermarché devient ainsi un lieu privilégié pour l'interrogation du réel à travers l'argent, que Federico Bertoni définit « l'opérateur réaliste par excellence[2] » : l'acte d'acheter est le moment fondamental d'une véritable *enquête ontologique*. Chip et Hammond achètent un appareil enregistreur en payant avec des dollars-Runciter, qui auparavant avaient été jugés comme de la fausse monnaie par les machines du moratorium. Juste après l'achat, Hammond affirme :

> — Je sais ce qu'on m'a vendu, déclara Al. Je le savais en le prenant, avant d'ouvrir l'emballage. Un magnétophone tout neuf, entièrement esquinté.

---

1   Il pourrait être intéressant de remarquer que Dick écrit *Ubik* en 1964 (il sera publié cinq ans après), à un moment où le *pop art* américain traverse une phase cruciale de développement. En 1962, Andy Warhol avait réalisé la série *Campbell's Soup Cans*, devenue aujourd'hui iconique ; justement en 1964, Roy Lichtenstein réalise des œuvres telles que *Hot Dog* et *Sandwich and Soda*. Très significativement, l'illustration de couverture de la première édition d'*Ubik*, créée par Peter Rauch et représentant la bombe Ubik sur un fond blanc, est elle-aussi une œuvre *pop*. Comme on le sait, le pop art représente unecourant ondamentalepour la reflexion esthétique autour des produits industriels et, plus en général, de la société de consommation. Tout comme Warhol et Lichtenstein, Dick joue très habilement avec les fétiches de la culture de masse, en incorporant dans son roman les formes stylistiques du graphisme et surtout — comme nous le verrons plus loin — de la publicité. Des telles recherches esthétiques, soit dans les arts visuels que dans la littérature, ne peuvent certainement pas ignorer les représentations de la vraie force motrice des consommations : l'argent. Dans cette perspective, le fait que les "Runciter-dollars" portent à l'origine les effigies grotesques de Mickey Mouse ou Fidel Castro rappelle les manipulations sémiotiques opérées dans des œuvres telles que *Ten Dollar Bill (Ten Dollars)* de Lichtenstein (1954) et *Two Dollar Bill* de Warhol (1962).I

2   Federico BERTONI, *Realismo e letteratura. Una storia possibile*, Turin, Einaudi, 2007, p. 11, nous traduisons.

Payé avec de l'argent bidon que le magasin accepte. Fric sans valeur ; objet sans valeur... il y a là une certaine logique[3].

Dans une réalité qui se défait toujours plus sous les yeux des protagonistes, le supermarché — ou mieux, son simulacre semi-vivant — bouleverse les principes de fonctionnement du système économique courant, en créant une sorte de système contre-capitaliste placé sous le signe du faux et du « worthless », de ce qui n'a pas de valeur, et qui fait circuler des marchandises oxymoriques, à la fois toutes neuves et déjà inutilisables.

Le système économique subit un deuxième et définitif bouleversement à la fin du roman, au moment où Joe Chip rencontre finalement Ella Runciter. Elle lui donne un certificat qui lui garantira une réserve illimitée et gratuite de Ubik pour toute la vie, ce qui libérera une fois pour toutes le protagoniste de son rapport conflictuel avec l'argent. On pourrait donc définir les lieux de la semi-vie comme constituant un espace qui arrive à ronger le système capitaliste de l'intérieur : il se fonde nécessairement sur lui et il en porte certains éléments au paroxysme, tout en renversant sa logique de fonctionnement.


## *Télécommunications et ontologie de la présence*

L'analyse des rapports que le texte établit entre humains, objets et argent nous a permis de mettre au jour le substrat idéologique qui donne forme aux univers narratifs de *Ubik* ; l'analyse des technologies mettant ces derniers en communication entre eux nous mènera à en reconnaître l'ontologie.

Tout procès de communication dépend étroitement des conditions matérielles dans lesquelles il se déroule, et cela est d'autant plus important lorsque ce procès met en contact deux états d'existence distincts et non homogènes. À partir de ces prémisses, la narration se sert des technologies de la communication à distance, précisément du téléphone et de la télévision, pour structurer les relations ontologiques qui relient la réalité des vivants à celle des semi-vivants. De telles technologies, du télégraphe à internet, ont constamment nourri les littératures de l'imaginaire à cause des altérations et des contradictions perceptives qu'elles entraînent : la voix de l'émetteur, ou son image, est scindée de sa présence physique, ce qui crée une deuxième

---

3  DICK, *Ubik*, *op. cit.*, p. 115. – « "I know what they sold me," Al said. "I knew when I got it, before I opened the carton." To Joe he said, "A brand-new tape recorder, completely worn out. Bought with funny money that the store is willing to accept. Worthless money, worthless article purchased; it has a sort of logic to it." » (DICK, *Ubik*, *op. cit.*, p. 120).

présence, constituée seulement de signaux électriques et pourtant étrangement vivante, en dépit de son immatérialité[1]. Il s'agit d'une vie électrique, se déroulant dans un royaume invisible, mais parallèle au nôtre, un royaume fait d'ondes, de champs et d'éther, qui rendent possible la presque-simultanéité entre le moment de l'envoi d'un signal et celui de sa réception.

Par conséquent, les télécommunications sont devenues les médias parfaits pour penser et donner forme à un autre monde. Et l'Autre Monde par excellence, c'est celui des morts.

En observant le déroulement d'une normale visite au moratorium, il apparaît que le fouillis de contradictions à la base de ce qui se réalise dans cet endroit — le contact entre vivants et semi-vivants — prend une forme narrative et visive qui reproduit efficacement cette complexité. Le semi-vivant est enfermé, comme il a déjà été vu, dans un cercueil transparent, immobile, le corps mort, les yeux fermés ; le cercueil est connecté à une sorte d'appareil radio, se terminant par un récepteur. Pour communiquer avec le semi-vivant, le visiteur s'assoit en face du cercueil, il saisit le récepteur et il parle normalement, comme lors d'un appel téléphonique.

La conversation avec les semi-vivants prend ainsi une forme paradoxale. Elle est à la fois en vis-à-vis, les participants étant physiquement positionnés les uns en face des autres, et à distance, puisqu'ils ne s'adressent pas l'un à l'autre directement, mais d'une manière médiate par les télécommunications. La présence des semi-vivants dans le monde se manifeste donc essentiellement par une voix désincarnée, passant dans le cable d'un téléphone psychique.

Pour revenir, une dernière fois, sur l'appartement de Joe Chip, il s'y trouve une machine qui possède ce même type de présence :

> Il prit le vidphone et composa le 214, le numéro du service d'entretien de l'immeuble.
>
> – Écoutez, dit-il au répondeur homéostatique, je suis maintenant en mesure de répartir certains de mes fonds de manière à régler ma dette envers vos robots nettoyeurs [...], déclara-t-il à son adversaire sans visage[2].

---

1   « The liveness of transmitted voices is a displaced life, existing in the wrong place and for inexplicable purposes. Live telecommunication is only as live as the living dead. » (Alice BENNETT, *Afterlife and Narrative in Contemporary Fiction*, Basingstoke, Palgrave Macmillan, 2012, p. 134).

2   DICK, *Ubik*, *op. cit.*, p. 23-24. – « Picking up the vidphone, he dialed 214, the extension for the maintenance circuit of the building. "Listen," he said, when the homeostatic entity answered. "I'm now in a position to divert some of my funds in the direction of settling my bill vis-à-vis your clean-up robots [...]," he informed his nebulous antagonist. » (DICK, *Ubik*, *op. cit.*, p. 23).

Dans le texte anglais, le narrateur utilise un adjectif qui décrit de façon très évocatrice la nature d'une présence téléphonique : « nebulous ». La voix de cette machine, tout comme la voix des semi-vivants, semble venir d'un lieu de nulle part. Le moratorium représente donc aussi le lieu qui sert de médiateur entre la matérialité du corps du semi-vivant et la nébulosité de sa nouvelle condition d'existence. Jory est lui-même bien conscient des formes et des limites de la communication entre les deux mondes quand il affirme, en parlant de la bombe Ubik : « Ce n'est pas lui [Runciter] qui peut l'avoir fabriquée [...]. Cette chose provient d'ici, de notre environnement. C'est forcé ; rien ne peut venir du dehors sauf des mots[1]. » L'espace de la semi-vie est pensé, dans son entier, comme un lieu de vie fermé, entrant en relation avec la vie dans une dialectique intérieur/exterieur (inside/outside). La seule chose qui peut passer de l'intérieur à l'extérieur, c'est le langage, mais le premier n'est pas lié au deuxième exclusivement par la simulation et la copie, comme le voudrait Jory. En fait, les habitants de la semi-vie possèdent les moyens de coaguler dans des nouveaux objets, comme la bombe Ubik, des possibilités d'action qui n'existent pas dans le monde d'ici-bas.

Dans la perspective d'une analyse des rapports entre lieux de vie et télécommunications, c'est la télévision qui mérite le plus d'attention. Plus que tout autre moyen de télécommunication précédent, la télévision donne l'impression qu'au-delà de l'écran il y a véritablement un lieu, depuis lequel des êtres peuvent manifester leur présence, un lieu fonctionnant sur la base de sa propre logique et gouverné par des entités au statut nébuleux. Joe Chip apprend l'existence de l'Ubik au moment-même où Glen Runciter se manifeste à lui sous la forme d'une publicité à la télévision. Il s'agit d'une scène très intéressante non seulement sur le plan de l'intrigue, mais aussi parce qu'elle enrichit la dialectique intérieur/extérieur en la structurant à l'aide d'une métaphore très puissante :

> L'écran de la télévision se ralluma. À sa grande surprise, car il n'avait pas libéré la pédale. Et en plus l'appareil se mit à changer de chaînes : des images d'émissions diverses défilèrent les unes après les autres, jusqu'à ce que l'auteur mystérieux de cette opération obtienne celle qu'il voulait. Une image demeura finalement sur l'écran. Le visage de Glen Runciter[2].

---

1    DICK, *Ubik*, *op. cit.*, p. 198. – « "But Runciter can't be doing it [...]. This originates from within our environment. It has to, because nothing can come in from outside except words." » (DICK, *Ubik*, *op. cit.*, p. 207).

2    DICK, *Ubik*, *op. cit.*, p. 128. – « The TV screen relit. Much to his surprise; he had not repressed the pedal switch. And in addition, it changed channels: iIages flitted past, of one thing and then another, until at last the mysterious agency was satisfied. The final image remained. The face of Glen Runciter. » (DICK, *Ubik*, *op. cit.*, p. 133).

Cet extrait pourrait s'analyser en mettant en corrélation le comportement (le terme n'est pas à interpréter au sens métaphorique) de la télévision, observé par Joe Chip, avec ce dont les spectateurs américains pouvaient faire l'expérience, dans une forme plus indirecte, mais aux implications tout aussi troublante, entre 1963 et 1965, en regardant le générique de la série *Au-delà du réel* (*The Outer Limits*). Au début de chaque épisode, l'écran est rempli de formes hypnotiques reproduisant celles visibles sur un oscilloscope, et une « control voice » rassure le spectateur en disant :

> Ce n'est pas une défaillance de votre téléviseur, ne cherchez donc pas à régler l'image. Nous avons le contrôle total de l'émission : contrôle du balayage horizontal, contrôle du balayage vertical. Nous pouvons aussi bien vous donner une image floue qu'une image pure comme le cristal. Pour l'heure qui vient, asseyez-vous tranquillement. Nous contrôlerons tout ce que vous verrez et entendrez. Vous allez participer à une grande aventure et faire l'expérience du mystère avec *Au-delà du réel*[1].

Dans le générique, l'« auteur mystérieux » qui anime la télévision regardée par Joe Chip semble s'emparer littéralement de *notre* télévision.

*Au-delà du réel*, tout comme *La Quatrième Dimension* (*The Twilight Zone*), fondaient leur réussite conceptuelle et esthétique justement sur la construction de la télévision comme un espace concrètement existant au-delà de l'écran, habité par une vie capable de se déployer d'une manière autonome par rapport à l'intervention humaine :

> La « twilight zone » fait aujourd'hui partie du folklore américain, bien sûr, décrivant tout endroit ou situation caractérisé par le bizarre et l'inquiétant. Néanmoins, cet espace crépusculaire était, à l'origine, celui de la télévision elle-même. L'introduction de Serling dans le générique a changé sa formulation au cours de la série, mais elle n'a jamais abandonné la tentative d'évoquer un sens de suspension, une liminalité de l'entre-deux qui plonge le programme (et ses spectateurs) dans un "ailleurs", ou même dans un "lieu de nulle part[2]".

---

1    Leslie STEVENS, *Au-delà du réel*, 01x01, *Ne quittez pas l'écoute !* [*The Galaxy Being*], © United Artists Television, 1963, générique. – « There is nothing wrong with your television set. Do not attempt to adjust the picture. We are controlling transmission. If we wish to make it louder, we will bring up the volume. If we wish to make it softer, we will tune it to a whisper. We will control the horizontal. We will control the vertical. We can roll the image, make it flutter. We can change the focus to a soft blur or sharpen it to crystal clarity. For the next hour, sit quietly and we will control all that you see and hear. We repeat: there is nothing wrong with your television set. You are about to participate in a great adventure. You are about to experience the awe and mystery which reaches from the inner mind to the outer limits. ».

2    « To be in "the twilight zone" is now, of course, a part of American folklore, describing any place or situation marked by the weird and uncanny. That original "twilight" space, however, was television itself. The exact wording of Serling's opening introduction changed over the course of the series, but never abandoned the attempt to evoke a sense of suspension, a

Dans cette perspective, la télévision représenterait *en elle-même* un lieu intermédiaire entre la vie et la mort agissant dans le lieu à son tour intermédiaire de la semi-vie. Nous pourrions donc proposer d'interpréter la télévision comme une véritable *mise en abîme* de la semi-vie et des implications ontologiques associées au statut de semi-vivant. En regardant Runciter à la télévision, Joe Chip contemple sa propre existence.

L'écran de la télévision permet aussi de reproduire la dialectique intérieur/extérieur déjà rencontrée. Significativement, immédiatement après l'apparition de Runciter à la télévision, est écrit : « Il [Joe Chip] se sentit tout d'un coup pareil à un phalène impuissant, voletant contre la vitre qui le sépare de la réalité tout en ne voyant que confusément celle-ci *de l'extérieur*[1]. ». Et vers la fin du roman, Ella Runciter dit à Joe Chip : « C'est *de ce côté* que doit s'organiser la lutte, [...]. Elle doit être menée par les semi-vivants qui sont les victimes de Jory[2]. »

Vie et semi-vie se construisent ainsi, d'un point de vue métaphorique, comme deux lieux de vie qui font partie d'un seul et même espace, tout en étant séparés d'un miroir évanescent, qui rappelle le *looking glass* traversé par Alice. La scène finale du roman pourrait être ainsi interprétée comme la transformation du miroir en une membrane, permettant une osmose entre les deux lieux dans les deux directions. Une fois le miroir cassé, les lieux habités par les vivants et ceux habités par les semi-vivants peuvent se confondre les uns avec les autres sans aucune possibilité de discernement. Qu'est-ce qui assure alors au sujet d'être à l'intérieur ou à l'extérieur d'un cercueil ? Et l'opposition vivant/mort garde-t-elle une valeur ? La manipulation sémiotique des lieux de vie entraîne ainsi avec elle une déconstruction dangereusement subversive des catégories fondamentales qui définissent l'existence.

Mais le chaos ontologique et la confusion entre vivants et morts ne sont pas la seule menace pesant sur les semi-vivants qui peut être métaphorisée grâce à la télévision. Il en existe en fait une autre encore plus effrayante ; elle réside déjà implicitement dans la définition de la "vie électrique" à partir de laquelle a été élaborée cette deuxième partie de l'étude : la menace du néant.

---

"betwixt and between" liminality that casts the program (and its viewers) as occupying an "elsewhere", or even a "nowhere". » (Jeffrey SCONCE, *Haunted Media. Electronic Presence from Telegraphy to Television*, Durham, Duke University Press, 2000, p. 134, nous traduisons).

1   DICK, *Ubik*, *op. cit.*, p. 131, nous soulignons. – « He felt all at once like an ineffectual moth, fluttering at the windowpane of reality, dimly seeing it from outside. » (DICK, *Ubik*, *op. cit.*, p. 136).

2   DICK, *Ubik*, *op. cit.*, p. 209. – « "It has to be fought *on our side of the glass*, [...]. "By those of us in half-life, those that Jory preys on." » (DICK, *Ubik*, *op. cit.*, p. 218, nous soulignons).

Au-délà de l'écran de la télévision il y bien sûr un lieu, mais il s'agit d'un lieu borné par les contours matériels d'un écran. De plus, il s'agit surtout d'un lieu dépourvu de toute consistance matérielle, qui apparaît presque comme par enchantement, grâce à la manipulation de la lumière sur l'écran à travers des signaux électriques. Et quand la transmission s'interrompt, il ne reste de ce lieu que le vide monotone de la statique. Or, vers la fin de *Ubik*, Joe Chip rencontre finalement Jory, qui lui révèle que les lieux de vie qu'il a habités jusque là ont été créés par la conscience de ce dernier :

> — [Joe Chip parle] Alors il n'existe que pour moi seul. Un univers entier.
>
> — Il n'est pas si grand. Un hôtel à Des Moines, dit Jory. Une rue de l'autre côté de la fenêtre avec des passants et des voitures. Et quelques maisons, des magasins en face au cas où vous regarderiez dans la rue[1].

Jory a créé un lieu pareil à celui créé par la télévision : borné par des contours, cachant les procès de sa propre production afin de transmettre l'illusion du réalisme, et ne possédant aucun support ontologique en dehors de lui-même. Désormais conscient de sa propre condition, Joe Chip s'interroge avec raison sur le pourquoi du maintien de ce simulacre : « "À quoi bon conserver l'hôtel et la rue pour moi ?" questionna Joe. "Maintenant que je sais ?" "Mais c'est ce que je fais toujours[2]". ». La réponse de Jory, s'appuyant sur l'idée d'une coutume, ne paraît pas tout à fait convaincante, laissant suspecter l'existence d'une raison plus profonde. Ce soupçon s'avère pertinent lorsque Joe Chip devient instinctivement curieux d'éprouver les limites de son monde-simulacre. Il quitte la chambre d'hôtel dans laquelle il se trouvait pour sortir dans la rue, mais Jory le met en garde :

> — N'allez pas trop loin, dit la voix de Jory derrière lui. Je ne peux pas maintenir une zone trop grande. Par exemple si vous montiez dans une de ces voitures et rouliez pendant des kilomètres... vous arriveriez à un endroit où tout s'arrête. Ça ne serait pas plus drôle pour vous que pour moi[3].

---

1 DICK, *Ubik, op. cit.*, p. 199. – « "Then it's all for me, just for me. This entire world." Jory said, "It's not very large. One hotel in Des Moines. And a street outside the window with a few people and cars. And maybe a couple of other buildings thrown in: stores across the street for you to look at when you happen to see out." » (DICK, *Ubik, op. cit.*, p. 207-208).

2 DICK, *Ubik, op. cit.*, p. 200. – « "What's the point of keeping this hotel and the street outside going for me now?" Joe said. "Now that I know?" "But I always do it this way."» (DICK, *Ubik, op. cit.*, p. 209).

3 DICK, *Ubik, op. cit.*, p. 201. – « "Don't go too far," Jory said from behind him. "I can't keep too great an area going. Like, if you were to get into one of those cars and drive for miles... eventually you'd reach a point where it breaks down. And you wouldn't like that any better than I do." » (DICK, *Ubik, op. cit.*, p. 209-210).

Pour la première fois, l'enfant-démiurge[1] phagocytateur semble effrayé, effrayé par ce qu'il y a au-delà des lieux créés par lui-même. La raison pour laquelle Jory maintient en vie et agit dans des lieux, bien qu'en forme de simulacre, pourrait donc être : parce que, comme affirme Joe Chip, « derrière Jory il n'y a rien[2] », et les lieux de vie représentent la dernière résistance au néant, un néant effroyable. L'auto-illusion volontaire vécue par Jory met enfin le lecteur face à la nécessité humaine de penser le "je" comme placé dans un espace articulé en lieux, puisqu'il n'y a pas d'humanité sans au moins le simulacre de l'espace. Puisque le néant est insupportable.

*

Peter Fitting, dans l'essai fondateur sur *Ubik* cité précédemment, affirme que le sentiment de satisfaction qu'un lecteur ressent au moment où il finit la lecture d'un roman et qu'il s'aperçoit que la narration a pris une forme cohérente et sensée provient du fait que la narration elle-même confirme au lecteur sa propre conception de la réalité[3]. *Ubik* agit sur le lecteur de façon exactement contraire : dans une perspective idéologique, elle bouscule le système de pensée capitaliste en menant jusqu'à l'extrême ses prémisses, en créant ainsi une économie fondée sur l'oxymore ; dans une perspective ontologique, elle se sert de la liminalité sémiotique des télécommunications pour ridiculiser le réalisme en menant le lecteur à un pas du néant. Dans ces deux procès esthétiques et philosophiques, les lieux de vie jouent un rôle fondamental, arrivant à s'affirmer comme le contexte nécessaire de toute existence, dans la vie et dans tous les états intermédiaires entre la vie et la mort. L'extraordinaire puissance spéculative du roman de Dick consiste ainsi à créer un espace fictionnel qui vie et meurt avec la conscience qui l'engendre et qui, par conséquent, comme en prend conscience Al Hammond juste avant de mourir de la main de Jory, pourrait disparaître au prochain battement de cils : « Si je ferme les yeux, songea-t-il, l'univers dans sa totalité va disparaître[4]. ».

---

1    Dans la monographie d'Umberto Rossi consacrée à l'œuvre de Dick, l'analyse d'*Ubik* se trouve dans un chapitre intitulé, très opportunément, « Psychedelic Demiurges ». Voir Umberto ROSSI, *The Twisted Worlds of Philip K. Dick: a Reading of Twenty Ontologically Uncertain Novels*, Jefferson, McFarland, 2011.

2    DICK, *Ubik, op. cit.*, p. 202. – « Behind Jory there is nothing » (DICK, *Ubik, op. cit.*, p. 210).

3    « The reader's usual satisfaction in finishing a novel and looking back over how everything fits together derives from the formal confirmation of his conception of reality. » (FITTING, « Ubik : the deconstruction of bourgeois SF », *op. cit.*, p. 51).

4    DICK, *Ubik, op. cit.*, p. 120. – « When I blink out, he thought, the whole universe will disappear. » (DICK, *Ubik, op. cit.*, p. 125).

# Bibliographie

*Textes primaires*


DICK Philip K., *Ubik* [New York, Doubleday, 1969], Boston & New York, Mariner Books, 2012.

DICK Philip K. *Ubik* [1969], Alain DORÉMIEUX trad., Paris, 10/18, « Littérature étrangère », 1999.

STEVENS Leslie, *Au-delà du réel*, 01x01, *Ne quittez pas l'écoute !* [*The Galaxy Being*], © United Artists Television, 1963.


*Textes secondaires*


BENNETT Alice, *Afterlife and Narrative in Contemporary Fiction*, Basingstoke, Palgrave Macmillan, 2012.

BERTONI Federico, *Realismo e letteratura. Una storia possibile*, Turin, Einaudi, 2007.

FITTING, Peter, « Ubik: the deconstruction of bourgeois SF », *Science Fiction Studies*, no. 5, 1975, p. 47-54.

PAGETTI Carlo, « L'alternativa è il nulla: Ubik uno e trino », introduction à DICK, Philip K., *Ubik*, Paolo PREZZAVENTO [trad.], Rome, Fanucci, 2016.

ROSSI Umberto, *The Twisted Worlds of Philip K. Dick: A Reading of Twenty Ontologically Uncertain Novels*, Jefferson, McFarland, 2011.

SCONCE Jeffrey, *Haunted Media: Electronic Presence from Telegraphy to Television*, Durham, Duke University Press, 2000.

TOLKIEN John R.R., *Les Monstres et les critiques et autres essais*, Christopher TOLKIEN (éd.), Christine LAFERRIÈRE [trad.], Paris, Christian Bourgois, « Agora », 2006.

# Lieux de vie/lieux de l'entropie :
# Le cas de la cité post-apocalyptique
# dans *In the Country of Last Things*
# de Paul Auster


*Mehdi Kochbati*
*Université Paris Ouest – Centre de Recherches Anglophones*


> L'entropie (c'est-à-dire le désordre) d'un système ne peut aller qu'en augmentant ; autrement dit, ce que nous nommons « écoulement du temps » n'est qu'une fonction directe de l'entropie à laquelle tous les systèmes (biologiques ou non) sont soumis.[1]

Dans *In The Country of Last Things*, Anna Blume part sur les traces de son frère disparu après avoir été envoyé en mission journalistique destinée à rapporter les faits se passant dans une ville post-apocalyptique. Cet espace met en lumière une « dévolution entropique »[2] où toutes les structures sociales et matérielles se sont désintégrées. La fragmentation et la désintégration de l'univers sont les métaphores centrales de l'œuvre dont le genre science-fictionnel vient ajouter parmi celles-ci la « métaphore du déclin des civilisations, voire de notre déclin personnel »[3]. En effet, la narratrice découvre une calamité qui transcende la parole. Dans ce lieu de destruction, aucun enfant n'est né et ses détenus travaillent jour et nuit à collecter les ordures pour les manufacturer. La mort envahit la ville dans laquelle les cadavres jonchent les rues et cette dernière représente le lieu de l'entropie absolue caractérisé par un « désordre croissant »[4] . La ville qui anéantit ses habitants et dans laquelle Anna se retrouve prisonnière est une

---

1 Christian Grenier, *La science-fiction, lectures d'avenir*, Presses Universitaires de Nancy, Nancy, 1994, p. 76.

2 Gérard Cordesse, *La nouvelle science-fiction américaine*, Aubier, Paris, 1984, pp. 70-71.

3 *Ibid.* pp. 70-71.

4 Christian Grenier, *La science-fiction, lectures d'avenir*, Presses universitaires de Nancy, Nancy, 1994, p. 76.

métaphore de l'ultime. Celle-ci renforce l'appartenance de cet espace de « vie » entropique au genre de la « science-fiction spéculative»[1] qui dans le cas de *In The Country of Last Things* est tournée vers l'espace intérieur du sujet, la représentation du corps décomposé-recomposé et la rupture linguistique entre signifié et signifiant que nous allons traiter plus loin. Dans une telle cité post-apocalyptique, tout est au bord de l'extinction mettant en exergue l'univers entropique de l'œuvre :

> [L]'entropie ou le désordre d'un système physique fermé ne peut que s'accroitre au cours du temps ou demeurer constante dans un état d'équilibre [...]. Cette propriété d'évolution accorde un rôle primordial aux conditions initiales qui donnent au monde sa direction temporelle. L'entropie, qui est une mesure du désordre, est donc l'état d'équilibre le plus probable vers lequel tout système tend. [...]Elle traduit cette orientation que mène de l'improbable au probable, de l'ordre au désordre.[2]

Dans cet univers entropique, l'existence et la mort ne font plus qu'une seule et même chose. Les objets, les concepts et même le langage finissent par disparaître, par se faire emporter par la mort: « La mort c'est notre forme d'art, notre seule façon de nous exprimer.»[3]


## Dislocation de la temporalité

Bien que le discours dans l'œuvre soit dépourvu de repères chronologiques stables, l'approche temporelle est marquée par l'emploi du présent de la narration illustrant « un retour à la vie primitive »[4]. À travers l'emploi de ce temps, les protagonistes appartiennent au présent de la réalité chaotique de la cité de la destruction mettant d'ores et déjà en lumière une « tradition apocalyptique et millénariste »[5]. Le discours mémoriel de la lettre illustre l'absence du passé et « d'attaches spatiales »[6] et s'accompagne de

---

1   « Speculative fiction [...] cette forme de science-fiction était beaucoup plus tournée vers les espaces intérieurs de la conscience humaine ». Jacques Sadoul, *Anthologie de la littérature de science-fiction*, Ramsay, Paris, 1981, p. 289.

2   Gérard Cordesse, *La nouvelle science-fiction américaine*, Aubier, Paris, 1984, pp. 70-71.

3   Paul Auster, *In The Country of Last Things* [1987], New York: Penguin Books, 1990, p.13.

4   « Les auteurs de science-fiction ont été nombreux à interpréter le schéma millénariste et à inventer une cité nouvelle [...]. L'apocalypse science-fictionnelle propose même un retour à la vie primitive». Sylvie Parizet, *La Bible dans les littératures du monde*, Éditions du cerf, Paris, 2016, p.122.

5   Cordesse, *La nouvelle science-fiction américaine*, Aubier, Paris, 1984, p.176.

6   « Absence de nom unique, absence d'appartenance familiale, absence d'attaches spatiales, absence de passé : le spectre est marqué par une série de carences. » Françoise Dupeyron-

quelques projections dans un devenir incertain « je ne parviendrai jamais à faire le pas suivant (*CLT*, p.1)». L'absence de « durée et de temps de narration »[1] se fait au profit d'une association d'un temps et d'un non-lieu propres à l'écriture science-fictionnelle : « la science-fiction se donne comme le récit de temps et de lieux radicalement autres, qui n'exclut pas des temps et des lieux connus. »[2]

L'instabilité des repères spatiaux (« *Une maison se trouve ici un jour et le lendemain elle a disparu.* Une rue où on a marché hier n'est plus là aujourd'hui (*CLT*, p.1) ») ainsi que la « négation du temps »[3] par l'emploi d'un présent « éternel » plongent l'œuvre dans un hors temps et un non-lieu. Les quelques marques diachroniques présentes s'associent invariablement à la stratégie de dislocation des repères spatio-temporels de l'univers post-apocalyptique de la ville régis par une « réalité chaotique » croissante : « La science-fiction témoigne de cette réalité chaotique. L'imaginaire [...] révèle souvent des signaux faibles permettant de comprendre le présent et le futur. »[4] En effet, la narratrice elle-même est incapable de rapporter avec précision le nombre d'années qu'elle vient de passer dans la cité. Le présent de la narration de la lettre illustre la confusion d'Anna quant à la possibilité de se repérer dans le temps: « Il y'a combien de cela ? Je ne peux plus m'en souvenir. Des années et des années, me semble-t-il. (*CLT*, p.2)». À ce titre, les repères diachroniques cités par la narratrice soulignent un présent marqué par la dislocation des marques spatio-temporelles. L'absence de toute marque spatiale stable « Il y'a combien de cela ? » s'aligne avec la rupture de toute valeur pouvant mesurer le temps « Des années et des années, me semble-t-il. » L'organisation des repères spatiaux dans la citation précédente obéit à une dimension atemporelle « *un jour/le lendemain* (*CLT*, p.1)» renvoyant à un présent qui indique la rupture avec tout référent temporel au profit d'une réalité erratique décadente[5]. Le récit d'Anna met en exergue des expériences spatiales plutôt que temporelles annonçant une réalité erratique et nomade et des itinéraires déterritorialisés d'un

---

Lafay (ed.), *Les représentations du corps dans les œuvres fantastiques et de science-fiction: figures et fantasmes*, Houdiard, Paris, 2005, p. 307.

1   Guy Bouchard, *Les 42 210 univers de la science-fiction*, Le Passeur, Sainte-Foy, Québec, 1993, p. 294.

2   Jean Bessière, Principes de la théorie littéraire, PUF, Paris, 2005, p. 224.

3   « Le merveilleux, où règne la permanence de toute chose repose sur la négation du temps, ou plutôt sur un éternel présent. » Sandy Torres, *Les temps recomposés du film de science-fiction*, Presses de l'Université Laval/L'Harmattan, Québec/Paris, 2004, p.152.

4   Thomas Michaud, *L'innovation entre science et science-fiction*, vol. 10, ISTE Éditions, Londres, 2017, p. 75.

5   « *Une maison se trouve ici un jour et le lendemain elle a disparu.* Une rue où on a marché hier n'est plus là aujourd'hui.» (*CLT*, p.1)).

« mouvement chaotique »[1]. En effet, l'effacement de toute linéarité temporelle met l'accent sur l'univers post-apocalyptique de la ville et annonce la thématique de la mort. Celle-ci aggrave la confusion du temps, lié à une existence antérieure dans l'ancienne civilisation. À plusieurs occasions, Otto Frick, fonctionnaire au service du Woburn House, associe Anna à une femme ressuscitée qui revient de l'au-delà: « *C'est pourquoi vous êtes renée. [...]* Morte vous, et *je vous ai vue renée* de mes yeux propres. (*CLT*, p.133)». Les sauts irréguliers de la temporalité sont synonymes d'une volonté existentielle et mémorielle. Cette temporalité régie par le genre science-fictionnel met en lumière des allers-retours entre un passé mémoriel et un devenir incertain :

> Le récit ne suit plus l'ordre du temps historique et fait des bonds dans le passé ou dans le futur. [...] Les sauts dans le temps emballent le récit, mais les modalisateurs le conduisent en toute impassibilité, voire nonchalance. [...] ce contraste entre l'affolement temporel et la maitrise de la narration provoque un effet de complexité distanciée.[2]

Les marques temporelles s'associent dans l'œuvre à une volonté existentielle inséparable de la mémoire et de la lutte pour la survie conduite par Anna. La narratrice-personnage lutte pour maintenir son humanité intacte au milieu des réalités les plus brutales et des conditions sociales les plus atroces. Toutefois, le voyage initiatique d'Anna dans l'univers carcéral de la ville souligne sa volonté de survie par l'apprivoisement de la destruction de son univers: « Je me lançais en tous sens dans des courses à perdre haleine, évitant les déviations dangereuses et les barricades à péage, me balançant brusquement *d'une rue* à l'*autre*. (*CLT*, pp.34-35)». Ce parcours initiatique et mémoriel d'Anna relate sa manière de survivre, qui consiste à interpréter les signes en une lecture sémiotique. Sa survie nécessite un désapprentissage de toutes les connaissances acquises et un nouvel apprentissage au sein de l'univers hostile de la ville. Elle commence à redéfinir ses repères, à interpréter les signes (« Il te faut apprendre à déchiffrer les signaux. (*CLT*, p.6)») et à adapter le langage à un nouvel environnement pour lequel ses connaissances antérieures (la signification du terme « avion »), et notamment sa mémoire de l'ancienne civilisation, sont inutiles[3]. La mémoire appartient au monde civilisationnel qui précède l'embarquement d'Anna dans la cité. Bien qu'Anna demeure « un fantôme d'un passé distant »[4] émergeant dans un présent insurmontable, elle est l'un des rares conservateurs de la mémoire de l'ancienne civilisation. Dans la

---

1    Jean Baechler, *Nature et histoire*, PUF, Paris, 2000, p. 647.

2    Irène Langlet, *La science-fiction: Lecture et poétique d'un genre littéraire*, Armand Colin, Paris, 2006, p. 237.

3    « *Et avec un avion ? ai-je dit. C'est quoi, un avion ?* m'a-t-il demandé » (*CLT*, p.87).

ville, les rêves nostalgiques de nourritures fantasmées permettent aux habitants de survivre. Ces rêves sont décrits par Anna Blume comme la «langue des spectres » :

> [...] *ces conversations gastronomiques ont une valeur* nutritive *– si elles atteignent la concentration nécessaire et s'il y a chez les participants* le même désir de croire aux paroles énoncées. *Tout ceci appartient* à la *langue des spectres. [...] Je refuse de parler la langue des spectres* (CLT, p.10).

Pour survivre, la mémoire remplace le règne du chaos et de la fragmentation. Le souvenir d'enfance déclenche chez la narratrice une forme d'errance mémorielle vers un lieu idyllique, le domaine d'une civilisation perdue: « *La mémoire n'est pas un acte volontaire. C'est quelque chose qui a lieu malgré soi, et, lorsqu'il y a trop de choses qui changent en permanence, il est inévitable que le cerveau flanche, il est inévitable que certaines choses passent au travers. (CLT, p.87)*». À ce propos, il est utile de mentionner la définition de l'utopie dans le genre science-fictionnel: «Il ne s'agit *[...]* aucunement d'un désenchantement, mais d'une nouvelle figure du merveilleux, associant une vision scientifique et une mise en scène, une rêverie »[1]. En effet, dans la corrélation existante entre la « fiction utopique et la science-fiction »[2], la mémoire utopique se substitue à un présent chaotique que l'on peut qualifier de « dystopie moderne »[3] en produisant des rêveries consolatrices. La ville, dont la description est très souvent occultée par le récit mémoriel, renseigne d'un non-lieu sous-jacent. Anna se remémore le passé de son enfance. Le déclenchement du souvenir demeure involontaire. De plus, l'errance mémorielle d'Anna déclenche le pouvoir de l'imagination et s'associe à une liberté mentale qui s'oppose au confinement dans les remparts de la ville. La temporalité s'évanouit dans le roman au profit du parcours mémoriel. Anna fait appel à son passé en vue de reconfigurer le présent. Dans cet univers post-apocalyptique où les choses disparaissent aussi rapidement que leur nom, elle se rend compte de l'instabilité des choses appartenant à l'univers qui l'entoure. Hormis une existence enfermée dans une mémoire appartenant au monde civilisationnel d'avant, il n'existe aucune échappatoire à cet univers post-apocalyptique, car même le signifiant

---

4    « Anna [...] is a wan ghost of the past astray in an intolerable present. » Katharine Washburn, "A Book at the End of the World: Paul Auster's *In the Country of Last Things*.", *The Review of Contemporary Fiction* 14:1 (Spring 1994), p. 65.

1    Jérôme Goffette, *Deux études du corps dans la science-fiction*, BoD, 2017, p.13

2    « Nous pouvons maintenant décrire avec plus de clarté certains des rapports les plus significatifs entre la fiction utopique et la science-fiction, comme préliminaire à une discussion sur certaines utopies et dystopies modernes. ». « L'Homme et la société », Numéros 71 à 78, Éditions Anthropos, Janvier-Juin 1984, p. 53.

3    *Ibid.* p. 53.

a été perdu, comme la signification du nom « avion » qui a disparu avec le temps : « *Et avec un avion ? ai-je dit. C'est quoi, un avion ?* m'a-t-il demandé en me souriant d'un air souriant d'un air *intrigué, comme si je venais de faire une plaisanterie* qu'il ne comprenait pas. (*CLT*, p.87)».

## *Spatialité post-apocalyptique: carnets de notes et chambre matricielle*

> « [...] [U]n événement qui dans la matière persévéré, fait reste, reliquat, cherche à persister de plus en plus à l'instar de la conservation du mouvement, même dans l'inertie. »[1]. En effet, la non-permanence des êtres et des choses, comme en témoigne l'univers de l'œuvre, impose la conservation de la trace dans une pérennité scripturaire. Il est donc utile de mentionner l'importance de la conservation de la trace du passé dans le genre science-fictionnel: « Il semble légitime de résumer la démarche historique par la conservation des traces du passé qui témoignent du passage des hommes et qui garantissent l'authenticité de leurs actions.[2] »

En effet, le cahier de notes d'Anna est le moyen de reconstruire les vestiges d'une réalité évanescente permettant d'inscrire les traces du passé dans une « démarche historique ». Toutefois, la dissolution de l'espace urbain s'accompagne souvent de celle de l'espace réservé à l'écriture mémorielle. L'épuisement de l'espace de l'écriture dans lequel Anna Blume transcrit le caractère éphémère des objets et des concepts qui les décrit « Maintenant, tous les carnets ont été presque remplis, et j'ai à peine atteint la surface (*CLT*, p. 183)», s'accompagne de l'évanescence du milieu urbain. Le rétrécissement de son écriture (Anna écrit toujours plus petit) vient préserver les pages du cahier rouge. Toutefois, le carnet de notes sert de support au témoignage par lequel elle retranscrit la réalité décadente de la cité. En effet, ce carnet anticipe la lettre manuscrite de la narratrice-personnage et sert de matière première à celle-ci. Anna tente de lutter contre la dislocation progressive du langage : « A présent, c'est la seule chose qui m'importe : d'avoir enfin la parole, de tout consigner sur ces feuilles *avant qu'il ne soit trop tard. (CLT,* p.79)». La blancheur de la page recule peu à peu devant la parole mémorielle de la narratrice qui défie la loi de l'auto-destruction et de l'entropie gouvernant son univers. Toutefois, le récit épistolaire et mémoriel d'Anna révèle une mémoire nomade, encore

---

1    Jean-Clet Martin, *Logique de la science-fiction. De Hegel à Philip K. Dick*, Les Impressions Nouvelles, Bruxelles, 2017, p. 271.

2    Sandy Torres, *Les temps recomposés du film de science-fiction*, Presses de l'Université Laval/L'Harmattan, Québec/Paris, 2004, p. 82.

accentuée par son errance à travers la ville, et souligne les aléas du souvenir et la résistance de celui-ci à transcrire l'atrocité de la cité. Cette mémoire nomade spatialise le temps qui à travers les mouvements de la narratrice confère une réalité évanescente, qui se transforme elle-même en substitut du temps caractéristique du genre science-fictionnel :

> Dans l'univers de science-fiction, le temps reste spatialisé, de manière dynamique. Il ne s'agit pas de cartographier le temps, mais d'en appréhender les mouvements. [...] de l'ensemble des possibles indifférenciés surgissent nécessairement des formes équivalentes [...] inconcevable ou évanescente [...] pour les rendre débordants de possibilités.[1]

En effet, à de nombreuses occasions, la narratrice s'abstient de relater des faits sordides au destinataire de sa lettre, installant son témoignage dans les parois énigmatiques d'une mémoire traumatique. En dépit de la décomposition du langage et l'évanescence de la mémoire, Anna réussit à transcrire de manière « partielle » la lutte contre l'évanouissement de la parole : c'est par l'écriture qu'elle mène son combat contre la déperdition et l'oubli : « Chaque jour apporte *la même lutte*, le *même* vide, le *même* désir d'oublier et puis de ne pas oublier. Quand ça commence, ce n'est jamais. [...] L'histoire commence et s'arrête, avance et puis se perd, et, entre chaque mot, quels silences, quelles paroles s'échappent et s'évanouissent *pour ne jamais* reparaître. (*CLT*, p.38) ». L'écriture mémorielle se transforme en écriture testimoniale qui rend possible l'extériorisation de la parole et garantit l'équilibre mental de la narratrice : « Si je ne les note pas rapidement ma tête va éclater (*CLT*, p.3) » et ceci malgré le confinement dans l'espace labyrinthique de la cité et plus tard dans l'espace clos de la chambre : « L'enfermement créé par l'espace labyrinthique va de pair avec une réalité temporelle disloquée. Le travail scriptural sert de support à la perception d'un espace-temps détraqué, caractéristique de la saisie contemporaine du réel. »[2]

Le confinement du sujet austérien dans l'espace clos de la chambre, lieu originel de l'écriture, de la conscience et de la mémoire, l'incite à reconstruire une mémoire individuelle. Dans *In The Country of Last Things*, Anna Blume est également condamnée au confinement dans une pièce exiguë de la Grande Bibliothèque. Elle découvre son intériorité au gré d'un parcours mémoriel différent. La découverte de l'univers chaotique et changeant de la ville lui apprend à survivre et à interpréter les signes. C'est

---

1    Simon Bréan, *La Science-fiction en France. Théorie et histoire d'une littérature*, Presses de l'université Paris-Sorbonne, 2012, p. 287.

2    Roger-Michel Allemand et Christian Milat (dir.), *Alain Robbe-Grillet : Balises pour le XXIe siècle*, Ottawa-Paris, Presses de l'Université d'Ottawa - Presses Sorbonne Nouvelle, 2010, p. 376.

également dans la chambre qu'elle commence à témoigner dans le cahier de ses périples à travers l'espace de la cité maléfique transposant ici les notions traditionnelles du voyage dans le territoire américain au genre science-fictionnel : « [L]a science-fiction [...] forme moderne du conte se définit comme une extrapolation de tous les possibles. »[1] En effet, l'écriture mémorielle permet à la narratrice de témoigner de l'évanescence progressive des choses et de leur nom selon un processus d'effacement lent, mais inéluctable. Toutefois, ayant perdu l'enfant qu'elle attendait, Anna sombre dans une profonde obscurité morale : « *[...] il n'y a aucun doute* que cette [période] a été la pire, celle qui, plus que toute autre, a failli avoir raison de moi. (*CLT*, p.130) ». Plongée au cœur d'un univers où tout disparaît, son corps subit un saut presque fatal dans le vide qui doit lui permettre d'échapper au sort préparé pour elle par les frères Dujardin. Il est utile de mentionner que la « déformation des corps et l'exclusion sociale »[2] font partie intégrante du genre science-fictionnel. La déformation de son corps fait suite à sa défénestration d'un bâtiment où sont organisés des abattages humains. Il est également important de souligner que dans le genre science-fictionnel, les représentations du corps correspondent souvent à une « image anatomique *[qui]* imposa sa description effrayante : un corps sans sensation et sans intimité, un corps purement visuel, un corps démembré et décomposé, un corps saisi comme un composite de masses inertes »[3]. Après son saut tragique, il lui est impossible à Anna de savoir ce qui se passe à l'intérieur de son propre corps : « *Mon utérus est une énigme*, et je n'ai aucun moyen d'évaluer la catastrophe qui a eu lieu à l'intérieur. (*CLT*, p.129)». Néanmoins, la métaphore du repli utérin est intimement liée au substitut maternel et au refuge dans le ventre maternel. Ce refuge sera assuré ultérieurement dans le roman par Victoria Woburn, symbole de substitut maternel.

## *Fragmentation de l'univers post-apocalyptique*

À l'image de la dislocation de l'univers de la cité, la voix mémorielle d'Anna reflète la désintégration de cet autre univers. Boris Stepanovich, magicien et compagnon d'Anna, élabore un plan pour quitter la cité maléfique en se mettant à errer à travers le pays. Il importe de souligner que

---

1   Juliette Vion-Dury, Pierre Brunel, *Dictionnaire des mythes du fantastique*, Presses universitaires de Limoges, Limoges, 2003, p. 267.

2   Irène Langlet, *La science-fiction: Lecture et poétique d'un genre littéraire*, Armand Colin, Paris, 2006, p. 159.

3   Jérôme Goffette, *Deux études du corps dans la science-fiction*, BoD, 2017, p. 22.

l'errance mentale d'Anna l'incite, dans une scène imaginaire, à rêver de son rôle d'assistante de magicien qu'elle pourrait occuper dans la troupe et dans le spectacle de Boris en particulier. Pendant un tour de magie, Anna se réfugierait dans une boîte en bois qui serait par la suite sciée en deux et de laquelle elle sortirait ses membres intacts :

> Je serai quant à moi l'*assistante* – la jeune femme voluptueuse qui caracole dans des vêtements courts tout ornés de sequins. Je passerai ses instruments au maestro pendant qu'il se produira, et pour la grande finale j'entrerai dans une caisse en bois où on me sciera en deux. *Il y aura* une longue et folle pause, et puis, à l'instant précis où tout espoir aura été abandonné, *je surgirai de la boîte avec tous mes* membres intacts, je ferai des gestes de triomphe *et j'enverrai des baisers à la foule avec, sur* mon visage un sourire radieux et factice. (*CLT*, p.187).

La reconstitution symbolique de son corps confère une unicité à son écriture mémorielle. À ce titre, la fragmentation de son écriture trouve une forme d'unicité grâce à l'imagination et à cette errance mentale dans le domaine du fantastique où la « décomposition du corps est relayée par celle de l'écriture »[1]. En effet, la seule chose qui permet à Anna de survivre, est celle d'accueillir l'écriture mémorielle dans le carnet bleu, en dépit des pages qui s'épuisent au fur et à mesure de son témoignage. Il est utile de souligner que la reconstitution du corps rappelle la littérature science-fictionnelle américaine des années cinquante[2]. En effet, l'intervention « magique » de Boris permet à Anna de retrouver son corps, de contrecarrer la destruction de la cité et lui donne la force de continuer sa quête mémorielle. À l'instar des rêves nostalgiques que font certains habitants pour résister à l'anéantissement et le chaos et qu'Anna appelle « la langue des spectres », la voix de Boris réactive également un vestige du passé appartenant au monde de la civilisation d'avant l'apocalypse.


## *Expérience solipsiste contre la déperdition des objets et du langage*

Dans sa représentation de la solitude et son actualisation des systèmes des mondes savants, le sociologue Maurice Halbwachs se réfère au système de représentation du sujet tel qu'il est conçu par Beethoven quand il disait que, même sourd et seul, il portait en lui tout le monde de la musique :

---

1   Françoise Dupeyron-Lafay (dir.), *Les représentations du corps dans les œuvres fantastiques et de science-fiction: figures et fantasmes*, Houdiard, Paris, 2005, p. 100.

2   Alain Aelosato, *Fantastique et science-fiction, réel, cinéma, littérature: Exploration*, Edition Edilivre, Paris, 2015, p.13.

Beethoven, atteint de surdité, produit cependant ses plus belles œuvres. Suffit-il de dire que, vivant désormais sur ses souvenirs musicaux, il était enfermé dans un univers intérieur? Isolé, il ne l'était cependant qu'en apparence. [...] C'était le langage du groupe ; il était en réalité plus engagé que jamais et que tous les autres dans la société des musiciens, il n'était jamais seul[1].

En effet, le sujet porte en lui les fondements du temps culturel, l'art, la musique, les sciences, les mathématiques, etc. En ce sens, c'est le sujet qui contrôle toutes ses connaissances et les actualise selon l'usage et la situation. De plus, le sujet a la capacité d'actualiser la mémoire culturelle selon des pratiques et des usages qu'il détermine afin de vaincre une situation historique et lui faire acquérir une liberté. Celle-ci est similaire à la manière dont M. Halbwachs lui-même, avant de mourir en déportation, a fait appel à la culture allemande romantique, afin d'esquiver même momentanément l'état de solitude dans lequel il se trouvait et de se libérer du désespoir causé par la mort de ses compagnons.

Cette liberté gagnée grâce à la mémoire culturelle fait écho à l'expérience d'Anna Blume. Ce récit, qui prend la forme d'un compte rendu post-apocalyptique, se caractérise par sa double dimension. Pour les habitants de la cité, il s'agit d'un continent d'apocalypse où la civilisation est encore intacte. En revanche, pour la narratrice Anna Blume, ce continent représente l'étape ultime de l'effondrement. Dans ce contexte, l'écriture mémorielle est un ultime refuge pour la narratrice-personnage après que les autres moyens de lutte contre la barbarie de la cité ont été épuisés. Si l'écriture mémorielle permet à Anna Blume de se construire une identité dans l'environnement anéanti de la ville, sa volonté de témoignage dépasse le cadre temporel et spatial indéfini de celle-ci et constitue la raison qui l'incite à écrire. Son témoignage est motivé par le chaos et s'assimile à une lutte : par un effort volontaire de mémoire, il s'agit de résister à la déperdition progressive des objets et du langage caractéristiques de la cité: « Je ne sais pas pourquoi je t'écris à présent. [...] Mais soudain, après tout ce temps, *j'ai* le *sentiment qu'il y a quelque chose à dire*, et si je ne les note pas rapidement ma tête va éclater. *Peu importe* que *tu* le *lises*. Peu importe même que je l'envoie – en supposant que ce soit possible. (*CLT*, p.3)». Le projet de Sam Farr consiste à sauvegarder la mémoire par la transcription de la parole des habitants de la cité dans un livre. Toutefois, ce projet a échoué, car le livre brûle en même temps que la bibliothèque. L'écriture testimoniale serait incapable de restituer les atrocités de la cité.

---

1    Maurice Halbwachs, *La Mémoire collective* (*éd.* critique par Gérard Namer), Paris, Albin Michel, 1997 [1950], p. 43.

## *Espace urbain hostile et non-lieu*

Avant de traiter de la thématique de l'hostilité de l'espace urbain caractéristique de l'univers entropique de la littérature science-fictionnelle, il est utile de faire la distinction entre le genre science-fictionnel et celui fantastique tel qu'il est décrit par Guy Bouchard :

> [...] Science-fiction et fantaisie [...] Pour espérer insuffler un commencement d'ordre dans ce chaos afin d'en extirper les enjeux fondamentaux, il faut [...] des figures d'inclusion, d'exclusion et d'intersection, dégager les divers types de relation posés par les auteurs et, surtout, les sèmes distinctifs exploités par chacun d'eux. La relation la plus englobante oppose la littérature ordinaire à la fantaisie générique[1].

En effet, dans l'œuvre les livres de la grande bibliothèque qui est la seule structure fonctionnelle de la ville, sont consommés par le feu, confrontant ainsi Anna à l'écriture mémorielle dans son ultime refuge à la résidence Woburn. La ville dans le roman véhicule une force maléfique et est tout sauf un espace protecteur pour les personnages. Au contraire, elle dessine un modèle d'oppression et d'aliénation du sujet plongé dans une ville fantomatique. Les êtres disparaissent à la même vitesse que les choses mettant en lumière l'évanescence des corps, objets, pensées et espaces urbains, caractéristiques de l'univers entropique science-fictionnel: « Le temps du roman, le temps de la fiction prêtent vie à la mythologie et à ses germes [...]. Des « réalités » insoupçonnées s'épanouissent. Des mythes prennent corps [...]. Les mondes qu'il décrit et manipule se veulent de libres évanescences, des mirages de la pensée scientifique »[2]. En effet, l'espace rejette Anna Blume qui se retrouve dans une ville-jungle décrite comme une source de suffocation et marquée par le blanchiment de ses repères géographiques et l'anéantissement de toute « pensée scientifique »[3] et rationnelle. La tentative d'Anna et de ses compagnons de fuir la ville en passant ses remparts et ses murs qui séparent le désert et la mer demeure inconnue. La réalité changeante de la ville pose des questions qui resteront sans réponses, ce qui accentue le déficit informationnel du récit mémoriel. Toutefois, le non-lieu, tel qu'il se présente dans l'œuvre s'associe au milieu urbain, à « la solitude individuelle, à l'éphémère, au provisoire et au transitoire »[4]. Le témoignage qui fait suite à la déterritorialisation de la ville fait apparaitre un espace de disparition, comme le suggère le titre même du

---

1    Guy Bouchard, *Les 42 210 univers de la science-fiction*, Le Passeur, Sainte-Foy, Québec, 1993, p. 141.

2    Stéphanie Nicot (dir.), « *Les univers de la science-fiction: essais* », Anthologie, Galaxies, Coll. Hors-séries de la revue Galaxies n° 1, avril 1998, p.71.

3    *Ibid.* p. 71.

roman et met en lumière l'univers déterritorialisé loin de tout repère historique :

> La science- fiction n'est pas le terrain d'où surgissent des personnages conceptuels, mais elle n'est pas non plus créatrice de « types psychosociaux ». Et cela, non pas seulement parce qu'elle ne tente pas de faire exister des époques historiques [...], mais [...] parce que ce qu'elle désigne n'est pas un territoire « historiquement situé » [...]. ses vecteurs de déterritorialisation [...] sont rendus perceptibles et mis en jeu de territoires avec la création de territoires, de processus de déterritorialisation et d'affrontements territoriaux fictifs.[1]

En effet, la description de la ville s'apparente à celle d'un non-lieu et ne véhicule que de rares indices d'un espace changeant qui avale tout ce qui se trouve sur son chemin. Le nom de la ville n'est pas donné au lecteur, ce qui renforce l'impression qu'elle est un non-lieu. Seule son imagination peut donner à ce dernier un cadre géographique, même si cet espace interdit en fait toute possibilité de reconstruction : « *Je ne m'attends pas à ce que tu comprennes. Tu n'as rien vu de tout cela et même si tu essayais tu ne saurais te l'imaginer. (CLT, p.1)* ». Dans la lettre d'Anna parvenue d'une ville post-apocalyptique, la description de celle-ci semble délibérément frustrer toute tentative du lecteur pour établir une correspondance avec une réalité historique.

Par ailleurs, dans *In The Country of Last Things*, l'étude du nomadisme du signe est intéressante, car elle renseigne sur le fonctionnement de l'écriture mémorielle. La déterritorialisation accrue du non-lieu affecte le signe marqué par le nomadisme et la rupture entre signifié et signifiant accentuant ainsi la déterritorialisation caractéristique du genre science-fictionnel :

> L'effet de parcellisation et la démultiplication de trajectoires récurrentes provoquent une déterritorialisation marquée par l'étrangeté. [...] la science-fiction [...] offre la réflexion la plus élaborée sur la réalité spatiotemporelle [...] et retrouve, ce faisant, l'atemporalité de l'inconscient. La science-fiction vise le déploiement d'un désir tout-puissant, déterritorialisé.[2]

En effet, l'évanescence et l'errance du signe devient une partie intégrante de l'univers chaotique de la cité marquée par la déterritorialisation de tout repère spatio-temporel. À ce titre, le signifiant ne reflète plus le signifié et

---

4    « The no-place is the contrary of the traditional anthropological place: it is a world assigned to the individual loneliness, to passing, temporary, and transitory. » Nicolas Caleffi, "Paul Auster's Urban Nothingness", (initialement paru sous le titre « Paul Auster. L'inessenza urbana » in *The Italian review of social studies Alfa Zeta* 54 (April 1996), p. 4.

1    Gilbert Hottois (ed.), *Philosophie et science-fiction*, Paris, Vrin, 2000, p. 102.

2    Roger-Michel Allemand et Christian Milat (dir.), *Alain Robbe-Grillet : Balises pour le XXIᵉ siècle*, Ottawa-Paris, Presses de l'Université d'Ottawa - Presses Sorbonne Nouvelle, 2010, p. 376.

devient nomade. Le signifiant peut même aller jusqu'à définir un autre concept qui ne lui était pas assigné auparavant, comme il peut s'effacer entièrement. Le nomadisme du signifiant marque l'illusoire fixité des choses et la non-pérennité des concepts tout en soulignant l'oubli progressif du langage et sa perte. Toutefois, la singularité de l'écriture mémorielle dans le roman réside dans son effort de restituer le signe. La quête du signe par une recherche du signifiant est nomade, elle est un vacillement permanent entre plusieurs signifiés : « Les mots ont tendance à durer un peu plus que les choses, *mais ils finissent aussi* par *s'évanouir* en *même temps* que les *images qu'ils évoquaient jadis. (CLT*, p.89)».

Le nomadisme du signifiant permet de dépasser le sens unique du signifié. Contrairement au confinement de la ville, le signifiant constitue paradoxalement la liberté du sens. De plus, la destruction progressive du signifiant souligne le caractère évolutif du langage qui ne cesse de s'altérer. Toutefois, le langage peut également s'effacer et disparaitre comme le montre le mot « avion » qui, ne faisant plus sens, ne remplit plus sa fonction: « Comment parler à *quelqu'*un *d'avions,* par *exemple, s'il ne sait pas* ce *qu'est* un *avion ? (CLT*, p.87)». La rupture entre signifié et signifiant anéantit la réalité, car la décomposition du langage empêche la construction de toute forme de vérité absolue : « Ce n'est pas seulement que *les* choses *disparaissent* - mais lorsqu'elles sont parties, le souvenir qu'on en avait *disparait* aussi. (*CLT*, p.87)». La mémoire devient un espace nomade, oscillant d'un souvenir idyllique à un autre suite à la désintégration du langage et à la disparition des signifiants. Néanmoins, l'errance verbale dont témoigne le langage est largement à l'image de l'errance géographique et mémorielle d'Anna. Celle-ci se transforme en signe nomade, un charognard : munie d'un chariot, elle arpente les rues à la collecte d'objets désintégrés, pour les recycler et leur donner une seconde existence dans une cité où même les corps sont recyclés et à qui une nouvelle existence est octroyée :

> Tous ces personnages en difficulté renouent, du fond de leur substance avec la formule si singulière de leur corps, l'individualisation dont ils sont capables, chacun pour soi alors qu'ils baignent dans un fond, une matière ou une cendre commune qui forme le recyclage du Tout. Mais qu'est-ce qui se trouve transmis dans un tel recyclage des corps ?[1]

À l'instar des objets et les corps décomposés qui trouvent une nouvelle fonction, le langage désintégré par l'errance du signifiant trouve également une nouvelle existence. Ainsi, aux signifiants sont attribués de nouveaux signifiés à travers un glissement sémantique :

---

1  Jean-Clet Martin, *Logique de la science-fiction. De Hegel à Philip K. Dick*, Les Impressions Nouvelles, Bruxelles, 2017, p. 221.

Des catégories entières d'objets disparaissent [...] on peut reconnaître ces mots mêmes si on ne peut plus se rappeler ce qu'ils signifient. Mais ensuite, petit à petit, les mots deviennent uniquement des sons, une distribution aléatoire de palatales et de fricatives, une tempête de phonèmes qui tourbillonnent. (*CLT,* p. 89)

L'errance d'Anna est un prolongement de l'effondrement de la ville décrite dans l'écriture mémorielle : ses rues et ses maisons s'évaporent, ses institutions se désintègrent progressivement et se font peu à peu contaminer par le chaos régnant : « *Une maison se trouve ici un jour et le lendemain elle a disparu.* Une rue où on a marché hier n'est plus là aujourd'hui. (*CLT,* p.1)». Toutefois, l'écriture mémorielle liée à la ville installe un dialogue avec l'espace urbain qui ralentit la destruction. Le témoignage donne une certaine pérennité à la ville quoique momentanée. À l'image de l'errance verbale, la ville est également un espace nomade qui s'altère, se réduit, s'étend, se désintègre et s'efface. L'expression « un jour » suivie de « le lendemain » dans l'écriture mémorielle d'Anna souligne le nomadisme du milieu urbain. Celui-ci évolue parallèlement à l'altération et à la mouvance destructrice de l'errance verbale. Une institution comme la Grande Bibliothèque est transformée en un refuge avant d'être très vite occupée par les trafiquants de viande humaine. De plus, la résidence Woburn, ultime refuge d'Anna, qui abritait les défavorisés et les victimes mutilées, se transforme également en une scène de cruauté à la fin du roman. Les références allusives à une ville nomade apparaissent dès les premiers paragraphes : « *Ce sont* les *choses dernières,* a-t-elle écrit. (*CLT,* p.1)». L'absence de toute marque spatiale renseigne sur la nature de la ville placée sous le signe de l'indicible et se résumant à sa force de changement.


## Blanchiment des repères désertiques et vide sémantique

Selon Alain Robbe-Grillet, « En forçant une force variable du système, en y infiltrant la positivité de l'énergétique, la science-fiction fait œuvre utopique »[1]. En effet, dans *In The Country of Last Things,* l'espace du désert souligne le blanchiment et la déterritorialisation des repères, au détriment de toute marque spatiale et annonce un univers mémoriel utopique. L'absence de repères entraine la confusion du sujet austérien errant dans un espace déterritorialisé et incapable de le maîtriser. Rappelons que la ville est balayée par un vent terrifiant qui emporte tout sur son passage. L'espace de la ville pour Anna est un non-lieu utopique, un espace artificiel et nomade sur lequel elle n'a aucune maîtrise. Celle-ci ne cesse de déambuler sans

---

1   Roger-Michel Allemand et Christian Milat (dir.), *Alain Robbe-Grillet : Balises pour le XXIᵉ siècle,* Ottawa-Paris, Presses de l'Université d'Ottawa - Presses Sorbonne Nouvelle, 2010, p. 376.

repères dans l'univers chaotique de la ville. Séparée par un rempart, le désert est le symbole d'un avenir meilleur, en dépit de son caractère incertain, qui est aussi un « ailleurs » : « A l'heure actuelle, *le rempart du Ménétrier* semble représenter le choix logique pour nous. *C'est la barrière la plus occidentale, et il* conduit directement à une route menant en rase campagne. *La porte Millénaire, au sud, nous a cependant tentés.* (*CLT*, p.185)». La dimension fantomatique de la ville avec ses lumières blanches aveuglantes, l'intensité du vent qui balaye tout son chemin, les cadavres qui jonchent les rues, mettent parfaitement en lumière une réalité entropique appartenant au genre science-fictionnelle :

> Un trajet dans le mythe, [...] dans un milieu abordé bien avant toute humanité, un milieu composé de mondes tout à fait hallucinants, en lutte, avec des personnages quasi divins incarnant des forces très violentes. [...] Il suffirait de faire disparaître les données essentielles de la vision, ses orientations préalables, de se séparer des repères connus.[1]

L'existence de charognard d'Anna Blume, en quête d'objets recyclables dans la cité chaotique, met également en évidence son aspect labyrinthique et mythique. La perte des repères dans la ville s'accompagne d'une dislocation du langage qui lui-même perd ses marques référentielles et nominatives pour finir par ne plus remplir ses fonctions. Le signe dans la cité post-apocalyptique est déterritorialisé. L'impossibilité du signe à décrire un espace défini en raison du caractère changeant de la ville (*CLT*, p.1) affecte le langage qui n'obéit plus à des catégories référentielles. L'infinitude de l'espace de la «ville-désert», décrit comme un espace dépourvu de toute possibilité d'une catégorisation référentielle et linguistique, renforce sa dimension mythique. Cette impossibilité se manifeste par la rupture entre signifié et signifiant puis par la disparition progressive du signe, qui se produit à la même vitesse que la chose qu'il décrit: « Ce n'est pas seulement que *les* choses *disparaissent* - mais lorsqu'elles sont parties, le souvenir qu'on en avait *disparait* aussi. *Des zones* obscures se forment dans ton cerveau, *et à moins que tu ne fasses* un effort constant pour te rappeler les choses qui ont disparu, elles se perdent aussi pour toi à jamais. (*CLT*, p.87)

*

Dans *In the Country of Last Things*, l'espace science-fictionnel dans lequel le sujet évolue, représente un espace intérieur. Celui-ci s'ouvre sur un espace individuel, irréel et fantasmagorique qui complète les imperfections de la mémoire par le biais de l'imagination. Dans cet espace intérieur, il

---

1     Jean-Clet Martin, *Logique de la science-fiction. De Hegel à Philip K. Dick*, Les Impressions Nouvelles, Bruxelles, 2017, p.170.

importe de souligner l'omniprésence de l'espace fantasmatique qui l'emporte sur le réel. Cet espace intérieur inaugure un espace personnel qui prend le relais d'un espace collectif. Il donne également accès à un ailleurs, un au-delà, qui, malgré le confinement physique du sujet dans une ville labyrinthe, permet de libérer sa conscience à travers l'errance mentale et mémorielle. Anna Blume prend conscience de son intériorité au beau milieu de la cité post-apocalyptique. Pour résister à la destruction permanente de l'espace géographique, la narratrice se crée un espace intérieur dans lequel elle trouve refuge. C'est cet espace mémoriel qui la protège contre la contamination du chaos qu'elle rencontre au cours des différents épisodes de sa survie. Dès le départ, Anna témoigne de son indéfectible volonté de se démarquer des autres habitants en se créant son espace intérieur. Elle déclare ainsi : « *Je ne veux pas être comme* les *autres. Je vois* ce que *leurs fantasmes leur* font, et *je ne veux pas* que cela m'arrive. (CLT,* p.11)». Ce refuge dans un espace intérieur est une conséquence de sa lutte perpétuelle pour survivre à la dislocation qui la menace. Pour survivre, elle se livre à un travail de réminiscence qui lui fait revenir des souvenirs liés à l'ancienne civilisation, notamment les souvenirs de son enfance.

## *Bibliographie*


Alain Aelosato, *Fantastique et science-fiction, réel, cinéma, littérature: Exploration*, Edition Edilivre, Paris, 2015.

Roger-Michel Allemand et Christian Milat (dir.), *Alain Robbe-Grillet : Balises pour le XXI^e siècle*, Ottawa-Paris, Presses de l'Université d'Ottawa - Presses Sorbonne Nouvelle, 2010.

Paul Auster, *In The Country of Last Things* [1987], New York: Penguin Books, 1990.

Jean Baechler, *Nature et histoire*, PUF, Paris, 2000.

Guy Bouchard, *Les 42 210 univers de la science-fiction*, Le Passeur, Sainte-Foy, Québec, 1993.

Simon Bréan, *La Science-fiction en France. Théorie et histoire d'une littérature*, Presses de l'université Paris-Sorbonne, 2012.

Nicolas Caleffi, "Paul Auster's Urban Nothingness", (initialement paru sous le titre « Paul Auster. L'inessenza urbana » in *The Italian review of social studies Alfa Zeta* 54 (April 1996).

Gérard Cordesse, *La nouvelle science-fiction américaine*, Aubier, Paris, 1984.

Françoise Dupeyron-Lafay (ed.), *Les représentations du corps dans les œuvres fantastiques et de science-fiction: figures et fantasmes*, Houdiard, Paris, 2005.

Jérôme Goffette, *Deux études du corps dans la science-fiction*, BoD, 2017.

Christian Grenier, *La science-fiction, lectures d'avenir*, Presses Universitaires de Nancy, Nancy, 1994.

Maurice Halbwachs, *La Mémoire collective* (éd. critique par Gérard Namer), Paris, Albin Michel, 1997 [1950].

Gilbert Hottois (ed.), *Philosophie et science-fiction*, Paris, Vrin, 2000.

Irène Langlet, *La science-fiction: Lecture et poétique d'un genre littéraire*, Armand Colin, Paris, 2006.

Jean-Clet Martin, *Logique de la science-fiction. De Hegel à Philip K. Dick*, Les Impressions Nouvelles, Bruxelles, 2017.

Thomas Michaud, *L'innovation entre science et science-fiction*, vol. 10, ISTE Éditions, Londres, 2017.

Stéphanie Nicot (dir.), « *Les univers de la science-fiction: essais* », Anthologie, Galaxies, Coll. Hors-séries de la revue Galaxies n° 1, avril 1998.

Sylvie Parizet, *La Bible dans les littératures du monde*, Éditions du cerf, Paris, 2016.

Jacques Sadoul, *Anthologie de la littérature de science-fiction*, Ramsay, Paris, 1981.

Sandy Torres, *Les temps recomposés du film de science-fiction*, Presses de l'Université Laval/L'Harmattan, Québec/Paris, 2004.

Juliette Vion-Dury, Pierre Brunel, *Dictionnaire des mythes du fantastique*, Presses universitaires de Limoges, Limoges, 2003.

Katharine Washburn, "A Book at the End of the World: Paul Auster's *In the Country of Last Things*.", *The Review of Contemporary Fiction* 14:1 (Spring 1994).

# Star Trek : le vaisseau *Enterprise*, lieu clos ouvert sur l'infini

*Henri Larski*
LIS, Université de Lorraine

Au milieu des années 60, dans une industrie sérielle hollywoodienne où dominaient les séries policières et/ou d'espionnage, le scénariste Gene Roddenberry fit preuve d'une certaine audace en proposant avec *Star Trek*[1] une série de science-fiction totalement axée sur l'exploration spatiale. Des anthologies comme *The Twilight Zone* (*La Quatrième Dimension*, 1959-1964, CBS)[2] et *The Outer Limits* (*Au-delà du Réel*, 1963-1965, ABC)[3] s'étaient déjà emparées de ce thème, mais à l'occasion d'épisodes unitaires. La série *Lost in Space* (*Perdu dans l'Espace*, 1965-1968, CBS)[4] qui débuta un an avant la diffusion du premier épisode de *Star Trek*, était certes une série de science-fiction dont l'action se déroulait dans l'espace, mais ses choix narratifs, au moins durant la première saison, ne s'intéressaient pas directement à des thèmes comme la pluralité des mondes habités et l'exploration spatiale puisque le dispositif spatial se concentrait sur une planète perdue dans l'espace. Il s'agissait plutôt d'une série d'aventures pour un public familial. Aussi, lorsque le premier épisode de *Star trek* fut diffusé en septembre 1966 sur CBS, il imposa la série comme réellement novatrice.

On rappellera le texte d'introduction du générique : « Espace, frontière de l'infini vers laquelle voyage notre vaisseau spatial. Sa mission : explorer de nouveaux mondes étranges, découvrir de nouvelles vies, d'autres civilisations, et, au mépris du danger, reculer l'impossible »[5] . La mission du capitaine Kirk

---

1 Gene RODDENBERRY, *Star Trek*, Desilu, NBC, 1966-1969. La première saison compta 29 épisodes, la seconde 26 épisodes et la troisième 24 épisodes. Parmi les scénaristes de la série, on peut citer les écrivains de science-fiction D.C FONTANA, Richard MATHESON et Robert BLOCH.

2 Rod STERLING, *The Twilight Zone* (*La Quatrième Dimension*), 1959-1964, CBS, 159 épisodes.

3 Leslie STEVENS, *The Outer Limits* (*Au-delà du Réel*), 1963-1965, ABC, 49 épisodes.

4 Irwin ALLEN, *Lost in Space* (*Perdu dans l'Espace*), 1965-1968, CBS, 83 épisodes.

5 Texte original anglais :« Space, the final frontier. These are the voyages of the Starship Enterprise. Its five-year mission: to explore strange new worlds, to seek out new life and new

et de son équipage de 430 membres consiste à ravitailler les colonies terrestres dans l'espace et repousser les limites de celui-ci grâce à la découverte de mondes encore inexplorés. La mise en images de ces lieux de vie extraterrestre, mais plus encore du vaisseau interstellaire *Enterprise* dépassait tout ce qui avait été vu sur les écrans de télévision de l'époque. Sa salle des machines, son hangar suffisamment grand pour contenir une flotte de navettes, sa salle de téléportation, son infirmerie, ses multiples turbo-ascenseurs et surtout la passerelle de commandement dotée d'un écran ouvert sur l'infini ont fait l'objet d'une fascination sans égale surtout auprès des jeunes téléspectateurs de l'époque. Lieu principal de la série où se déroule la majeure partie des séquences, le vaisseau est donc un lieu de vie, un lieu du travail, à la fois militaire et scientifique, mais aussi une ambassade et un microcosme de l'humanité dans l'immensité de l'espace. *L'Enterprise* est de toute évidence une réponse fantasmée de la conquête spatiale et de la course à la lune lancée par le Président Kennedy en 1961 dans le cadre de la guerre froide qui l'opposait à l'Union Soviétique. Lorsque *Star Trek* démarra sur NBC, le programme *Gemini* était déjà bien lancé avec plusieurs sorties d'astronautes dans une capsule conique biplace avant de passer au programme *Apollo* qui allait permettre les premiers pas humains sur la lune le 16 juillet 1969, quelques semaines après la diffusion du dernier épisode de la série. *Star Trek* envisage un futur optimiste, utopique dans lequel l'humanité a éradiqué le racisme, l'intolérance et la guerre sur terre, fondé sur une économie de l'abondance autorisant un progrès des sciences et des technologies.

Nous nous intéresserons à la série originelle produite entre 1966 et 1969 et à ses prolongements cinématographiques avec le même équipage. Il conviendra de montrer que chaque partie de ce lieu est intimement lié à ses « locataires ». Cet attachement à *l'Enterprise* est quasiment charnel pour chacun des personnages centraux de la série : ainsi Scotty est les « mains » du vaisseau, le lieutenant Sulu et l'enseigne Chekov en sont les « jambes », l'officier féminin Uhura « l'oreille » et la « voix », , l'officier en second Spock l'esprit (la fonction de l'esprit étant d'abord de « voir »), le docteur Mac Coy le « corps » (conscient de ses limites) et le capitaine Kirk « l'âme » (à l'humanité débordante d'imagination et d'intuition). On analysera cette symbiose si particulière entre les lieux et leurs « habitants » pour montrer qu'elle est finalement indissociable des valeurs prônées dans la série : le respect inconditionnel de l'autre, la solidarité, l'égalité des races et des sexes et l'utopie d'une paix universelle. On s'attachera à montrer que l'évolution des personnages va de pair avec l'évolution du vaisseau qui elle-même est liée à l'évolution de l'humanité et de la technologie.

---

civilizations, to boldly go where no man has gone before »

## Création et réception de la série

Il est important de rappeler que lorsque Gene Roddenberry présenta la série à la chaine NBC, il fit référence au genre américain par excellence, le western, avec la série *Wagon Train (La Grande Caravane)*[1], avec d'ailleurs le titre provisoire *Wagon Train to the Stars*, reprenant l'idée fondatrice de la conquête de territoires inexplorés, mais en transposant les contrées sauvages de l'Ouest américain dans l'espace. Conscient de la difficulté d'imposer un programme original surtout pour ses lieux diégétiques - un vaisseau spatial, l'espace, des planètes inconnues avec des populations extraterrestres singulières - Roddenberry n'oubliait pas qu'il était surtout connu comme scénariste de séries de westerns, notamment de l'une des plus marquantes, *Have Gun, Will Travel*[2] d'où ce parallèle avec les pionniers du Far West du XIXe siècle permettant ainsi une construction mythologique familière pour le téléspectateur américain, un concept finalement rassurant pour les dirigeants de NBC. Si la série suscita dès la diffusion des premiers épisodes un véritable enthousiasme, elle ne connut jamais la popularité de *Lost in Space* ou de *Voyage to the Bottom of the Sea (Voyages au fond des mers)*[3]. Quand elle obtint ses meilleurs scores d'audience, elle ne se classa qu'au 52e rang des séries les plus regardées. N'ayant jamais été totalement convaincue par le show, NBC changea le jour et l'heure des diffusions d'une saison à l'autre et y consacra un budget de plus en plus serré, ce qui précipita la fin de la série au bout de trois saisons. Toutefois, quelques mois plus tard sa rediffusion en « *syndication*[4] » lui permit contre toute attente de connaître un succès inédit. L'engouement fut alors tel qu'il suscita l'apparition de communautés de fans, les « *trekkies* » et les « *trekkers*[5] », qui visionnaient la

---

1    Howard CHRISTIE, Richard LEWIS, *Wagon Train (La Grande Caravane)*, 1957-1965, NBC (1957-1962), ABC (1962-1965), 284 épisodes. Cette série, très populaire aux États-Unis, peu connue en France, raconte les aventures d'un convoi de pionniers qui partent du Missouri pour atteindre la Californie. La série s'inspire du film de John FORD, *The Wagon Master (Le Convoi des Braves*, 1950)

2    Herb Meadow, Sam ROLFE, *Have Gun Will Travel*, 1957-1963, CBS, 225 épisodes. Cette série dans laquelle Gene RODDENBERRY excella en tant que scénariste fut populaire dans la monde entier sauf en France où elle est restée inédite.

3    Irwin ALLEN, *Voyage to the Bottom of the Sea (Voyage au fond des Mers)*, 1964-1968, ABC, 110 épisodes.

4    Le terme *syndication* est un mot anglais qui désigne la pratique qui consiste à vendre à des diffuseurs le droit de reproduire ou de (re)diffuser un programme. Cette pratique est courante pour les séries télévisées qui sont rediffusées pour les plus populaires sur les chaînes locales, filiales des grandes Network. Une série peut avoir un montage quelque peu différent quand elle est diffusée en syndication, car le public visé est plus jeune dans la mesure où les heures de diffusion se situent essentiellement entre 17h et 20 h.

5    Ces deux termes ont longtemps désigné les fans de la série. *Trekkie* fut le premier terme utilisé, par le créateur Gene Roddenberry lui-même. Le terme *trekker* remplaça peu à peu

série, la décortiquaient, la disséquaient avec l'organisation de conventions, la création de fanzines. Les premiers pas sur le sol lunaire de l'astronaute Armstrong ont sans aucun doute eu un effet amplificateur sur cet engouement, le rêve de la découverte d'autres planètes étant devenu une réalité, il devenait passionnant de la confronter avec la réalité fictionnelle.

Si la psychologie est en apparence simpliste, il faut reconnaître que le jeu des archétypes fonctionne et permet par conséquent d'aborder des questions universelles comme la place de l'homme dans l'univers, sa dignité, son rapport à l'autre, et surtout à celui qui est étranger à sa culture. L'équipage de *l'Enterprise* peut d'ailleurs être envisagé comme une sorte de Nations Unies en miniature : un capitaine et un médecin américains, un mécanicien écossais, un enseigne russe, un pilote japonais, une responsable des communications afro-américaine. Si l'on excepte Chekov, qui a parfois tendance à faire référence à ses origines, tous ces personnages sont d'abord des militaires qui assument une fonction précise sur un vaisseau qui nécessite avant tout un savoir-faire infaillible dans le cadre d'une mission dont la dimension pacifiste est sans cesse affirmée.

## *Le vaisseau Enterprise et ses lieux*

La réalité diégétique de *L'Enterprise* – ce que, d'un épisode à l'autre, le téléspectateur peut voir du vaisseau –, a donné lieu à une multitude d'ouvrages, surtout anglo-saxons, consacrés à l'Enterprise, à la flotte de *Starfleet*, aux planètes visitées, aux extraterrestres. On a choisi de se référer au *Guide de la série Star Trek, la série originale, 365 jours*[1], l'un des rares livres sur la série traduit en français et qui propose de nombreux extraits de la « bible [2]» de la série, à savoir *le guide des scénaristes* de la série paru en avril 1967. On aura compris l'intérêt de ce document interne, très rarement accessible dans la production sérielle, qui donne une description détaillée

---

*trekkie*, il avait une connotation moins péjorative : pour beaucoup, le *trekkie* aimait la série jusqu'à l'obsession alors que le *trekker* désignait le simple amateur. Leonard Nimoy lui même essaya de mettre fin à l'opposition des deux camps affirmant que *trekker* était le bon terme. En 1997, un documentaire sur le pouvoir de série fut réalisé et il eut pour titre : *Trekkies*.

1 BLOCK, ERDMANN, *op. cit.*

2 La Société des auteurs et compositeur dramatique en a donné en 1998 une définition officielle : « La bible est le document de référence original et fondateur d'une série ; elle détermine et décrit les éléments nécessaires à l'écriture, par des auteurs différents, des épisodes d'une œuvre télévisuelle. C'est l'outil qui donne aux auteurs qui collaborent ou collaboreront à l'œuvre les clés de son fonctionnement et de sa cohérence ». On peut rajouter qu'elle s'adresse non seulement aux scénaristes, mais à l'ensemble des membres de l'équipe de production et ce dans toutes les productions nationales sérielles.

des différents lieux récurrents du vaisseau et dans lequel il est suggéré que l'Enterprise constitue l'une des grandes prouesses technologiques des humains et de leurs alliés extraterrestres. Pour autant, sa suprématie n'a été que rarement suggérée à l'exception de certains épisodes tels que, par exemple, *The Doomsday Machine* (*La Machine infernale*) où l'*Enterprise* se retrouve face à un autre vaisseau de la flotte, l'USS Constellation, visiblement moins performant. La description de l'intérieur du vaisseau de son côté insiste clairement sur l'immensité de lieu que finalement quelques rares plans récurrents suggèrent. Les détails donnés quant aux performances du vaisseau vont dans le même sens, renvoyant toujours à cette idée des possibilités technologiques illimitées pour les hommes du futur.

On peut rajouter à cette description « officielle » du vaisseau les différents lieux qui seront fréquemment montrés dans la série : l'appartement du capitaine Kirk, l'infirmerie, la salle de réunion, la salle de détente qui ont tous pour points communs une sobriété des murs et cloisons uniquement altérés par la présence de moyens de communication accessibles pour chaque membre de l'équipage où qu'il se trouve, une sobriété dont la raison d'être n'est pas uniquement diégétique, mais aussi extra-diégétique, puisqu'elle est souvent directement la résultante de la loi du « less is more ». C'est d'ailleurs la raison d'être d'un des lieux-clés du vaisseau : la salle de téléportation qui permet de « dématérialiser » et de « rematérialiser » des objets et des personnes d'un vaisseau à l'autre, d'un vaisseau à une planète.


## *Des lieux, des personnages*

La passerelle de commandement est le centre névralgique du vaisseau parce qu'au-delà de sa fonction essentielle liée au pilotage du vaisseau, elle constitue l'essence même du lieu collectif qui réunit les principaux protagonistes de la narration. Située au sommet de l'*Enterprise*, uniquement accessible par turbo-ascenseur (ce qui l'isole totalement en cas de panne généralisée et qui permet surtout des possibles narratifs passionnants), de forme circulaire, la passerelle intègre une station de communication, une centrale informatique, un poste de pilotage, un centre de navigation et, en son milieu, le fauteuil du capitaine. Maître des lieux par son statut, il l'est aussi par sa position centrale dans le cercle, il peut ainsi interférer à tout moment avec les membres de l'équipage présents sur la passerelle : le Lieutenant Uhura aux communications, le Commandant Spock à l'ordinateur du vaisseau, le Lieutenant Sulu au pilotage et l'Enseigne Chekov à la navigation. Si ce lieu de travail a été si vite admis comme crédible par les téléspectateurs de l'époque, c'est d'abord pour sa fonctionnalité maximale : les machines, les boutons, les touches, les manettes, les écrans sont précisément là où on les attend. Il sont agencés de telle manière à permettre une utilisation optimale et à apporter à chaque membre de l'équipage le moyen de démontrer son efficacité. Il y a dans ce pragmatisme l'idée que la technologie est bénéfique pour l'humanité tant que celle-ci reste entre les mains de professionnels aguerris. Il n'est donc pas étonnant que la mise en images de la passerelle dégageait et dégage encore une impression de puissance, d'harmonie et de modernisme. Intrinsèquement assujetti à cette volonté de faire rimer optimisme avec fonctionnalité.

Dans un univers changeant, incertain et, surtout, inconnu, le capitaine Kirk peut donc compter sur son équipage et sur les capacités hors-normes du vaisseau. Directement inspiré de Horatio Hornblower, héros de fiction créé par l'écrivain britannique Cecil Scott Forrester, figure idéale du marin, adulé par les Anglo-saxons, James T. Kirk partage avec ce dernier son volontarisme, voire son entêtement, sa capacité de garder son sang-froid, son audace folle – une fois qu'il a pu analyser la situation et en juger les risques – mais aussi ses peurs, ses doutes, sa perpétuelle lutte avec lui-même. La circularité de la passerelle prend, par conséquent, tout son sens si on la confronte à la personnalité du capitaine. Il a besoin d'être entouré. Frustré de ne pouvoir être surhumain, enclin à repousser sans cesse ses limites, il peut ainsi compter en cas de danger sur l'immédiate réaction des membres-clés de son équipage qui resteront toujours à leur poste, quelle que soit la situation. Et si mouvement il y a, il sera du fait du capitaine qui ira vers son membre d'équipage. Sa place centrale dans le cercle l'empêche également de privilégier l'un ou l'autre de ses membres, ce qui explique qu'il n'a guère d'occasions de se lier d'amitié avec eux. Le dispositif spatial connaît néanmoins deux exceptions, admises par Kirk au nom de la relation toute particulière qu'il entretient avec deux membres de l'équipage : Monsieur Spock et le Docteur McCoy. Dans le guide des scénaristes de la série, il est précisé que les relations amicales avec Spock sont fondées sur « la logique, un grand respect mutuel et la loyauté typiquement vulcaine envers son supérieur », et celle avec le Docteur McCoy par le fait que « sa profession l'oblige à se tenir constamment au courant de l'état d'esprit et des émotions du capitaine ». Cette proximité professionnelle les a rapprochés inévitablement de leur supérieur et leur permet de se retrouver régulièrement à proximité du fauteuil de commandement sur la passerelle, mais aussi dans ses quartiers (appellation militaire pour désigner son appartement).

C'est précisément en ce lieu intime plus que n'importe quel autre dans la série (orné de souvenirs personnels de Kirk), que l'on donne des informations plus personnelles sur le capitaine (par exemple, sa relation aux femmes). Ainsi dans *The Corbomite Maneuver* (*Fausse manœuvre*)[1], Kirk et McCoy partagent un verre de l'amitié ce qui semble signifier qu'ils sont amis de longue date. Le dialogue entre les deux hommes sur la féminisation de l'équipage est assez révélateur sur leurs relations comme sur la personnalité de capitaine. Kirk s'adresse à McCoy et lui dit : « quand je mettrai la main sur le génie qui m'a assigné une femme comme cadet ». McCoy lui pose alors cette question : « Avez-vous peur de vous-même ? » et réponse presque lapidaire de Kirk « Je suis déjà marié à l'Entreprise »[2]. Il n'en faut pas plus aux auteurs pour donner l'une des clés de la série : le capitaine Kirk est lié corps et âme à son vaisseau. Sa réponse est d'ailleurs devenue un *gimmick* puisqu'elle sera souvent utilisée par les femmes avec lesquelles Kirk a eu une aventure et qui comprennent très vite qu'elles n'auront aucune chance face à *l'Enterprise*, vaisseau qui prend, par conséquent, une dimension féminine quasi castratrice.

C'est aussi dans ce même lieu que l'on assiste dans *The Tholian Web* (*Le Piège des Tholiens*), à l'un des grands moments d'émotion de la série. Convaincus de la mort de Kirk, Spock et McCoy se tiennent devant devant un écran écoutant un discours enregistré par ce dernier. Il traduit avec pertinence la relation qui lie ses hommes à leurs lieux de travail, leurs lieux de vie :

> Docteur, Spock, étant donné que vous passez cet enregistrement, c'est que ma mort ne fait aucun doute. La situation est on ne peut plus critique et tous les deux vous êtes engagés dans un combat sans merci. Cela veut dire Spock que c'est vous qui mènerez le combat et qu'il est probable que vous allez prendre une foule de décisions fort délicates. Si je peux me permettre un petit conseil, servez-vous de la moindre bribe de connaissance et de logique, et ce afin de sauver l'Entreprise. Mais tempérez vos jugements grâce à la finesse de votre intuition. Je suis persuadé que vous avez toutes les qualités, mais si vous n'arrivez pas à les mûrir en vous-même, consultez McCoy. Demandez-lui conseil. Et si le conseil vous paraît judicieux, faites-en votre profit. Bones, vous avez entendu ce que j'ai dit à Spock. Aidez-le dans la mesure de vos moyens. Mais rappelez-vous qu'en tant que capitaine ses décisions ne prêtent pas la moindre discussion. Vous verrez qu'il n'est pas à l'abri des erreurs, mais qu'il est aussi rationaliste comme les humains. Il lui faut vaincre ses oppositions, mais vous constaterez qu'il mérite le même dévouement et la même confiance dont tous les deux vous avez fait preuve à mon égard. Prenez soin de vous [3].

---


1   Gene RODDENBERRY, *Star trek*, Desilu, NBC, 01x10.

2   Gene RODDENBERRY, *Star Trek, The Corbomite Maneuver*, 1x10, Desilu, NBC, 1966, 00:16:10.

3   Gene RODDENBERRY, *Star Trek, The Tholian Web*, 03x09, Desilu, NBC,1968, 00:30:16.

Au-delà de son inscription purement diégétique, lié à la narration de l'épisode, ce discours de Kirk semble résonner comme une sorte d'acte de foi d'amitié entre les trois hommes et comme une sorte de manifeste sur l'exercice difficile du commandement d'un vaisseau comme *l'Enterprise*. Mais ce discours a une autre raison d'être : sans doute conscient que cette troisième saison allait être la dernière, les scénaristes destinent clairement ce discours aux téléspectateurs de la série (ils sont autant les « téléspectateurs du discours « télévisuel » de Kirk que le sont Spock et McCoy), leur rappelant leur croyance à des valeurs telles que l'amitié, la loyauté, le sens des responsabilités. Il fallait l'intimité de l'appartement du capitaine pour que ce discours ait une telle résonance.

Outre l'appartement de Kirk, un autre lieu permet aux membres de l'équipage d'oublier pour quelques instants leurs obligations professionnelles : la grande salle de détente visible dans l'épisode CharlieX (CharlieX)[1], où l'on peut voir le Lieutenant Uhura plaisanter avec Spock et lui soutirer un sourire. Rarement présente dans la série, cette salle a néanmoins l'intérêt de rappeler que *l'Enterprise* n'est pas seulement un lieu de travail, mais aussi un lieu de vie avec des lieux de détente collective pour l'esprit et pour le corps.

La présence de tels lieux apporte à l'évidence une crédibilité à ce vaisseau, car il permet à des hommes et des femmes partis pour une mission de cinq ans de reproduire leur vie sur terre, ce qui inscrit la série dans une certaine réalité. Cette juxtaposition de lieux finalement complémentaires a sans doute permis à la série de ne pas se cantonner à une simple série d'aventures comme le fut l'autre série de science-fiction spatiale *Lost in Space* et peut aujourd'hui avec certitude être envisagé comme l'un des éléments fondateurs de sa postérité.

L'infirmerie est un autre lieu essentiel de *l'Enterprise*. Il est évident que le lieu n'aurait qu'un intérêt restreint s'il se limitait à cette seule fonction médicale. On y vient pour soigner ses blessures physiques autant que morales. Le Docteur McCoy est présenté dans la série comme le moins militaire des hommes du vaisseau, pétri de contradictions. Pour autant, son approche des problèmes est toujours pragmatique comme peut l'être celle d'un « vieux médecin de famille », détestant les médicaments à moins qu'ils ne soient vraiment indispensables, et convaincu qu'un brin de souffrance ne fait pas de tort à l'âme. Dans *Journey to Babel* (*Un tour à Babel*)[2], l'infirmerie joue un rôle central puisqu'après avoir soigné Kirk gravement blessé, McCoy doit opérer le père de Spock. Cette fin humoristique

---

1    Gene RODDENBERRY, *Star Trek, CharlieX*, 01x02, Desilu, NBC, 1966, 00:09:40.

2    Gene RODDENBERRY, *Star Trek, Journey to Babel*, 02x10, Desilu, 1967, NBC, 00:43:00.

contrebalance certes le ton très sérieux voire tragique de l'épisode, mais elle atteste surtout de la parfaite maîtrise d'une narration qui a intégré tous les éléments diégétiques dont les lieux qu'elle donne à voir. Il convient de préciser que l'infirmerie ne déroge pas à une autre règle de la série. À l'instar de la passerelle de commande, elle symbolise la croyance dans les progrès de la technologie : tout y est moderne, fonctionnel. Et comme sur la passerelle, les ordinateurs, les machines ne remplacent pas l'homme, elles sont au service de l'homme à la seule condition toutefois qu'il sache faire preuve d'une maîtrise sans faille dans leur utilisation. Encore une fois, on met en évidence une valeur telle que le savoir-faire.

S'il est un personnage de la série qui contrôle impeccablement la technologie du vaisseau c'est bien le chef mécanicien Scott. Sa relation au vaisseau est quasi-fusionnelle. Il se considère d'ailleurs comme le propriétaire de la salle des machines. Scotty connait parfaitement tout le vaisseau. C'est pourquoi d'une saison à l'autre, s'il reste attaché fondamentalement à la salle des machines, on le voit aussi à la salle de téléportation et sur le passerelle où il occupe une place privilégiée surtout à partir de la troisième saison, devant l'ordinateur qui gère la salle des machines. Ce transfert d'un lieu à l'autre s'explique avant tout par la popularité du comédien James Doohan. En effet, le cantonner à la salle des machines ne lui permettait pas la même visibilité que les autres personnages principaux de la série omniprésents sur la passerelle. Il a fallu trouver une astuce pour légitimer sa nouvelle place dans le dispositif spatial global, au même titre que Sulu, Chekov et Uhura. La réalité diégétique a donc évolué une nouvelle fois en raison de considérations extradiégétiques qui ont finalement permis une évolution du personnage dans une série télévisée où la psychologie des personnages était restée figée au fil des saisons.

Kirk et sa garde rapprochée sont réunis assez régulièrement dans un autre lieu récurrent : la salle de réunion, espace collectif comme la passerelle. Pour autant, ce lieu diffère en bien des points de la salle de commandement. On y trouve quelques ordinateurs accolés à la grande table centrale pour la lecture de documents écrits ou audiovisuels. Mais les murs sont dépouillés, sans ornements. Un dénuement nécessaire pour qu'aucune interférence ne vienne troubler sa raison d'être : le dialogue. Toutes les questions sans réponses, tous les conflits à venir, toutes les hypothèses vérifiables ou pas y sont développés à travers des échanges où le pragmatisme prime. Ce lieu, au même titre que la passerelle et l'infirmerie, porte en lui à sa manière toutes les idées progressistes de la série, car il constitue un espace où les héros défendent des valeurs telles que la volonté de comprendre, la possibilité de choisir collectivement en s'interrogeant toujours sur les tenants et les aboutissants de ces choix. L'austérité spatiale apparaît comme une nécessité à la réflexion individuelle et collective. Pour le téléspectateur, elle facilite la focalisation sur les seuls personnages et leurs échanges à la différence de la salle de commandement où elle peut être détournée par tel ou tel détail du décor, par exemple par l'écran qui permet de voir au-delà du vaisseau.

### Un lieu clos ouvert sur l'infini

Si *l'Enterprise* est un lieu nécessairement clos, la vie dans l'espace étant impossible, il est en permanence ouvert vers l'extérieur par le biais de son écran qui donne à voir d'autres vaisseaux spatiaux, des planètes, des extraterrestres. Il est dans le vaisseau ce qui renvoie immédiatement au texte d'introduction de chaque épisode : « the final frontier ». L'écran de la passerelle est souvent le lieu du premier contact. Comme *Star Trek* est une série télévisée, un produit filmique avant tout, cette première approche avec l'autre est nécessairement « audiovisuelle » comme pour rappeler que tout cela reste un spectacle, même s'il dépasse le simple divertissement et qu'il donne à réfléchir. Le procédé qui consiste à rappeler les distances qui séparent l'Enterprise de l'objet ou navire extraterrestre sur l'écran n'est pas fortuit. L'écran donne le plus souvent l'illusion que l'entité extraterrestre est juste devant le vaisseau alors que les distances annoncées se chiffrent en milliers, voire en centaines de milliers de kilomètres. Ce décalage traduit plus que n'importe quel autre élément diégétique l'idée d'une frontière de l'infini qu'on reculerait en permanence. En abolissant ainsi les distances, on peut espérer un contact réel et le rapprochement entre des cultures parfois opposées : il s'opérera dans l'Entreprise ou sur une planète. Le grand écran de la passerelle est complémentaire de la salle de téléportation qui abolit de la même manière les distances puisque la téléportation permet l'acheminement immédiat des personnes et des objets.

### Évolution des lieux, évolution des personnages

*Star Trek* est l'une des rares créations télévisuelles à avoir connu une renaissance à une époque où les reboots, les prequels et autres séquelles n'était pas monnaie courante comme aujourd'hui : d'abord en dessin animé, ensuite sous forme de films à gros budget. Dix ans après la diffusion du dernier épisode de la série, le vaisseau Enterprise reprit donc du service pour aller intercepter « Viger », un immense nuage stellaire qui menace la Terre.

*Star Trek : The Motion Picture (Star Trek : Le Film)*[1] se veut le commentaire et la continuation de la série, explorant la grammaire du modèle sériel en apportant des variations purement cinématographiques. La matrice a changé dans la mesure où la Paramount avec son budget colossal permet au film ce que NBC et Desilu interdisaient à Roddenberry et à ses collaborateurs : reculer l'impossible avec des images qu'on avait jusque là uniquement rêvées. Il y a, à l'instar du voyage de Spock dans « Viger », un flux visuel qui permet enfin à la série d'aller au bout d'un imaginaire où le mot supplantait jusque-là l'image, demandant à son téléspectateur de visualiser lui-même ce qui tenait du non-vu.

Directement inspiré de l'épisode *The Changeling (le Korrigan,)*[2] où une sonde terrestre du XX^e siècle tentait de détruire le vaisseau, *Star Trek : the Motion Picture* inscrit l'univers « trekkien » dans une mise en scène d'une dimension nouvelle qui suppose une évolution du vaisseau lui-même comme des membres d'équipage. Le problème avec ces nouvelles images, possibles grâce aux progrès techniques si souvent vantés dans la série, c'est que l'œil spectatoriel ne soit trop submergé d'images qui ne laisseraient plus la place à la représentation humaine émotive et à l'intellection pure comme ce fut le cas dans la série. Pourtant, ce sont précisément les deux moments purement visuels du film – la scène des retrouvailles entre Kirk et *l'Enterprise* et le voyage de Spock dans « Viger » – qui sont les plus en phase avec la philosophie trekkienne. Sur une musique symphonique construite sur les mouvements de la navette qui emmène Kirk sur son navire, avec des ballets de vaisseaux et d'astronautes autour de l'Enterprise, on découvre en gros plan l'émotion du capitaine devant son vaisseau qu'il avait quitté quelques années plus tôt. Le plan qui cadre le visage de Kirk ému avec le reflet de de *l'Enterprise* renvoie directement au passé, au passé de Kirk, mais aussi au passé du téléspectateur devenu spectateur, avec une nostalgie émerveillée.

Aussi, lorsqu'à la fin du film, Kirk lance *l'Enterprise* vers un nouveau voyage, avec la mention finale « l'aventure humaine ne fait que commencer », il évoque non seulement une nouvelle étape de l'histoire humaine, mais une nouvelle donne pour l'univers trekkien l'inscrivant dans une nouvelle logique de séries.

On retiendra des cinq films avec l'équipage d'origine qu'ils ne dérogent jamais aux codes imposés par la bible trekkienne, même quand Kirk est

---

1   Robert Wise, *Star Trek : The Motion Picture (Star Trek : Le Film)*, Paramount Pictures, 1979. Viger est la sonde Voyager qui a traversé l'espace pour atteindre un état de perfection. La sonde cherche à rentrer en contact avec son créateur qui n'est autre que l'homme pour « fusionner » avec lui.

2   Gene RODDENBERRY, *Star Trek, The Changeling*, 2x3, 1967, Desilu, NBC, 1967.

poussé à faire l'impensable dans le troisième film, *Star Trek III : The Search for Spock* (*Star Trek 3: À la recherche de Spock*) : détruire « son » vaisseau pour ressusciter son ami de toujours, Spock. Quand Kirk se demande ce qu'il vient de faire, McCoy, sa conscience, lui répond : « ce qu'il fallait, ce que vous avez toujours fait : transformer la mort en une chance de vie »[1]. La renaissance de Spock est clairement une continuation de la fusion entre Viger et son créateur du premier film où émotion humaine et émotion intellectuelle pure se confondaient pour une transformation en une réalité supérieure. La nouvelle vie du Vulcain est le résultat d'une identique évolution positive de l'humanité et de la technologie. Spock n'était lié à aucun lieu spécifique. Sa dualité – il est le seul vulcain dont la mère est terrienne – explique ce statut spatial particulier. Si sa part humaine a tendance à le rapprocher des autres membres de l'équipage, sa part extraterrestre à tendance à l'en éloigner. Cette dichotomie l'oblige donc à trouver immédiatement la place idéale que lui impose sa logique et ce quel que soit le lieu, toujours dans le seul but de servir le capitaine et *Starfleet*. Cette attitude, logique pour un Vulcain, est considérée par les humains comme de la loyauté d'où les sentiments tout particuliers que lui vouent McCoy et, surtout, Kirk. Chacun est à sa place, dans son lieu, au nom du pragmatisme et de la logique.

Les fondamentaux de la série sont donc respectés. L'odyssée humaine peut continuer pour s'achever pour le premier équipage de *l'USS Enterprise* avec un plan semblable à ceux que l'écran de la passerelle donnait à voir, un plan sur des étoiles qui défilent sauf que l'écran du vaisseau remplit désormais toute la surface de l'écran de cinéma et que chacun des acteurs appose sa signature sur l'écran. C'est la frontière entre fiction et réalité qui est abolie ici, autant pour signifier un irrévocable adieu à un équipage vieillissant que pour évoquer la continuation du voyage avec un vaisseau Enterprise en perpétuelle évolution, d'un équipage à l'autre, d'une série à l'autre, d'un film à l'autre, d'une époque à l'autre (le dernier *Star Trek, Star Trek : Into the Darkness*[2] date de 2013). La présence de la maquette de L'Enterprise au *National Air and Space Museum* s'inscrit aussi dans cette abolition des frontières entre fiction et réalité, et apporte à l'idée fondatrice de la série – reculer l'impossible – une dimension toute particulière. *L'Entreprise*, vaisseau fictif d'une réalité « science-fictionnelle», a trouvé sa place aux côtés de vaisseaux réels comme *Gemini* ou *Apollo*. Le champ des possibles étant infini, l'aventure humaine ne fait donc, comme le dit le film, que commencer.

---

1   Leonard NIMOY, *Star Trek III : The Search for Spock,* Paramount Pictures, 1984, 01:12:49.

2   J.J. ABRAMS, *Star Trek : into the Darkness,* Paramount Pictures, 2013.

*

Si *Star Trek* a laissé une telle empreinte mémorielle avec de nombreux de spin-off et de nouvelles œuvres cinématographiques, c'est avant tout parce que son vrai sujet a toujours été la condition humaine. Aussi, si *l'Enterprise* a autant fasciné à son époque, dans sa « version » originelle comme aujourd'hui dans ses nouvelles versions, télévisuelles et cinématographiques, c'est avant tout en raison des relations qu'entretiennent ces lieux de vie et de travail avec les principales figures de la série, avec ce qu'elles représentent, en l'occurence, l'intégrité, le sens du devoir, la compassion, le courage, l'intelligence. Ainsi les lieux du vaisseau sont porteurs de sens et susceptibles de jouer un rôle dans la narration grâce à un processus d'échanges avec les personnages ; la topographie des lieux elle permet avant tout un programme de performance pour les personnages qui mettent en avant leur savoir-faire. Le caractère répétitif, inhérent à la production sérielle, a sans doute rendu l'univers diégétique de *Star Trek* totalement transparent pour le téléspectateur alors que sa réalité « audiovisuelle » ne peut s'inscrire que dans le seul monde fictionnel, un monde qui appartient à un futur lointain ce qui suppose donc de nombreux possibles. En fait, les téléspectateurs ont pu accepter ces lieux comme tels, car ils ont permis un point de vue optimal sur le monde diégétique, déterminant, par conséquent, leur implication affective dans la série. À l'inverse, les personnages, par leur existence même et ceux qu'ils représentent, ont permis aux lieux d'acquérir une valeur. La clôture des lieux, inhérente à l'espace englobant, le vaisseau, a permis de privilégier les personnages, donc plus globalement les histoires qui les concernent.

## *Bibliographie*


ABRAMS J.J., *Star Trek : into the Darkness*, Paramount Pictures, 2013.

ALLEN Irwin, *Lost in Space (Perdu dans l'Espace)*, 1965-1968, CBS, 83 épisodes.

ALLEN Irwin, *Voyage to the Bottom of the Sea (Voyage au fond des Mers)*, 1964-1968, ABC, 110 épisodes.

CHRISTIE Howard, LEWIS Richard, *Wagon Train (La Grande Caravane)*, 1957-1965, NBC (1957-1962), ABC (1962-1965), 284 épisodes.

FORD John, *The Wagon Master (Le Convoi des Braves)*, 1950.

MEADOW Herb, ROLFE Sam, *Have Gun Will Travel*, 1957-1963, CBS, 225 épisodes.

NIMOY Leonard, *Star Trek III : The Search for Spock*, Paramount Pictures, 1984.

RODDENBERRY Gene, *Star Trek*, Desilu, NBC, 1966-1969. La première saison compta 29 épisodes, la seconde 26 épisodes et la troisième 24 épisodes.

RODDENBERRY Gene, *Star Trek, The Corbomite Maneuver*, 1x10, Desilu, NBC,1966.

RODDENBERRY Gene, *Star Trek, The Tholian Web*, 03x09, Desilu, NBC,1968.

RODDENBERRY Gene, *Star Trek, CharlieX*, 01x02, Desilu, NBC, 1966.

RODDENBERRY Gene, *Star Trek, Journey to Babel*, 02x10, Desilu, 1967, NBC.

RODDENBERRY Gene, *Star Trek, The Changeling*, 2x3, 1967, Desilu, NBC, 1967.

STERLING Rod, *The Twilight Zone (La Quatrième Dimension)*, 1959-1964, CBS, 159 épisodes.

STEVENS Leslie, *The Outer Limits (Au-delà du Réel)*, 1963-1965, ABC, 49 épisodes.

WISE Robert, *Star Trek : The Motion Picture (Star Trek : Le Film)*, Paramount Pictures, 1979.

# L'espace urbain

# Les représentations de Carthage
# dans la science-fiction tunisienne

*Kawthar Ayed*
*ISGT, Université de Tunis, Laboratoire des études maghrébines,*
*francophones, comparées et médiation culturelle*

Carthage est un lieu de mémoire, jalonné d'histoires de conquêtes, d'élans de puissance, de rêves et d'échecs, qui est bien présent dans la littérature de science-fiction, américaine notamment. Mais la science-fiction tunisienne, qui commence à germer dans l'espace culturel tunisien, s'y intéresse de plus en plus en contrecarrant les représentations que d'autres auteurs occidentaux ont en fait.

Nous nous intéressons, dans cet article, à la représentation de Carthage comme lieu et comme symbole dans deux romans de la science-fiction tunisienne : *Et si Hannibal revenait ?* (لو عاد حنبعل) de l'auteur tunisien Hedi Thabet et *2103, Le Retour de l'éléphant* de AbdelAziz Belkhodja.

Carthage et son histoire nourrissent la trame narrative de ces deux textes, mais sous deux angles différents. Dans *Et si Hannibal revenait ?* le récit est plutôt tourné vers le passé glorieux par opposition au présent décadent et désenchanté alors que *2103, Le Retour de l'éléphant* nous montre un lieu qui s'est réconcilié avec son passé en retrouvant sa splendeur et sa force.

Nous proposons donc d'étudier ces deux représentations différentes d'un lieu qui fut témoin d'une des plus grandes puissances du monde.

## *Hannibal face aux ruines de Carthage*

Le roman de Hedi Thebet est l'un des rares textes de la science-fiction arabe qui pourrait-être considéré comme uchronique. Dès le titre le lecteur est interpellé par l'expression hypothétique : 'Et si' qui place le texte d'ores et déjà dans l'univers uchronique.

Uchronie est un mot qui a été inventé par Charles Renouvier dans *Uchronie, l'utopie dans l'histoire[1]*. Étymologiquement, il est formé du préfixe "u" : non-lieu et de "chronos" : temps. C'est d'un nulle part dans le temps qu'il s'agit, puisque le temps en question n'existe que dans l'imaginaire des auteurs ; un passé qui aurait pu être, mais qui ne fut jamais ou un présent en proie à des changements qui n'ont lieu que dans la dimension narrative et fictionnelle du roman altérant ce même présent. Un "SI" hypothétique déclenche le récit à partir d'un événement précis, mais au lieu d'en faire un inventaire conforme à la réalité historique, l'écrivain en invente une autre qui correspond à une vision subjective et subvertie de cette réalité.

Cet intérêt pour l'histoire, comme le certifie Paul Valéry, est soutenu :

> du sentiment que les choses eussent pu être tout autres (…). SI Robespierre l'avait emporté ? SI Grouchy fût arrivé à temps sur le terrain de Waterloo ? SI Napoléon avait eu la marine de Louis XVI et quelque Suffren… SI … Toujours SI. Cette petite conjonction SI est pleine de sens. Elle donne à l'histoire les puissances des romans et des contes[2].

Le roman de Thebet nous place dans l'espace-temps de la Tunisie en 2004 ; le contexte historique renvoie à une réalité bien précise : décadence économique, régime tyrannique et hégémonie culturelle et militaire des États-Unis. Dans ce contexte un événement se produit à savoir la ressuscitation d'Hannibal Barka par des extraterrestres venus de Ganymède. Leur objectif annoncé est de tester la technique du clonage sur l'un des grands leaders de l'histoire terrestre et d'étudier le comportement du clone et ses réactions. Le choix est motivé par la renommée d'Hannibal et son intelligence.

> J'ai mis beaucoup de temps à consulter dans la bibliothèque de notre station terrestre les données sur les plus grands leaders de la planète, et en bref, j'ai trouvé que ton histoire est des plus insolites[3].

Ayant un niveau technologique avancé, la technique du clonage est devenue une pratique courante. Son application sur des sujets terriens rentre dans le cadre d'expériences scientifiques.

> La première difficulté rencontrée était de trouver ta trace. Je savais que tu avais péri à Izmit. J'y suis allée à bord de ma soucoupe volante, j'ai pris des photos du site et ce n'est qu'avec grand peine que j'ai pu repérer des restes de squelettes humains dont quelques échantillons avaient été pris par les robots. (…) Après plusieurs tentatives nous sommes arrivés à déterminer l'échantillon spécifique pour en extraire la boîte magique dans laquelle la nature avait caché ton code génétique. (EHR[4], p. 40)

---


1    Charles Renouvier, Uchronie (1876), Fayard, 1988.

2    Cité par Jacques Van Herp, *Panorama de la science-fiction*, Marabout, 1975, p. 66.

3    Hedi Thebet, *Et si Hannibal revenait ?*, Ed. Attasfir Alfanni, Sfax, 2004, p.39.

Une expérience éprouvante met donc Hannibal face à son nouveau monde avec toutes ses contradictions. La question posée dès le départ prend sens : et si Hannibal revenait, est-ce qu'il se comporterait en leader, est-ce qu'il changerait l'histoire ? L'histoire de Carthage et de la terre entière ? Une hypothèse posée par l'auteur et qui exprime une profonde crise : celle d'un présent désenchanté en l'absence d'un homme fort et intelligent tel Hannibal pour accomplir de grandes destinées.

Le retour d'Hannibal Barka est un retour vers ce passé mythique, ou mythifié d'une cité qui fut l'une des plus importantes du monde. Un héritage désormais perdu dans les ruines, ignoré par les gouverneurs et oublié par le peuple. Affrontant cette réalité, il ressent un profond dégoût :

> Où es-tu Carthage ? Où sont tes murs élevés ? Tes éminents bâtiments, tes luxueux palais ? Où sont tes temples, tes universités et tes bibliothèques ? (...) Où sont les ports accueillant les navires, les entrepôts débordant d'armes, les marchés bondant de mouvement, les fabriques grouillantes de bruit ? (...) La glorieuse Carthage s'était-elle transformée en un lugubre cimetière ? (EHR, p. 62)

Une foule de sentiments contradictoires s'empare de lui : la nostalgie, le dégoût et le regret. Le triste visage de Carthage au XXI^e siècle le remplit de désolation. Le sort qu'elle a connu le chagrine profondément : sa destruction par Rome, son anéantissement dans les mémoires et la disparition quasi totale de ses monuments. À cela s'ajoute la réalité de la Tunisie qui témoigne d'un état avancé/grave de décadence et de sous-développement économique, de pollution et d'abrutissement. Il s'indigne en voyant les décombres du vieux port jadis majestueux, il se sent accablé de tristesse et s'écrie : « Ce n'est pas Carthage ! Impossible ! » (*EHR*, p. 63)

Des bribes de souvenirs affluent, le terrassent et l'emportent vers un passé qu'il tente de reconstituer pour reconstruire la cité qu'il a connue. Il parvient à identifier l'endroit où était bâti le palais de sa famille, désormais vide et sinistre : « là était le palais de ma famille. Du côté ouest, il s'adossait à la montagne, il était entouré de jardins du côté Nord et sud alors que du côté Est, la mer lui faisait front » (*EHR*, p. 64)

Le lieu est un catalyseur de sa mémoire en miettes, un espace parsemé de souvenirs qui se superposent aux ruines et aux décombres. Piégé dans ce même lieu entre deux représentations il se sent impuissant. Pourquoi les extraterrestres l'ont-ils cloné, se demande-t-il ? Pourquoi souffrir dans un monde qui est le sien et pourtant différent, étrange et froid ?

---

4    Tout renvoi à l'œuvre de Hedi Thebet figurera, en texte, à la fin de chaque citation par un sigle (EHR) suivi de la référence.

Hannibal ne tarde pas à comprendre que derrière sa ressuscitation il y a un but bien précis : sauver l'humanité. Il est, en effet, décrit comme étant un homme plein d'ambitions, un homme de rigueur et de valeurs puisqu'il a lutté contre l'hégémonie romaine en cherchant à délivrer de leur arrogance et esclavagisme les peuples assujettis :

> Je n'étais pas un politicien, mais un homme. Je ne cherchais pas à décrocher des victoires militaires pour des ambitions politiques, mais je voulais donner l'exemple aux autres et rendre le monde moins cupide et moins tyrannique. (*EHR*, p. 102)

C'est justement le profil d'un homme qui a pu impressionner les habitants de Ganymède au point qu'ils l'ont cloné dans l'espoir qu'il trouve une stratégie pour éviter un éventuel anéantissement de la terre. Son retour ou sa ressuscitation prend sens. Il est le sauveur de l'humanité : « et que dirais-tu Hannibal si tu aidais les terriens à en finir avec les guerres ? » (*EHR*, p. 59) lui propose-t-on. Le progrès, au bout de deux mille ans, n'a pas donné à l'humanité de nouvelles alternatives, la tendance hégémonique est la même, ainsi que la recherche de la suprématie :

> Le changement qui a eu lieu n'est pas de fond, mais de forme. L'homme est encore farouche, et est un opportuniste qui vénère la puissance et la violence et qui planifie la destruction. Il a consacré la plus grande partie de l'avancée technologique à la conception d'outils de destruction. (EHR, p. 228)

La comparaison est établie entre Rome et les États-Unis dans la mesure où il y a une idéologie expansionniste qui définit la nature de ces deux puissances. Alors que la puissance carthaginoise était économique et commerciale, de nature différente donc de celle de Rome qui cherchait à assujettir les peuples. N'obéissant pas à une logique belliqueuse, elle fut détruite, rasée et brulée pour laisser les flots de la barbarie ravager le monde, le consumer et l'affaiblir.

Face à ces tableaux sombres de la civilisation dont le peintre est l'homme, Hannibal regrette Carthage et ses idéaux, ses principes et sa grandeur. La nostalgie l'émeut à chaque fois qu'il retrouve la mer, car elle, au moins, a gardé la même force et la même vitalité.

Mais, troublé par sa nouvelle existence, il ne sait comment agir ; il se laisse aller aux plaisirs de l'amour pour émousser son dégoût d'un présent qui lui échappe et d'un passé qui le hante et l'obsède. Une perplexité qui s'explique par le creux temporel qui le piège dans une profonde inquiétude.

Seule sa rencontre avec Asma, jeune Tunisienne libérée et dynamique, le réconforte. Elle est la flamme qui éclaire sa nouvelle existence et le console. Elle ne partage pas pour autant ses ambitions de délivrer la terre des dictateurs et d'une économie tentaculaire. Elle est le produit de son siècle, un prototype de la consommation de masse et du désengagement politique :

> Il lui rappelait tout le temps :
>
> – Si l'Homme ne prend pas conscience du danger éminent qui le guette, alors l'humanité périra et il n'en restera aucune trace.
>
> – L'humanité a un Dieu qui la protège, c'est lui le tout puissant et l'apocalypse est une destinée incontournable, donc ne te tracasse pas et laisse le destin suivre son cours.
>
> Il se révoltait en répondant :
>
> – Mais c'est une prise de position passive qui ne permet pas à l'homme d'assumer ses responsabilités. » (*EHR*, p. 271)

En dépit de cette sensation de désenchantement qui plane sur ce texte Hannibal rêve de changement. Il veut que les valeurs carthaginoises soient globalisées, que le progrès puisse enfin servir l'humanité et non pas l'asservir : « de quel progrès parle-t-on ? Alors que les deux tiers de l'humanité gisent sous l'oppression et la pauvreté ? » (*EHR*, p. 277) Ainsi, Hannibal, vers la fin du roman, prépare son plan d'action avec les extraterrestres en diffusant sur les chaînes télévisées de la planète entière des images d'armes de destruction massive secrètes, qui se trouvent un peu partout dans le monde, et accompagnées d'un message d'avertissement :

> Vous, peuples de la Terre, accordez-moi votre attention. Je suis Hannibal Barka, le Carthaginois ! Je viens du fin fond de l'histoire, grâce à la déesse Tanit, pour vous prévenir des dangers qui guettent votre terre ! (*EHR*, p. 278)

Son message provoque d'énormes manifestations qui dénoncent l'armement massif. Mais, rapidement, le feu de la colère cède le pas à la passivité. Les médias font d'Hannibal l'un des plus grands terroristes du monde ; il est menacé de mort. C'est alors que Tanit l'extraterrestre l'emmène avec elle, car elle reconnait que la Terre n'est pas encore prête à la paix ni à un progrès humaniste. À vrai dire, Hannibal savait déjà que son action échouerait, mais il est allé jusqu'au bout, car il est convaincu que c'est « la folie des hommes qui crée l'histoire » (*EHR*, p. 281)

Et c'est dans un élan de folie créatrice qu'un autre auteur tunisien nous met face à Carthage, mais cette fois dans sa plus belle image. Elle redevient un lieu témoin de la puissance et de la paix, de la démocratie et du progrès.

Dans une note d'ouverture, l'auteur nous confie que

> [son] but n'est pas de mettre le feu aux poudres, mais de divertir, peut-être aussi de faire rêver. Un grand philosophe a dit : « les gens normaux ne savent pas que tout est possible. » Je vous prie de ne pas être normaux en lisant ce livre ! La Grande Carthage n'est pas une légende. Elle a existé sur ce sol même,

et elle a été la plus grande puissance de son temps, la plus riche cité de l'univers[1].

## *Reconstructa est carthago*

Le texte de Belkhodja est un roman d'anticipation utopique dans la mesure où il nous projette dans le futur pour décrire une cité idéale. Carthage est cette cité qui s'épanouit vers la fin du XXI$^e$ siècle. Ses ruines ont été restaurées.

« Reconstructa est carthago » est justement le nouveau slogan de la république de Carthage qui cherche, dans son passé, l'histoire d'une civilisation radieuse. En 2103, une nouvelle puissance mondiale s'épanouit en Afrique du Nord nommée la République de Carthage dont l'histoire fascine l'auteur tunisien qui y trouve un modèle à ressusciter.

La description de la cité, somme toute utopique, est faite par un jeune américain, John, qui au bout de son voyage, y débarque pour poursuivre ses études. Carthage l'émerveille, c'est un paradis terrestre qui contraste avec l'enfer américain dont il est issu, il est « ébloui par le gigantisme de Carthage » (*RE*, p. 29), par l'ordre qui y règne et par le civisme des citoyens.

Avant que l'avion n'atterrisse à l'aérodrome international de Sounin-Rafraf, il ne cache pas sa surprise de voir, à travers le hublot, la statue de la Liberté, qui a été rachetée aux États-Unis en 2060, tenant un livre d'une main et un flambeau de l'autre. La statue devient le symbole de « la liberté éclairant le monde » (*RE*[2], p. 12). Un symbole qui renvoie à la devise de la république dont l'idéal est le développement et le progrès et non les conquêtes et l'exploitation. Elle se mue presque en utopie défensive[3] puisqu'elle s'entoure de murs protecteurs pour éviter l'afflux d'immigrés qui fuient l'Occident désormais décadent. Chadly est scandalisé par l'existence d'un mur protecteur :

> – Triste histoire ... et dire que le mur est encore debout ! C'est une honte. Depuis le mur de Berlin, on n'avait pas vu une chose pareille
>
> .– Une honte ! N'exagérons rien ! Imaginez les frontières ouvertes sans visa. Tout l'occident se ruerait en République de Carthage ! » (*RE*, p. 17)

---

1  AbdelAziz Belkhodja, *2103, Le Retour de l'éléphant*, Ed. Transbordeur, Marseille, 2005, p. 8

2  Tout renvoi à l'œuvre de Belkhogja figurera, en texte, à la fin de chaque citation par un sigle (*RE*) suivie de la référence

3  L'auteur cherche à se démarquer de l'utopie militaire qui a marqué la production de SF en Égypte dans les années 1980-2000

Tout au long de l'œuvre, s'établit un parallélisme permanent entre Carthage et l'Occident, le dedans et le dehors, le centre et les périphéries. Le texte adopte une vision centriste qui fait de Carthage la cité idéale, la plus puissante et la plus civilisée. Quant au reste du monde, ce ne sont que des barbares et des terroristes qui cherchent à intégrer la cité utopique :

> Les Américains ne sont pas en odeur de sainteté, ils ont mauvaise réputation : ils ne tiennent pas parole, ils sont roublards, faux, beaucoup sont des voleurs ou des intégristes. Et puis, ils ont le terrorisme dans le sang. (RE, p. 18)

C'est pourquoi la République s'entoure de murs pour se protéger de l'avalanche d'immigrés européens. Ces derniers sont dévalorisés et avilis autant que le sont, dans la réalité, les ressortissants des pays sous-développés. Dans une scène marquante, à l'aéroport, l'auteur nous décrit le refoulement de plusieurs immigrés par la police des frontières pour diverses raisons dont la plus importante reste la sécurité de Carthage. Faute de papiers ou à cause de leur apparence, ils se trouvent exclus de la cité du bonheur. Ils rebroussent chemin en attendant une meilleure chance. Mais où la saisir ? Seule Carthage offre la promesse d'une vie plus digne « à cause de la misère matérielle, politique et culturelle du Nord qui contraste tellement avec l'opulence, le rayonnement et la puissance du Sud » (*RE*, p. 18)

La rive sud où prédomine la nouvelle Carthage est le dernier rempart de l'humanité. Les Carthaginois ont ressuscité le modèle antique et recréé les conditions favorables à l'épanouissement d'un système démocratique où c'est le peuple qui gouverne. Les citoyens portent l'habit carthaginois. Les plus grandes découvertes portent les noms de leaders carthaginois. La monnaie n'est plus en dinars, mais en carthagos (1 carthago équivaut à 18 dollars).

Ainsi, on réinvente l'histoire à travers la reconstruction du lieu : restauration du temple d'Elyssa qui est devenu la plus grande bibliothèque du monde et le centre de recherches le plus réputé de Carthage. Les thermes d'Antonin sont réactivés et reçoivent plus de 20 000 visiteurs par jour. L'ancien port punique retrouve sa splendeur ainsi que les jardins suspendus de Magon. La reconstruction de Carthage s'accompagne d'un changement radical sur tous les plans : politique, économique, scientifique et culturel. Un souffle nouveau transforme la Tunisie qui porte désormais le nom de République de Carthage. La pollution a disparu grâce à la formule A :

> D'immenses réserves naturelles ont été constituées. Le lion, la hyène, les troupeaux de gazelles et d'éléphants, toutes espèces protégées, ont réinvesti l'Afrique du Nord. Le retour de l'éléphant a été fêté par tout le pays. Carthage renouait avec son animal fétiche qui fit la gloire de ses armées antiques. (*RE*, p. 80)

L'auteur trace les contours d'une cité utopique qui a su accommoder l'histoire à son présent pour être à l'image de Carthage l'antique : « John comprenait désormais la renaissance carthaginoise. Ils ont recréé les conditions qui ont dans l'Antiquité, fait leur puissance économique et politique. Le reste a suivi tout seul. » (*RE*, p. 84)

Un message politique est formulé dans le texte à travers l'évolution du personnage. Il est à mettre en corrélation avec l'interversion romanesque à laquelle procède l'auteur. En effet, le miroir déformé de la fiction nous donne à voir un monde interverti où les choses sont renversées. L'interversion permet également à l'auteur de dénoncer en filigrane l'indifférence des puissances mondiales face à la dégénérescence des pays pauvres.

Dans le texte, la République livre l'Occident à lui-même et bloque ses frontières. Alors que dans la réalité c'est bien l'inverse qui se produit. L'idée mise en avant est que le progrès et la richesse, s'ils sont accaparés par une nation au détriment d'autres, entraînent des élans de domination au lieu d'assurer le salut de l'humanité. C'est le secret que dévoilent les ruines de l'Atlantide retrouvées ensevelies sous le sable du désert tunisien puisqu'elles portent un message à l'adresse de l'Homme afin qu'il ne reproduise plus les mêmes erreurs : « la carapace de la haine n'y laisse pas entrer la lumière de la beauté. Délaissez l'obscurité et fixez la lumière. Elle seule vous sauvera du néant » (RE, p. 122). La lumière c'est l'humanité et le néant c'est la domination des uns sur les autres. L'égoïsme constitue une carapace de haine qui sépare les hommes et amène diverses formes de coercition. Dépasser ce stade, signifie trouver le chemin du véritable progrès.

Le séjour de John dans la république de Carthage le change, le bouleverse et le métamorphose. Le lieu exerce sur lui sa magie et fait de lui un révolutionnaire qui cherche à entreprendre des actions dans son propre pays afin de lutter contre la dictature et la négation des libertés. Son existence reconquiert un sens : vouloir apporter le meilleur à son peuple. Plein de détermination, il expose son plan d'action :

> Je vais disparaître quelque temps puis, lorsqu'on m'aura oublié, je repartirai en Amérique et là, je tenterai de changer les choses (...). Il faut d'abord créer une véritable opposition, car celles qui existent légalement ne sont que des appendices du pouvoir. Ensuite, il faut sortir le peuple américain de sa peur, lui apprendre qu'il est seul maître de son destin. Ça, c'est notre premier combat. C'est à nous de le mener. Je ne veux pas d'une opposition soutenue de l'étranger, d'une opposition caviar qui se contente de critiquer et de s'en mettre plein les poches. » (RE, p. 125)

Par ce jeu d'interversion l'auteur tunisien donne à son roman un air de pamphlet, la fin est le début d'un cycle de changement dont il rêve ; Carthage est au centre de son aspiration à un monde meilleur. C'est un lieu habité par une histoire glorieuse qui ne cesse d'exercer son charme au fil du temps. Il est invincible même s'il capitule, ce qui fut le cas de Carthage l'ancienne. Le lieu résiste par sa mémoire et survit grâce à son passé. Renouer avec le passé est la clé qui a ouvert les horizons d'un monde meilleur.

Belkhodja, dans son roman, reconstruit des ponts et des passerelles avec l'histoire de Carthage, il donne espoir à un lecteur désespéré qui ne croit plus à des jours meilleurs. La gloire peut de nouveau souffler sur le pays, si révolution il y a. Il a été le prédécesseur d'une révolution qui marquera l'histoire de la Tunisie des années post-édition du roman, mais qui attend la promesse d'un lieu encore enseveli dans la mémoire collective.

Il donne également à son lecteur une définition différente du progrès qui ne se limite pas aux seuls exploits matériels, mais touche le spirituel. Cette forme de progrès ne s'accomplit que si l'humanité entière en bénéficie. Le partage des savoirs et des ressources est le véritable facteur de la prospérité sur Terre.

*

Passer par la fiction permet de rêver, de créer des alternatives en inventant une nouvelle réalité, un nouveau monde. Belkhoudja et Thebet ont trouvé dans la science-fiction un espace ultime de créativité, un genre où l'impossible n'existe pas ; loin des contraintes d'un réalisme étouffant, ils ont brisé le carcan de la sainte littérature en installant dans l'espace culturel tunisien une nouvelle forme d'écriture qui tarde à se frayer un chemin.

Ces deux romans véhiculent des rêves et des espoirs, mais aussi du dégoût et du désenchantement. Ils transforment le pays, par la grâce de la fiction, en quelque chose de meilleur, en un lieu utopique. Mais justement, ne faut-il pas d'avantage d'utopies pour que le monde change ? L'*Utopia* de Thomas More n'a-t-elle pas contribué à élargir l'espace de réflexion et n'a-t-elle pas nourri des rêves de changement ? Est-ce un hasard si ces textes ont précédé la révolution tunisienne, mieux s'ils ont en rêvé ? Écrire et rêver un monde meilleur ne traduit-il pas l'envie de vouloir concrétiser « la cité vertueuse », le paradis d'ici-bas ? N'est-ce pas là un message fort contre les mouvements islamistes et millénaristes qui font du paradis un attribut céleste auquel l'humble individu du monde matériel ne pourra jamais accéder ?

Écrire et imaginer un monde meilleur est un acte de résistance contre le dogmatisme et contre l'obscurantisme qui constituent la pierre angulaire de l'enfer terrestre. La fiction a le pouvoir de métamorphoser le lieu, mais la littérature peut-elle changer le monde, transformer réellement le lieu ? La plume trace-t-elle le contour de notre monde tel qu'il pourrait-être ou tel qu'il sera peut-être... ? Soyons utopique pour rejoindre l'esprit du genre qui est avant tout :

> le songe de l'homme assailli par la misère morale et matérielle qui l'entoure et voudrait l'engloutir. C'est la tentative de sortir le regard de la trivialité quotidienne pour le porter vers de lointaines régions de l'idéal pour y construire la cité nouvelle des justes et des parfaits[1].

## *Bibliographie*


ANTONY Michel, « Utopie : anarchistes et libertaires », *Ecole Alsacienne*, http://www.ecole-alsacienne.org/CDI/pdf/1301/130102_ANT.pdf, [consulté le 06/07/2015].

BELKHODJA AbdelAziz, *2103, Le Retour de l'éléphant*, Ed. Transbordeur, Marseille, 2005.

RENOUVIER Charles, *Uchronie* (1876), Fayard, 1988.

THEBET Hedi, لو عاد حنبعل / *Et si Hannibal revenait ?*, Ed. Attasfir Alfanni, Sfax, 2004.

UGO Fedely, « Utopie : anarchistes et libertaires », *Ecole Alsacienne*, http://www.ecole-alsacienne.org/CDI/pdf/1301/130102_ANT.pdf, [consulté le 06/07/2015].

VAN HERP Jacques, *Panorama de la science-fiction*, Marabout, 1975.


---

1   Fedeli Ugo, cité par Michel Antony, « Utopie: anarchistes et libertaires », *École Alsacienne*, http://www.ecole-alsacienne.org/CDI/pdf/1301/130102_ANT.pdf, [consulté le 06/07/2015].

# Vivre, aimer et mourir dans la fourmilière des *Monades urbaines* de R. Silverberg (1971)[1] Espace refuge, espace vital ou espace prison ?

*Hervé LAGOGUEY*
*Université de Reims Champagne-Ardenne*
*CIRLEP (EA 4299)*

## *Entre réalité, fantasme et science-fiction, la grande peur de la surpopulation*

À partir des années soixante, de nombreux écrivains de science-fiction délaissent les étoiles et le *space opera* pour s'intéresser à des questions sociales, politiques et écologiques très concrètes. S'ils écrivent des histoires de sociétés futures, leurs œuvres sont le reflet des craintes de leur époque et l'extrapolation le plus souvent dystopique de problèmes bien réels en gestation, ces auteurs se servant de la valeur d'avertissement de la science-fiction. Une de ces questions majeures est celle de la surpopulation, un problème lié à ceux du logement et des ressources alimentaires, les auteurs de science-fiction n'ayant pas forcément envisagé toutes les possibilités offertes par la science, comme la révolution verte ou les OGM. Les ouvrages de sociologie traitant du problème se multiplient aussi, le *Club de Rome*[2] se crée, les observateurs tirant la sonnette d'alarme dans le sillage des prédictions pessimistes de Malthus[3], qui voyait déjà en son temps une

---

1   Éditions utilisées : Robert SILVERBERG, *The World Inside*, New York, Bantam Books, 1983. *Les Monades urbaines*, Michel RIVELIN (trad.), Paris, J'ai lu, 1979. Faute de place, nous ne proposerons les citations en français et anglais que pour ce texte.

2   Le *Club de Rome* doit son nom au fait que ses membres fondateurs ont tenu leur première réunion dans la capitale italienne en 1968. En 1972, leur rapport *The Limits to Growth* (traduit par *Halte à la croissance ?*) fait grand bruit. Alors que les pays développés connaissent une période de croissance sans précédent (Les Trente glorieuses), ce rapport envisage qu'à long terme (pas avant 2010), le monde sera confronté à une pénurie des ressources énergétiques et minérales.

3   Économiste britannique, Malthus publie en 1798 un pamphlet intitulé *« Essai sur le principe de la population en tant qu'il influe sur le progrès futur de la société avec des remarques sur*

progression démographique exponentielle, plus rapide que l'augmentation arithmétique des ressources, et qui préconisait une régulation des naissances. Aux États-Unis, l'ouvrage le plus célèbre est *The Population Bomb* de Paul Ehrlich (1971)[1], livre alarmiste qui prédit chaos et famine mondiale si « l'homme-nombre » atteint de « lapinisme » continue de se multiplier. Bon nombre de ces prédictions se sont révélées (Pourquoi pas « s'avérer » ?) fausses, mais le livre a eu le mérite de sensibiliser le grand public à des problèmes écologiques toujours d'actualité. Notons aussi que le visionnaire Aldous Huxley brandit très tôt le spectre de « l'Âge de la surpopulation[2] ».

En croisant les différentes estimations, on pouvait compter environ 500 000 personnes sur Terre il y a 100 000 ans, 5 millions il y a 10 000 ans, 300 millions en l'an 1000, 500 millions en 1500, un milliard vers 1800, 1,6 milliard en 1900, 3,7 milliards en 1970 – époque de publication des *Monades* –, et 7,3 milliards en 2015. En raison des progrès en matière de médecine et d'hygiène, le taux de mortalité infantile est en baisse constante, l'espérance de vie s'allonge, et le temps de doublement de la population mondiale est de plus en plus court. Ehrlich note qu'il est passé d'un million d'années, à 1000 ans, puis 200, puis 80, puis 37 ans en 1970. En 1969 le physicien Fremlin calcule que si la croissance continuait à ce taux pendant 900 ans, il y aurait 60 millions de milliards d'hommes sur Terre, soit 120 personnes au mètre carré[3]. Des chiffres qui donnent le vertige, mais qui sont irréalistes, car « Il n'y a rien de plus dangereux, pour prévoir l'avenir, que la prolongation des courbes du passé[4] ». Comme on le voit, il y a des projections plus fantaisistes que celles des auteurs de science-fiction, qui ne sont pas des futurologues.

Quand ceux-ci traitent du problème de la surpopulation, on peut classer leurs textes en deux catégories : les récits dystopiques où les hommes sont dépassés par le problème, et les récits qui proposent une solution, loin d'être utopique. Dans la première catégorie, où figurent en bonne place les chefs-d'œuvre de

---

les théories de M. Godwin, de M.Condorcet et d'autres auteurs », puis une édition augmentée en 1803 : « *Essai sur le principe de population ou exposé de ses effets sur le bonheur humain dans le passé et le présent avec des recherches sur nos perspectives de supprimer ou de diminuer à l'avenir les maux qu'il occasionne* ». Il y prévoit déjà des catastrophes démographiques si rien n'est fait pour contrôler la croissance de la population.

1 Paul EHRLICH, *La Bombe "P"*, F. BAUER, D. BECHON, P. PÉREZ (trad.), Paris, J'ai lu, 1973.

2 Voir Aldous HUXLEY, *Retour au Meilleur des mondes* (19 589, Denise MEUNIER (trad.), Paris, Pocket, 2014.

3 John H. FREMLIN, « How Many People Can the World Support », *New Scientist*, oct. 1969, in *La Bombe "P"*, p. 263.

4 Joseph KLATZMANN, *Surpopulation, mythe ou menace ?*, Paris, Economica, 1996, p. 91.

John Brunner *Tous à Zanzibar*[1] , erreur, laisser la date et *Le Troupeau aveugle*[2] (1972), nous retiendrons surtout le classique de Harry Harrison : *Soleil Vert*[3] (1966), dont le titre original programmatique est *Make Room! Make Room!* (Faites de la place). Symbole de toutes les mégapoles, la New York de *Soleil Vert* est peuplée de 35 millions d'habitants qui ne savent où se loger : dans les rues, dans le métro, dans les appartements des autres quand ils ont la chance d'avoir un ordre de réquisition pour s'y installer. Pour faire de la place, on abat « les vieilles constructions pour en élever de nouvelles, de plus en plus hautes – car il ne semble pas y avoir de limite à l'accroissement des hommes » (*SV*, p. 9). L'eau est rationnée, ce qui donne lieu à des émeutes, les rivières sont polluées, la nourriture est infecte, on se nourrit essentiellement de steaks de soja ou d'ENER-J à base de plancton, la viande, c'est du chien ou du rat. Il y a pénurie de pétrole, de charbon, des espèces animales disparaissent. Les gens sont en mauvaise santé, l'insécurité règne. Cette Amérique du futur est située en 1999, mais elle est proche de la réalité des bidonvilles indiens ou sud-américains.

Harrison se fait l'écho des peurs écologistes de son temps, à travers son héros, Sol, qui déclare « Tous les problèmes d'aujourd'hui viennent du fait qu'il y a trop de monde sur terre. [...] Autrefois, la sélection naturelle se faisait par les maladies, la mortalité infantile. [...] Maintenant il y a trois naissances pour un décès. » (*SV*, p. 156-157). En préface d'une réédition, le professeur Bowerman, conseiller sur le film tiré du roman, apporte sa caution scientifique : « J'ai la conviction qu'une croissance démographique sauvage [...] constitue le problème le plus grave que l'humanité ait présentement à résoudre. Je suis en désaccord radical avec ceux qui soutiennent que la terre peut supporter indéfiniment la croissance démographique actuelle. » (*SV*, p. 5-6). Harrison soulève aussi la question du contrôle des naissances, qui pour ses opposants est un « Décret d'Infanticide [qui] contredit les lois naturelles » (*SV*, p. 156). Si nous nous sommes attardés sur *Soleil Vert*, où les lieux de vie font cruellement défaut, c'est parce les tours gigantesques de Silverberg apportent une solution aux problèmes soulevés par Harrison, et parce que *Soleil Vert* illustre parfaitement la période de chaos qui a précédé l'âge d'or des monades, évoquée de façon parcellaire à travers les lointains souvenirs des pilleurs de nourriture, des années de famine, d'insécurité et de confusion. Un passé littéralement écrasé sous le poids du présent, symbolisé par l'imposante monade, puisque les archives se consultent aux étages les plus bas.

---

1     John BRUNNER, *Tous à Zanzibar* (*Stand on* Zanzibar, 1968), Didier PEMERLE (trad.), Paris, Robert Laffont, « Ailleurs et Demain », 1972.

2     John BRUNNER, *Le Troupeau aveugle* (*The Sheep Look up*, 1972), Guy ABADIA (trad.), Paris, Robert Laffont, « Ailleurs et Demain », 1975.

3     Édition utilisée, H. HARRISON, *Soleil Vert*, E. de MORATI (trad.), Paris, Presses Pocket, 1975.

La science-fiction est aussi riche de récits qui offrent une solution au problème de la surpopulation, avec des propositions souvent outrancières, « épouvantables ou grotesques, parce qu'elles impliquent la perte de nos valeurs[1] ». Nos quelques exemples se limiteront à une science-fiction « non-spatiale », où la solution doit se trouver sur Terre, là où est le problème, écartant donc les récits de colonisation, de terraformation, ou d'astronefs en route vers les étoiles. Parmi ces solutions « terre-à-terre », citons « Le test[2] » de Richard Matheson, qui propose d'éliminer les personnes âgées, idée reprise dans *Soleil Vert*[3] le film de Richard Fleischer , où leurs corps recyclés en tablettes énergétiques servent à nourrir le peuple. Encore plus radicale, la limite d'âge de la société de *L'Âge de cristal*[4] de G.C. Johnson et W.F. Nolan est de vingt et un ans – trente ans dans le film de Michael Anderson[5]. Dans ses œuvres de jeunesse, Silverberg est tout aussi outrancier, puisque le Condé (Contrôle démographique) de *Droit de vie et de mort*[6] est chargé d'euthanasier les bébés malades et les vieillards. Plus proche de la réalité (voir ce qui s'est fait en Inde), dans « Soixante-dix ans de decpop[7] » Philip José Farmer stérilise la population mondiale pour mener la Terre à un nouvel âge d'or, alors que la stérilisation temporaire est obligatoire pour les visiteurs des îles surpeuplées du Yatakang dans *Tous à Zanzibar*. Dans « Heureux mortels[8] », de John Sladek, les machines ont pris à leur compte la limitation des naissances. Dans « Huit milliards d'hommes à Manhattan[9] », Richard Wilson propose de loger les excédents de population dans des cavernes souterraines, à la façon des *Cavernes d'acier*[10] d'Asimov. J. G. Ballard octroie généreusement trois mètres carré habitables à chaque citoyen

---


1    Gérard KLEIN, préface à *Histoires de l'an 2000*, Paris, Livre de poche, 1985, p. 20.

2    Richard MATHESON, « Le test » (« The Test,1954), Roger DURAND (trad.), in *Histoires de l'an 2000*, Gérard KLEIN (dir.), Paris, Le Livre de poche, 1985.

3    Richard FLEISCHER, *Soleil Vert* (*Soylent Green*), © Metro-Goldwyn-Mayer, 1973.

4    George C. JOHNSON et William F. NOLAN, *Quand ton cristal mourra / L'Âge de cristal* (*Logan's Run*, 1967), Claude SAUNIER (trad.), Paris, Denoël, « Présences du futur », 1969.

5    Michael ANDERSON, *L'Âge de cristal* (*Logan's Run*), © Metro-Goldwyn-Mayer, 1976.

6    Robert SILVERBERG, *Droit de vie et de mort* (*Master of Life and Death*, 1957), Michel LODIGIANI (trad.), Paris, Fleuve noir, « Les best-sellers », 1984.

7    Philip José FARMER, « Soixante-dix ans de decpop » (« Seventy Years of Decpop », 1972), Charles CANET (trad.), in *Histoires écologiques*, Gérard KLEIN (dir.), Paris, Le Livre de poche, 1983

8    John SLADEK, « Heureux mortels » (« The Happy Breed », 1967), René LATHIÈRE (trad.), n *Espaces inhabitables : Tome 1*, Alain DORÉMIEUX (dir.), Paris, Casterman, 1973

9    Richard WILSON, « Huit milliards d'hommes à Manhattan » (« The Eight Billion », 1965), Pail ALPÉRINE (trad.), in *Histoires de demain*, Demètre IOAKIMIDIS (dir.), Paris, Le Livre de poche, 1975.

10   Isaac ASIMOV, *Les Cavernes d'acier* (*The Caves of Steel*, 1953), Jacques BRÉCARD (trad.), Paris, Hachette, « Le Rayon fantastique », 1956.

dans « Billenium[1] ». Dans « La Fourmilière[2] », Robert Bloch imagine des manipulations génétiques qui réduisent de moitié la taille des humains.

Silverberg s'inscrit dans la lignée de ces textes, tout en s'en démarquant. *Les Monades urbaines* n'est pas un roman *stricto sensu*, mais un groupe de sept récits racontés par un narrateur omniscient, un « brillant exercice d'extrapolation sociale » à part dans son œuvre[3]. Chaque histoire est relatée d'un point de vue différent, un personnage secondaire d'un récit pouvant fournir le point de vue principal dans le suivant. Dans cet univers, 75 milliards d'humains vivent heureux dans des tours de trois kilomètres de haut qu'ils ne quittent jamais. Cet article se propose d'analyser les modifications radicales qu'entraîne cette réponse science-fictive aux questions bien concrètes des contemporains de Silverberg : changement de l'espace, des règles, des mœurs et des mentalités. Ce qui pose le problème de l'adaptabilité à ce nouveau lieu de vie, que la stratégie narrative de l'auteur met en avant par la confrontation de différents points de vue. Au cours de cet essai, nous verrons aussi en quoi ce texte de science-fiction situé au XXIVe siècle est malgré tout le pur produit de son époque, à la croisée des années Soixante et Soixante-Dix, conditionné par ce que Fredric Jameson appelle « notre incontournable situationnalité : situationnalité dans la classe, la race, le genre, la nationalité, l'histoire – bref, dans toutes sortes de déterminations[4]. »

## *La solution de Silverberg : l'espace métamorphosé*

Silverberg se démarque de ses confrères puisque sa société a renoncé à lutter contre la surpopulation, pour au contraire l'encourager grâce à un projet architectural à visée utopique. Il faut faire de la place, disait Harrison, mais comment ? Pour Silverberg, la solution est verticale. Dans ce futur, après « l'atroce période pré-monadiale quand on ne savait plus où loger les habitants de notre planète[5] » (*MU*, p. 41), il y eut une frénésie de procréation

---


1   James G. BALLARD, « Billenium » (« Billenium », 1961), Lionel MASSIN (trad.), in *Billenium*, Verviers, Marabout, 1970.

2   Robert BLOCH, « La Fourmilière » (« This Crowded Earth », 1958), Christian MEISTERMANN (trad.), in *Matriarchie*, Verviers, Marabout, 1975.

3   Philippe R. HUPP, *Le Livre d'or de la science-fiction : Robert Silverberg*, Paris, Presses Pocket, 1979, p. 25.

4   Fredric JAMESON, *Archéologies du futur. Le désir nommé utopie* (2005), N. VIEILLESCAZES, F. OLLIER (trad.), Paris, Max Milo, « L'Inconnu », 2007, p. 293.

5   « after the agonies of the pre-urbmon days when everybody [was] wondering where we were going to put all the people », (*TWI*, p. 12).

qui peut être considérée comme une réaction naturelle à la peur non naturelle de donner la vie. Mais contrairement au baby-boom d'après-guerre, cette frénésie n'a pas de fin, tant et si bien qu'en 2381, la contraception pour laquelle les femmes se battaient en 1970 est oubliée. Le credo de tout un monde est « Croissez et multipliez », la surcopulation n'entraînant plus la surpopulation, du moins si l'on s'en tient aux critères de place et de ressources.

La plupart des clefs sont données aux lecteurs dans le premier récit grâce à la visite guidée proposée à Gortman, un humain vivant sur Vénus, terraformée, où la place ne manque pas. Il s'agit d'un récit de type visiteur en utopie, forme idéale pour présenter les caractéristiques techniques de la monade et les coutumes de ses habitants au lecteur, qui s'identifie à Gortman le candide, guidé par Mattern, son hôte. Les sociologues ont souligné une évidence mathématique : plus la population mondiale sera élevée, plus il faudra d'espace pour la loger, moins il y aura d'espace pour les terres cultivables. Silverberg balaie ce problème en trois temps : création de logements verticaux, suppression des déplacements, libération de l'espace horizontal. C'est logique, géométrique : l'espace vertical, presque sans limites, est dédié à l'habitation, ce qui permet de consacrer les 9-10$^{\text{èmes}}$ de la surface terrestre à l'agriculture, sans compter les fermes marines. Comme dans les utopies, la nature fournit ce dont l'homme a besoin, même si la terre a besoin d'être travaillée, par des machines agricoles, des robots et des fermiers qui vivent à l'air libre comme au XX$^{\text{e}}$ siècle. Avec ces monstrueuses « machines à habiter », Silverberg pousse à leur paroxysme certains préceptes de Le Corbusier, qui proposait d'élever bien plus haut les gratte-ciels new-yorkais pour libérer de la place au sol[1], ou qui préconisait une nouvelle organisation de l'espace dans ses cités radieuses destinées à densifier la population, avec un ratio de 10% pour les surfaces construites et 90% pour les espaces verts[2], comme chez Silverberg. L'urbaniste Paolo Soleri envisageait même de réduire à 2% de l'existant la surface des villes grâce à l'arcologie (architecture et écologie harmonieusement réunies), système qui exploite aussi toutes les possibilités de la verticalité[3].

La surpopulation est une notion relative, fondée sur le rapport entre population, production, ressources et niveau de vie. « Pour savoir combien d'hommes la Terre peut porter, il faut avant tout savoir combien elle peut en

---


1    Voir Gérard MONNIER, *Le Corbusier*, Tournai, La Renaissance du livre, « Signatures », 1999, p. 70.

2    Voir André WOGENSCKY, « Le projet pour Saint-Dié », in *Le Corbusier : la ville, l'urbanisme*, Paris, Fondation Le Corbusier, 1995, p. 69.

3    Voir Paolo SOLERI, *Arcologie, la ville à l'image de l'homme* (1969), Marseille, Parenthèses, 1992.

nourrir[1] ». Deux milliards, c'est grandement assez, selon l'écologiste François Ramade, cent cinquante milliards, c'est possible selon l'économiste agricole Colin Clark[2] qui, optimiste, avait multiplié le nombre d'hectares de terre disponible dans le monde par le rendement des exploitations modèles de l'Iowa[3].Un bémol cependant : « Il est possible que la science de l'avenir puisse nourrir des dizaines de milliards d'hommes. Mais encore faut-il qu'ils ne soient pas obligés de manger debout ![4] » Chez Silverberg, à mi-chemin entre ces deux extrêmes, 75 milliards d'humains vivent grâce à ce système : l'espace horizontal pour la nourriture (les problèmes de jachère ou de terres stériles sont éludés), l'espace vertical pour le logement. D'un côté les villes, de l'autre la campagne, il n'y a plus d'espace intermédiaire comme la banlieue. On a rasé tous les bâtiments du passé, y compris les plus beaux monuments, dont on a juste conservé des enregistrements en 3D, preuve du peu de poids de la culture et de l'histoire face au problème démographique.

Pour caser ses hypothétiques 60 millions de milliards d'humains, Fremlin avait calculé qu'une telle foule pourrait être logée dans un bâtiment unique de 2000 étages qui couvrirait toute la surface du globe. Dans cette termitière, chaque humain aurait trois mètres carrés d'espace, serait limité dans ses déplacements, prenant l'ascenseur pour se déplacer de quelques centaines de mètres[5]. Face à ce cauchemar de béton irréaliste, les monades ont une dimension presque humaine, ces cités verticales de mille étages en béton précontraint ne pouvant loger « que » 800 000 habitants. Regroupées en constellations de quarante millions d'âmes (cinquante tours), elles sont sur toute la surface du globe, mais il n'est pas fait mention des déserts ou des régions à risque sismique. Chaque monade est divisée en villes, des blocs de quarante étages eux-mêmes divisés en villages autonomes de cinq ou six niveaux, avec leurs propres écoles, hôpitaux, terrains de sport, lieux de culte, théâtres... Une monade, c'est un gigantesque empilement de cités radieuses comme Le Corbusier les avait conçues. Dans ces blocs à la hiérarchie verticale sans surprise, la caste dirigeante habite au sommet, le personnel d'entretien tout en bas, les intellectuels au 600e, etc. Ces blocs portent les noms de villes disparues, mais ce ne sont plus que des noms sans valeur géographique, culturelle ou sociale. Rome est la cité des « paupos » (« grubbos »), des ouvriers ternes et grisâtres, Shanghai se situe au nord de Chicago et au sud d'Édimbourg, une répartition révélatrice de cet espace


1   J. KLATZMANN, *Surpopulation, mythe ou menace ? op. cit.*, p. 65.

2   *Ibid*, p. 1.

3   *La Bombe "P", op. cit.*, p. 139.

4   Gaston BOUTHOUL, *La Surpopulation* (1964), Paris, Petite Bibliothèque Payot, 1971, p. 129.

5   *La Bombe "P", op. cit.*, p. 21.

mondial uniformisé. Point positif, les guerres ont disparu en même temps que la territorialité.

Hormis quelques administrateurs, on ne voyage plus. On naît, on vit et on meurt dans la même monade, et l'on se déplace tout au plus de quelques étages. Il n'y a plus de rues, de routes, de véhicules, à la différence de Le Corbusier qui prévoyait un réseau d'autoroutes urbaines. Dans un contexte vertical futuriste, Silverberg rétablit la sédentarité moyenâgeuse, où l'on n'allait guère plus loin que le village voisin. Équipant le millième étage des monades de plates-formes d'atterrissage, l'auteur fait table rase des autres infrastructures liées à la mobilité et à la vitesse, et prend le contre-pied de la réalité du début des années 70, avant le premier choc pétrolier, où le « tout bagnole » était triomphant. Pensons à Ballard et ses romans contemporains *Crash !* (1973) et *L'Île de béton* (1974), ses interminables méandres d'échangeurs autoroutiers et ses flots de voitures, Ballard se faisant le témoin des métamorphoses de l'espace où la politique du tout béton multipliait les non-lieux théorisés par Marc Augé[1] : parkings, centres commerciaux, aéroports... La société de Silverberg a supprimé ces « espaces inhabitables[2] », et si elle n'a pas abandonné le béton, elle en optimise l'usage, avec pour priorité absolue l'habitat familial.

L'habitat, ce sont des appartements où l'espace a tendance à se réduire comme dans « Billenium ». Prévus pour cinquante familles, chaque niveau en accueille dorénavant cent vingt, et les anciens appartements ont été divisés en habitations d'une pièce, apprend-on au visiteur. Quarante-cinq mètres carrés pour une famille, c'est du luxe. Les jeunes couples sans enfants se contentent d'une place dans un « dormitoire », pièce étroite où dorment de vingt à trente couples. Chaque appartement est un modèle de fonctionnalité, équipé d'une plate-forme de repos gonflable où l'on tient à trois ou quatre, de couchettes pour enfants qui se rétractent, de meubles qui se déplacent pour dégager de l'espace, d'écrans et de pupitres électroniques muraux qui remplacent télévisions, bibliothèques et bureaux. Silverberg anticipe l'avènement du numérique et son gain de place énorme. Quand ces éléments ne sont pas utilisés, la plus grande partie de la pièce est vide, car les « monadiens[3] » vivent dans une forme d'ascétisme née de la nécessité d'optimiser l'espace vital. Dans un appartement standard, il n'y a rien à voler, la convoitise n'existe plus.

---

1    Marc AUGÉ, *Non-Lieux : Introduction à une anthropologie de la surmodernité*, Paris, Éditions du Seuil, « La Librairie du XXe siècle », 1992.

2    Titre de l'anthologie d'Alain DORÉMIEUX (Casterman, 1973), où figure le premier récit des *Monades urbaines*.

3    Nous les appellerons ainsi par commodité, même si ce terme ne figure pas dans la traduction.

## De nouvelles règles, de nouvelles mœurs, un nouvel homme

Selon un spécialiste de Le Corbusier, « La *machine à habiter* est surtout appel à une nouvelle culture[1] ». Les monades aussi, leur espace étant optimisé de façon physique, mais aussi psychologique, selon un double motif contradictoire : immobilisme/expansionnisme. Par la force des choses, les monadiens n'aspirent plus au voyage, convaincus de voir de l'immensité là où nous ne voyons qu'enfermement : « Pourquoi soupirer après les forêts et les déserts ? Monade Urbaine 116 contient assez d'univers pour nous tous[2]. » (*MU*, p. 27). Le seul horizon qu'ils contemplent est celui de la prochaine naissance. En raison de cet impératif culturel qui leur commande de procréer, le contrôle n'est plus exercé sur la natalité, mais sur l'espace, qui est rationalisé et rationné pour compenser cette explosion démographique irrationnelle.

En dépit de leur taille prométhéenne, les monades n'offrent qu'un minimum d'espace privé. Cette réorganisation de l'espace engendre donc de nouvelles coutumes qui abolissent la notion d'intimité ou de tabou. « Ce que quelqu'un fait, il le fait devant les autres. L'accessibilité totale de tous à tous est la règle[3]. » (*MU*, p. 35). Loin d'être limitée aux seules fins de reproduction, la sexualité est aussi liée au plaisir. Même si l'on se marie toujours, on ne se refuse jamais à un partenaire, cette communauté fonctionnant selon ce principe rappelé par Huxley : « À mesure que diminue la liberté économique et politique, la liberté sexuelle a tendance à s'accroître en compensation[4] ». La solution est pacifique et bon marché : le sexe comme opium du peuple, plutôt que la religion, et comme exutoire, plutôt que les jeux du cirque. Même si cette société tient toute vie pour sacrée et remercie Dieu en toute circonstance, elle ne se réclame d'aucune religion, ce taux de natalité élevé étant une fin et une foi en soi. Les tours s'élancent vers le ciel, mais il n'y a pas de défi lancé à Dieu comme dans le récit de la tour de Babel, puisqu'on donne la vie en son nom. Et contrairement à la dispersion

---

1    Yannis TSIOMIS, « Le mur et la ville », in *Le Corbusier : la ville, l'urbanisme, op. cit.*, p. 124.

2    « Why yearn for forests and deserts? Urbmon 116 holds universes enough for us. » (*TWI*, p. 12).

3    « What one does, one does before the others. The total accessibility of all persons to all other persons is the only rule », (*TWI*, p. 18).

4    *Le Meilleur des mondes* (1932), Jules CASTIER (trad.), Paris, Presses Pocket, 1977, p. 16.

géographique et langagière dont l'humanité est frappée dans le mythe babylonien, l'homme des monades s'uniformise toujours plus. Silverberg, auteur juif new-yorkais bourreau de travail, réalise ainsi le tour de force de concilier deux doctrines radicalement opposées : celles du mouvement hippie, du *flower power* et de l'amour libre, et celle de l'Église catholique conservatrice, dont le Pape Paul VI rappelle dans l'encyclique de 1968 *Humanæ vitæ* « le très grave devoir de transmettre la vie humaine » et s'oppose à toute méthode artificielle de régulation des naissances[1]. Pour mémoire, le Colorado fut le premier état américain à légaliser l'avortement sous certaines conditions en 1967, et la célèbre affaire *Roe v. Wade* s'est tenue en 1973[2].

Qu'il s'agisse de procréation, de famille, de logement, de mobilité, de sexualité, le monadien n'a plus rien en commun avec l'occidental moyen du XXe siècle, tant et si bien que l'historien Jason Quevedo se demande si cet homme nouveau est le fruit d'une mutation génétique ou d'un conditionnement psychologique et d'une adaptation sélective. Cet « *Homo urbmonadis* existe-t-il réellement ?[3] » (*MU*, p. 98). Les sociologues utilisent le terme de mutation ou d'espèce nouvelle pour désigner les changements affectant l'homme au fil des siècles, même si la formulation est plus d'ordre métaphorique que génétique. *L'Homo urbmonadis* pourrait être le descendant de *l'Homo corbusierus*, un être standard fait sur le même moule que des milliards d'autres, qui a les mêmes fonctions et les mêmes besoins, et qui a renoncé à l'individualisme[4]. Il répond aussi à la question de Jameson : « l'utopie propose-t-elle une mutation de la nature humaine et l'émergence d'êtres neufs ?[5] » Des mutants, peut-être pas, des êtres neufs, certainement. On parle d'acclimatation quand un organisme doit s'adapter à des modifications durables de son environnement (température, altitude, ressources). Les monadiens ont dû s'acclimater, à cette différence près, et elle est de taille, qu'ils ont eux-mêmes modifié leur environnement.

---

1    La « Lettre encyclique de sa Sainteté le Pape Paul VI sur le mariage et la régulation des naissances » du 25/07/1968 est consultable sur le site du Vatican : http://w2.vatican.va/content/paul-vi/fr/encyclicals/documents/hf_p-vi_enc_25071968_humanae-vitae.html [consulté le 31/08/2016]

2    Rendu par la Cour suprême des États-Unis en 1973 après une longue bataille commencée au Texas en 1970, l'arrêt *Roe v. Wade* reconnaît le droit à l'avortement, un droit constitutionnel qui invalide toutes les lois allant à son encontre.

3    « Is there now a *Homo urbmonensis*? », (*TWI*, p. 64).

4    Voir Rémi BAUDOUI, « De l'invention de l'homme moderne dans la théorie de Le Corbusier », in *Le Corbusier : la ville, l'urbanisme, op. cit.*, p. 99.

5    *Archéologies du futur, op. cit.*, p. 291.

## *Utopie ou dystopie ?*
## *La confrontation des points de vue*

Il ne fait aucun doute qu'un monadien adapté pourrait faire une lecture bachelardienne optimiste de sa tour, « espace heureux » qui offre des valeurs d'abri. Comme l'a écrit Huxley, « c'est là [...] qu'est le secret du bonheur et de la vertu, aimer ce qu'on est *obligé* de faire [...] la destination sociale à laquelle [on] ne peut échapper[1] ». Les monadiens sont-ils heureux de vivre à tel étage, d'appartenir à telle caste ? En surface, oui, mais quand on gratte le vernis on entrevoit les failles de ce « bonheur insoutenable[2] », et le projet urbanistique utopique prend des allures d'univers concentrationnaire où les libertés sont encadrées par tout un système de restrictions qui leur donnent l'allure de devoirs. La liberté sexuelle est totale, mais se refuser à quiconque est un péché, et les rapports entre habitants de différentes cités sont mal vus. La liberté de conception est assujettie au même système coercitif qui la vide de sa substance, puisque des quotas empêchent les couples de choisir le sexe de leurs enfants, et la contraception est exclue, car « empêcher l'éclosion de la vie est le pire des péchés[3] ». Les monadiens ne quittent jamais leurs tours, cités interchangeables qui se suffisent à elles-mêmes, mais quand un bâtiment arrive à saturation, les couples sans enfants sont déportés vers une autre tour, si proche, si semblable, mais si étrangère car peuplée d'inconnus, ce qui constitue une migration douloureuse pour ceux qui sont accoutumés à une sédentarité extrême. Cette immense collectivité étant soumise au diktat du bien-vivre ensemble, les libertés sont à sens unique, celui des règles sociales, qui priment sur les aspirations individuelles avec lesquelles elles entrent en contradiction.

En dépit de l'atmosphère de félicité générale, il y des inadaptés. Le monde intérieur (*The World Inside*), c'est le monde clos des tours, mais aussi celui de l'esprit. Dans cet emboîtement d'espaces les uns dans les autres – le noyau, la monade, la cité, le village, l'appartement – le dernier est celui de la boite crânienne, le seul espace refuge où l'individualité peut exister, l'enfermement physique se doublant d'un enfermement mental. Pour Leibniz, qui a développé le concept philosophique de monade, celle-ci est la manifestation de l'individualité, de notre âme[4]. Et de nombreux monadiens sont des âmes en peine, conscients de leur inaptitude même s'ils donnent le

---

1   *Le Meilleur des mondes, op. cit.*, p. 34.

2   Titre français du classique dystopique d'Ira LEVIN, *This Perfect Day* (1970).

3   « To prevent life from coming into being is the darkest sin », (*TWI*, p. 7).

4   LEIBNIZ, *Monadologie* (1714), *Discours de métaphysique, Monadologie*, Paris, Gallimard, « Folio essais », 2004.

change en société. D'autres se réfugient dans le déni ou le travail pour oublier le fardeau d'une famille nombreuse. Certains se soignent grâce à des ingénieurs moraux, comme dans *Nous autres* de Zamiatine, ou avec des drogues qui leur rendent la sérénité, comme le soma du *Meilleur des mondes*. Même s'ils sont dans la classe dirigeante, certains se suicident en se jetant du haut des tours. Ceux qui craquent sont des anomos (« flippos »), des déviants qui rejettent ouvertement les règles, comme ce fou furieux qui se met à taper sa femme enceinte de leur huitième enfant en pleine rue (*MU*, p. 28).. Pour les anomos, une seule sanction : la chute, c'est-à-dire la peine capitale, réservée aux « ennemis de la civilisation » que l'on jette dans le grand vide-ordures qui achemine les déchets aux chambres de combustion pour fournir du chauffage aux citoyens respectueux. Dans les tours et leurs fours rappelant les pires heures de l'Histoire, on recycle tout, l'urine, les excréments, les déchets... et aussi les dissidents, l'écologie n'excluant pas la dystopie. Dans son ouvrage, Klatzmann déclare prudemment : « personne n'est capable de dire quoi que ce soit sur ce qui se passera en 2500 [...] toute évaluation d'un nombre d'hommes que la Terre peut porter dépend des conditions que l'on juge souhaitables ou acceptables[1] ». Silverberg se risque à imaginer un monde uniformisé où 75 milliards d'humains s'entassent dans des tours de trois kilomètres de haut. Comme de nombreux romans utopiques ou anti-utopiques, *Les Monades urbaines* peut se lire comme une tentative de répondre à ce problème posé par Platon : comment « déterminer de quelle façon une cité peut être fondée dans les meilleures conditions qui soient, et comment un particulier réglerait au mieux le cours de son existence[2] ». La monade urbaine est-elle un Éden vertical ou une Tour infernale ? Tout est question de point de vue, et Silverberg propose plusieurs confrontations entre les monadiens et des personnages qui vivent comme au XXe siècle.

Dans le premier récit, Mattern reçoit Gortman, le visiteur en provenance de Vénus, terraformée selon les critères de l'ancien temps. Aux yeux du lecteur, le plus étrange des deux est le Terrien, alors que le « Vénusien » se fait l'écho des réserves vis-à-vis du style de vie monadien, que Mattern craint de voir jugé comme étant « répugnant ». Une scène un peu grotesque illustre ce fossé socioculturel quand Gortman demande à son invité « Préférez-vous que nous utilisions l'écran d'intimité quand nous déféquons ? [...] J'ai cru entendre que cela se faisait à l'extérieur[3] » (*MU*, p. 18). Bien que Mattern se félicite d'être un relativiste culturel qui s'adapte en toute circonstance, il

---

1   *La surpopulation, op. cit.*, p. 116.

2   PLATON, *Les lois*, Lois III, 702b, Paris, GF Flammarion, 2006, p. 213.

3   « Do you prefer that we use the privacy shield when we excrete? I understand some outbuilding people do. » (*TWI*, p. 6).

préfère en effet activer l'écran. Malgré la bonne volonté qu'ils mettent à accepter les valeurs de l'autre, nous prenons vite la mesure de tout ce qui sépare les deux hommes qui multiplient les maladresses, comme Mattern quand il aborde la question du contrôle des naissances (*MU*, p. 26). À la fin de la visite, l'invité essaie de conclure, « vous avez rendu possible... euh... », mais il hésite à exprimer le fond de sa pensée et c'est le monadien qui finit sa phrase : « L'utopie ?[1] » (*MU*, p. 24). Diplomate, le visiteur acquiesce. C'est la seule fois où le mot « utopie » est prononcé, et son emploi est pour le moins retors. Il est aussi intéressant de noter que l'édition américaine commence avec cette phrase lourde de menaces : « Escape from Utopia ». Pourquoi voudrait-on s'échapper d'un monde parfait ? C'est traditionnellement des enfers dystopiques que l'on cherche à s'enfuir. Après cette première histoire, le visiteur disparaît du récit, qui se focalise sur des personnages qui vivent bon gré mal gré selon les lois des monades, un changement de point de vue qui renforce l'idée que le livre commence à la manière d'une utopie pour se poursuivre sur un mode dystopique.

En contrepoint, le lecteur assiste à l'escapade de Micael le monadien vers le monde extérieur, dans un récit de voyage qui fait écho à la phrase « Escape from Utopia ». Plus rêveur que rebelle, Micael veut juste respirer un air pur, sentir le soleil sur sa peau, des sensations qu'il ne peut connaître dans l'univers confiné de la monade. Quand il rencontre les fermiers qui vivent dans cet espace à ciel ouvert, il est effrayé par la bizarrerie de tout ce qui l'entoure, mais qui paraît familier au lecteur du XXe siècle.. Le schéma de l'étranger en terre étrangère est reproduit, mais c'est l'habitant de la tour qui se retrouve dans un monde inconnu, à seulement quelques heures de marche du sien. Dans des passages qui prennent des allures d'étude anthropologique, Micael est fasciné par les coutumes barbares des fermiers qui vivent selon les valeurs horizontales du passé, y compris celle d'un contrôle des naissances malthusien, un mode de vie adopté par choix, mais aussi par nécessité, puisqu'ils ne peuvent pas empiéter sur les terres qui nourrissent des milliards d'humains. Quand Micael est accueilli par une fermière nommée Artha, la confrontation des points de vue met en lumière l'étendue de la relativité culturelle. Micael a le sentiment d'être en prison quand il se rend compte que les petites maisons ont des verrous, mais Artha réplique : « Ne vous sentez-vous pas prisonniers ? Des milliers d'individus qui s'activent comme des abeilles dans une ruche – comment peut-on le supporter ?[2] » Elle ne comprend pas le sens de cette promiscuité, de ce grouillement humain, alors que pour Micael la tour est « une matérialisation

---

1    « you've turned [earth] into... », « Utopia », « I meant to say that, yes », (*TWI*, p. 10).

2    « Don't you feel like prisoners? Thousands of you like bees in a hive – how can you stand it? » (*TWI*, p. 134).

poétique des relations humaines, un miracle de civilisation[1] ». Bien qu'il s'y sente à l'étroit, il en fait l'éloge, car il est conditionné à considérer son lieu de vie comme « l'héroïque et magnifique réponse à cet immense défi[2] » (*MU*, p. 199-200), qu'est la crise démographique. Il défend les valeurs de sa société avec une telle ferveur qu'il devient lyrique alors qu'il doit justifier une vie de ruche dans une tour de béton impersonnelle.

Si l'opposition entre la ville et la campagne est un aspect fondamental de la réflexion sur l'utopie, Silverberg ne prend pas parti, mais se sert des deux modèles pour mettre en scène le choc de deux cultures qui ne peuvent trouver de terrain d'entente, que ce soit sur les questions d'organisation sociale, de logement, de mœurs, ou même sur la question du bien et du mal. Les deux mondes cohabitent comme deux partenaires économiques qui n'établiront jamais de passerelle culturelle entre eux. Comme l'écrit Darko Suvin, « ce qui semble parfait aux yeux d'un homme peut être effrayant aux yeux d'un autre[3] ». Il est cependant ironique de noter que les monadiens ne pourraient vivre comme ils le font sans cette communauté agricole dont les coutumes leur sont si odieuses. « On ne peut pas vivre comme ils vivaient, mais on ne peut pas non plus vivre comme nous vivons[4] » (*MU*, p. 157), se dit Micael, voix de la raison, mais c'est une voie condamnée, car c'est celle d'un impossible entre-deux. Au terme de ce bref voyage initiatique, il ne s'affranchit pas de la tour, il n'a qu'un désir, y retourner. Un dernier vœu qu'il accomplit avant d'être exécuté pour son accès de folie. Là encore le titre *The World Inside* fait sens, puisqu'au propre comme au figuré, la monade, selon Leibniz[5], est un monde clos, sans fenêtres, fermé aux valeurs de l'extérieur. Il ne peut y avoir de voyage aller-retour, synonyme de sédition et de contamination.

La dernière confrontation est un dialogue bakhtinien au cours duquel Jason l'historien joue son propre rôle – un habitant adapté aux monades – et celui d'un homme du passé. S'efforçant de voir sa société avec le regard du XXe siècle, il la décrit comme « une sorte d'enfer où s'entassent des vies atrocement étriquées et barbares [...] où la prolifération démographique est diaboliquement encouragée[6] » (*MU*, p. 97). Comme Edward James se demande fort justement : « Ce que les hommes tenaient pour une utopie il y

---

1    « a poem of human relationships, a miracle of civilized harmonies », (*TWI*, p. 134).

2    « Heroic response to immense challenge. » (*TWI*, p. 135).

3    Darko SUVIN, *Metamorphoses of Science Fiction*, New Haven, Yale UP, 1979, p. 61.

4    « We don't have to live the way they did, but we don't have to live this way either. » (*TWI*, p. 106).

5    Voir LEIBNIZ, *Monadologie* (1714), *op. cit.*

6    « a hellish place [...] in which people live hideously cramped and brutal lives [...] in which uncontrolled breeding is nightmarishly encouraged » (*TWI*, p. 64).

a mille ans aurait-il la moindre chance d'être considéré comme telle aux yeux de nos contemporains ?[1] ». En dépit de ses efforts pour considérer son monde sous l'angle le plus critique, Jason estime qu'il était nécessaire de remplacer la société horizontale par la société verticale. Ce lieu de vie est le seul qu'il puisse concevoir. Pour lui, ce sont nos libertés et l'obligation de faire des choix qui sont terrifiants. Dans une société où la propriété privée et le voyage n'existent pas, où l'espace vital personnel est réduit au strict minimum, notre mode de vie soulève des questions : « *Où se dépêchent-ils ? Pourquoi vont-ils si vite ? Pourquoi ne restent-ils pas chez eux ? [...] Ont-ils besoin de ce qu'ils achètent ? Où le* METTENT-*ils ?*[2] » (*MU*, p. 96-97). Peut-on voir dans cette confrontation un écho de Marx contre le Capital ? Un appel à une société collectiviste plutôt que la société de consommation ? Silverberg oppose les modèles et les valeurs avec plus de nuance. Pour l'homme du XXe siècle, il est préférable de limiter les naissances et de ne restreindre aucune autre liberté, alors que pour l'homme des monades, seul un régime totalitaire peut imposer cette limite. Tout ce discours a des relents idéologiques, et sonne comme un débat pour ou contre l'avortement, déjà passionné à l'époque du livre. Bien qu'il constitue un excellent exercice intellectuel, ce jeu de rôle sonne finalement comme un dialogue de sourds. Tout est question de point de vue, d'usages, de croyances, eux-mêmes déterminés par un contexte sociohistorique – la situationnalité – et quand le gouffre temporel et culturel est trop vaste, il devient à jamais infranchissable.

*

### *Conclusion : Lieu de vie ou de survie ?*

Optant pour une distanciation temporelle et non géographique, Silverberg évoque un monde étrange tout en portant un regard perçant sur les problèmes de son époque, l'urbanisation, la démographie galopante, la désertification rurale, la sexualité entre répression et libération, livrant « un ensemble de textes proposant un examen des valeurs fondamentales et l'élaboration hypothétique d'autres modes de vie[3] ». Se servant de la loupe grossissante de la science-fiction tout en restant dans les limites du possible – ce qui est une règle du genre – il imagine un lieu de vie qui développe à l'extrême, mais de façon crédible les réalisations et les théories du possible (les cités radieuses, les gratte-ciels américains). Un lieu et non *des* lieux,

---

1    Utopias and anti-utopias », in Edward JAMES and Farah MENDLESOHN, (éd.), *The Cambridge Companion to Science Fiction*, Cambridge, Cambridge UP, 2003, p. 227. Je traduis.

2    *Where are they all going? Why so fast? Why not stay home? [...] Do they need what they buy? Where do they PUT it all? »*, (*TWI*, p. 63).

3    Phrase que Silverberg prononce à propos de la Science-fiction des années 60-70. *Les Jeux du Capricorne*, Paris, Flammarion, « Imagine », 002, p. 10.

puisqu'il n'y a d'autre option que cette multiplication de « villages globaux » uniformisés. Un lieu où vit *un* seul homme, l'*Homo urbmonadis*, dût-il être reproduit à des milliards d'exemplaires, la standardisation de l'habitat entraînant celle de l'habitant, la fonctionnalité triomphant de l'humanité. La fuite en avant s'est transformée en cercle vicieux (les deux derniers paragraphes du livre sont quasiment les mêmes que les deux premiers) puisque le fléau populationniste du monde horizontal est à présent encouragé pour justifier et pérenniser la civilisation verticale, le problème à résoudre étant devenu mode de vie sacré, la nouvelle espèce née du nouvel environnement n'ayant d'autre horizon que la multiplication incontrôlée de sa progéniture. En quelques siècles la Terre et ses habitants sont devenus étrangers à eux-mêmes. Ce renversement des valeurs est révélateur de l'ambivalence du projet social et architectural de Silverberg, qui malgré la solidité de ses tours oscille entre utopie étouffante et dystopie feutrée, une « utopie ambiguë », dirait Ursula Le Guin (sous-titre des *Dépossédés*). Rien d'étonnant à cela selon Jameson, pour qui « La ville est tout aussi ouverte aux fonctions anti-utopiques et dystopiques qu'aux fonctions utopiques[1] ». Alors lieu de vie agréable ou lieu de survie tout juste tolérable ? Conditionnés par les impératifs de leur époque et par le manque d'alternative, la majorité des monadiens ne se pose pas la question. Conditionné par ses valeurs et la douce illusion du choix, le lecteur se forgera sa propre opinion.

## *Bibliographie*


Michael ANDERSON, *L'Âge de cristal* (*Logan's Run*), © Metro-Goldwyn-Mayer, 1976.

Isaac ASIMOV, *Les Cavernes d'acier* (*The Caves of Steel*, 1953), Jacques BRÉCARD (trad.), Paris, Hachette, « Le Rayon fantastique », 1956.

Marc AUGÉ, *Non-Lieux : Introduction à une anthropologie de la surmodernité*, Paris, Éditions du Seuil, « La Librairie du XXe siècle », 1992.

James G. BALLARD, « Billenium » (« Billenium », 1961), Lionel MASSIN (trad.), in *Billenium*, Verviers, Marabout, 1970.

Robert BLOCH, « La Fourmilière » (« This Crowded Earth », 1958), Christian MEISTERMANN (trad.), in *Matriarchie*, Verviers, Marabout, 1975.

Gaston BOUTHOUL, *La Surpopulation* (1964), Paris, Petite Bibliothèque Payot, 1971.

John BRUNNER, *Tous à Zanzibar* (*Stand on Zanzibar*, 1968), Didier PEMERLE (trad.), Paris, Robert Laffont, « Ailleurs et Demain », 1972.

John BRUNNER, *Le Troupeau aveugle* (*The Sheep Look up*, 1972), Guy ABADIA (trad.), Paris, Robert Laffont, « Ailleurs et Demain », 1975.

Paul EHRLICH, *La Bombe "P"* (*The Population Bomb*, 1968), F. BAUER, D. BECHON, P. PÉREZ (trad.), Paris, J'ai lu, 1973.


---

1    Fredric JAMESON, *Archéologies du futur, op. cit.*, p. 279.

Philip José FARMER, « Soixante-dix ans de decpop » (« Seventy Years of Decpop », 1972), Charles CANET (trad.), in *Histoires écologiques*, Gérard KLEIN (dir.), Paris, Le Livre de poche, 1983.

Richard FLEISCHER, *Soleil Vert (Soylent Green)*, © Metro-Goldwyn-Mayer, 1973.

FONDATION LE CORBUSIER, *Le Corbusier : la ville, l'urbanisme*, Paris, Éditions Fondation Le Corbusier, 1995.

Aldous HUXLEY *Le Meilleur des mondes (Brave New World*, 1932), Jules CASTIER (trad.), Paris, Presses Pocket, 1977.

Aldous HUXLEY, *Retour au Meilleur des mondes (Brave New World Revisited*, 1958), Denise MEUNIER (trad.), Paris, Pocket, 2014.

Fredric JAMESON, *Archéologies du futur. Le désir nommé utopie (Archaeologies of the Future : The Desire Called Utopia and Other Science Fiction*, 2005), Nicolas VIEILLESCAZES, Fabien OLLIER (trad.), Paris, Max Milo, « L'Inconnu », 2007.

George C. JOHNSON et William F. NOLAN, *Quand ton cristal mourra / L'Âge de cristal (Logan's Run*, 1967), Claude SAUNIER (trad.), Paris, Denoël, « Présences du futur », 1969.

Joseph KLATZMANN, *Surpopulation, mythe ou menace ?*, Paris, Economica, 1996.

Gérard KLEIN, préface à *Histoires de l'an 2000*, Paris, Livre de poche, 1985.

Richard MATHESON, « Le test » (« The Test »,1954), Roger DURAND (trad.), in *Histoires de l'an 2000*, Gérard KLEIN (dir.), Paris, Le Livre de poche, 1985.

Gérard MONNIER, *Le Corbusier*, Tournai, La Renaissance du livre, « Signatures », 1999.

PLATON, *Les lois*, Lois III, 702b, Paris, GF Flammarion, 2006.

Robert SILVERBERG, *The World Inside* (1971), New York, Bantam Books, 1983.

Robert SILVERBERG, *Les Monades urbaines (The World Inside*, 1971), Michel RIVELIN (trad.), Paris, J'ai lu, 1979.

Robert SILVERBERG, *Droit de vie et de mort (Master of Life and Death*, 1957), Michel LODIGIANI (trad.), Paris, Fleuve noir, « Les best-sellers », 1984.

Robert SILVERBERG, *Les Jeux du Capricorne (Beyond the Safe Zone*, 1994), Jacques CHAMBON, Pierre-Paul DURASTANTI (trad.), Paris, Flammarion, « Imagine », 2002.

Robert SILVERBERG, *Le Livre d'or de la science-fiction*, Philippe R. HUPP (éd.), Paris, Presses Pocket, 1979.

John SLADEK, « Heureux mortels » (« The Happy Breed », 1967), René LATHIÈRE (trad.), in *Espaces inhabitables : Tome 1*, Alain DORÉMIEUX (dir.), Paris, Casterman, 1973.

Paolo SOLERI, *Arcologie, la ville à l'image de l'homme (Arcology : The City in the Image of Man*, 1969), Marseille, Parenthèses, 1992.

Darko SUVIN, *Metamorphoses of Science Fiction*, New Haven, Yale UP, 1979.

Richard WILSON, « Huit milliards d'hommes à Manhattan » (« The Eight Billion », 1965), Pail ALPÉRINE (trad.), in *Histoires de demain*, Demètre IOAKIMIDIS (dir.), Paris, Le Livre de poche, 1975.

# Une ville dans les étoiles
# Lieux de vie en mouvement(s)
# dans la série *Battlestar Galactica*

*Julie Ambal*
*Docteure en sociologie option architecture*
*Post-doctorante à l'Institut de Gouvernance de l'Environnement et*
*Développement Territorial (Université de Genève)*

*Florent Favard*
*Maître de Conférences, IECA – Institut Européen de Cinéma et d'Audiovisuel,*
*Université de Lorraine – Equipe praxitèle du CREM*

À l'autre bout de la galaxie, les Douze Colonies, peuplées par des humains, sont soudain détruites par les intelligences artificielles qu'elles avaient engendrées : les terribles Cylons, qui ont désormais, eux aussi, une apparence humaine. Après ce génocide, les survivants parmi les Colons fuient dans l'espace, sous l'égide du dernier vaisseau de guerre de la flotte : le Battlestar Galactica. Poursuivis par les Cylons, les Colons se lancent alors en quête de la mythique Treizième Colonie, la planète Terre. Ce long et périlleux voyage à travers la galaxie occupe les quatre saisons de la série américaine de science-fiction *Battlestar Galactica* (Syfy, 2003-2009), « réimagination » (selon les propres mots de son créateur Ronald D. Moore) de la série originale de la chaîne ABC, diffusée entre 1978 et 1979. Se voulant plus réaliste, plus proche de l'actualité politique, la réimagination de 2003 est aussi plus feuilletonnante, construisant sur le long terme une vaste intrigue structurée par deux questions majeures qui conditionnent son dénouement[1]. L'une véhicule du suspense – les Colons trouveront-ils la Terre avant d'être annihilés par les Cylons ? ; l'autre est une énigme – qui sont les douze Cylons à apparence humaine infiltrés au sein de la Flotte ?

---

1   Voir Florent FAVARD, *Écrire une série TV : La Promesse d'un dénouement*, Tours, Presses Universitaires François Rabelais, 2019.

*Battlestar Galactica*, par son style, ses personnages fouillés, son intrigue feuilletonnante, a marqué le paysage de la science-fiction télévisuelle des années 2000, en déployant une fresque épique qui, malgré ses fondements science-fictionnels, a la texture du mythe. La Terre y est un nouvel Eden promis aux Colons par une prophétie rapportée dans leurs textes sacrés qui relatent jusqu'à l'histoire de dieux et déesses tout sauf oubliés, tandis que les Cylons, monothéistes, sont guidés par un Dieu unique qui bientôt semble manifester sa présence. Au sein de ce monde hybride, proprement post-apocalyptique, où se brouillent les frontières du rationnel et du spirituel, les Colons apprennent à recomposer leur vie brisée au sein du nouveau lieu de vie qu'est l'espace interstellaire, et, parfois même, à accepter d'aider des Cylons rebelles qui, en retour, vont bientôt venir à la rescousse d'une Flotte Coloniale qui se délite peu à peu, à mesure que le générique de chaque épisode égrène le nombre décroissant des survivants.

Au croisement des études urbaines et de la narratologie, nous souhaitons interroger, dans une perspective « interne » au monde fictionnel[1], la façon dont la série problématise le concept du lieu de vie qui va servir de cadre à la majorité des épisodes. Au fil de cette « visite guidée », nous explorerons son jeu avec les codes urbains, culturels occidentaux ; la construction d'un monde fictionnel en vase clos voué à une lente dégradation[2], que viennent contrebalancer son hybridation progressive et son décloisonnement ; un monde fictionnel qui est aussi suspendu dans une ambivalence entre un état d'urgence permanent et une quotidienneté qui s'installe ; enfin la prise en compte du temps long de la diffusion sérielle. Nous diviserons cette analyse en trois parties : des lieux de vie intimes, l'espace « du chez-soi[3] », nous passerons aux espaces collectifs, les communs, pour terminer par une réflexion sur la sphère publique et politique telle qu'elle est construite et déconstruite au cours de la série.

## La sphère de l'intime dans l'immensité de l'espace

Le lieu de vie intime est souvent considéré comme un espace personnel, sécurisant, un abri où l'on peut être soi ; dans sa forme la plus restreinte, il

---

1    Au sens de Thomas Pavel par exemple : « c'est-à-dire, s'éloigner au moins un temps du monde réel pour s'intéresser pleinement à la structure du monde fictionnel, s'y immerger. » Voir Thomas PAVEL, *Univers de la fiction*, Paris, Éditions du Seuil, 1988, p. 25.

2    Sur la dimension fortement entropique de la structure du monde fictionnel, nous renvoyons à Florent FAVARD, « *Battlestar Galactica*: A Closed-System Fictional World », *TV/Series*, n°11, juin 2017.

3    Mona CHOLET, *Chez soi. Une odyssée de l'espace domestique*, Paris, Zones, 2015.

est matérialisé dans la société contemporaine occidentale par la chambre, là où la « maison » dans son ensemble est perçue comme un lieu pour recevoir, un ancrage dans le territoire[1]. Dès le début de la série, cette configuration est mise en péril puisque les personnages perdent cet ancrage sur leurs planètes natales. Quant aux protagonistes qui sont déjà habitués à vivre dans l'espace, la situation qui soudain éclate bouleverse leur mode de vie, notamment parce que leur lieu de travail (le vaisseau) est investi comme lieu de vie principal par les civils.

La plupart des personnages principaux servent à bord du Battlestar Galactica, un vaisseau de guerre dont la fonction consiste à transporter des chasseurs spatiaux et à offrir une grande variété de réponses à l'ennemi, du tir de barrage aux missiles, jusqu'aux ogives nucléaires. Son intérieur évoque un porte-avion ou un *destroyer* de la marine militaire, avec de lourdes portes à manivelle, des sas, des couloirs à l'ossature métallique. Ainsi les militaires dorment dans des dortoirs à lits superposés, où seul un rideau peut isoler chacune des dix personnes que ces pièces peuvent accueillir. Les pilotes, têtes brulées de la série, en sont les principaux occupants : leurs intrigues amoureuses s'y nouent et s'y dénouent, dans un environnement où la promiscuité est de mise.

Lorsqu'une équipe de reporters visite le Galactica à la recherche d'un sujet sulfureux dans *Final Cut* (S02E08), elle « découvre » autant ses secrets les plus cachés que, dans les dortoirs, le corps du personnage d'Apollo, lequel manque de perdre la serviette qui couvre sa nudité en voulant leur serrer la main ; la mise à nu du corps du pilote est une métonymie de celle du vaisseau. Toujours dans les dortoirs, Starbuck, une autre protagoniste fait un rêve érotique dans l'épisode *Maelstrom* (S03E17) : la scène nous présente à la fois le rêve lui-même et le personnage endormi sur sa couchette, dans un plan serré à peine surcadré par le rideau entrouvert. Ce point de vue sur la dormeuse se révèle finalement être celui de Hotdog, un autre pilote qui l'observe du haut de sa propre couchette, brisant du même coup l'aspect intime de la scène et donnant l'impression que Hotdog peut voir jusqu'au rêve lui-même. La perte du « chez-soi » est mise en exergue par ces situations où l'intimité n'est plus forcément définie par un espace avec des limites physiques, mais plutôt met l'accent sur une intériorité, « celle de la conscience de (et du retour) sur soi[2] » ; ici même ce dernier refuge semble menacé.

---

1    Isabelle NONY, « Manières d'habiter : et évolution des pratiques professionnelles dans différents champs du (travail) social. Qu'est-ce que le domicile ? », séminaire du CREAS, 23 juin 2011, accessible en ligne à l'adresse https://www.yumpu.com/fr/document/read/36984871/manieres-dhabiter-quest-ce-que-le-domicile-etsup [consulté le 29 août 2016].

Au fil des saisons, le Galactica voit sa population militaire se mêler à des réfugiés civils à mesure que le nombre de vaisseaux diminue : même les dortoirs deviennent alors des lieux densément habités. Les protagonistes font fi de cette promiscuité exacerbée : dans l'épisode *Taking a Break from All Your Worries* (S03E13), Sam et Starbuck sont filmés en plan serré, s'embrassant tendrement sur leur couchette… jusqu'à qu'un plan plus large noie le couple au milieu d'un dortoir surchargé.

Une problématique similaire se pose pour Dogville, le « quartier » des civils de plus en plus nombreux que prend en charge le Galactica. Ils affluent et sont parqués dans des unités de vie réduites au minimum, dans un espace dont la réglementation rappelle les camps de réfugiés ; un espace dont la gestion est perçue par les militaires comme une tâche ingrate. Cette zone de non-droit est celle où éclatent des tensions à cause des privations ; c'est un espace de survie et de contrôle qui accentue, durant les saisons 3 et 4, l'idée que la Flotte est en train de se désagréger. *The Woman King* (S03E14) met d'ailleurs en exergue les tensions de classe et de race qui émergent : les réfugiés viennent principalement des colonies les plus pauvres, là où les officiers qui les surveillent sortent des académies de Caprica, la colonie la plus riche et influente. C'est le seul épisode de la série qui s'attaque au racisme dans sa dimension systémique, mais les actions héroïques de l'officier Helo, qui arrête un médecin caprican euthanasiant des réfugiés, offrent la seule conclusion à des tensions raciales qui ne seront plus jamais abordées.

Loin des dortoirs et de Dogville, les quartiers des officiers sont autrement plus imposants, plus complexes, divisés en plusieurs pièces : c'est notamment le cas de ceux du commandant Adama, qui possède un bureau, un salon et une chambre en enfilade, avec une salle de bain privative, à l'écart des douches communes et mixtes des pilotes. Il faut toutefois relever que dans les quartiers d'Adama, l'espace domestique le dispute à l'espace de travail, puisqu'on peut passer, d'un pas, du bureau au salon. L'hybridité de l'espace répond ainsi à celle du réseau de personnages. La très grande proximité d'Adama avec ses subordonnés est mise en abyme par cette configuration spatiale, et autorise les scènes à alterner entre la rigueur protocolaire de la chaîne de commandement et la familiarité des relations qu'il entretient avec son fils biologique Apollo, sa belle-fille Starbuck, ou même avec la présidente Roslin. Cette dernière, au fil des saisons, entretient une relation romantique avec Adama, et finit par habiter ses quartiers : les décisions militaires et politiques sont alors prises de concert sur l'oreiller,

---

2    Perla SERFATY-GARZON, « Le Chez-soi : habitat et intimité », *in* M. SEGAUD, J. BRUN, J.-J. DRIANT (dir.), *Dictionnaire critique de l'habitat et du logement*, Paris, Ed. Armand Colin, 2003, p.65-69.

alors qu'au début de la série elles se faisaient dans une grande tension tant au sein de la sphère publique que dans des espaces publics et professionnels (le poste de commande du Galactica, le vaisseau présidentiel Colonial One, les déclarations dans les médias...).

Un autre espace de « vie » s'avère très hybride : l'espace carcéral. Peu d'humains sont jetés en prison pour insubordination, ou de façon brève. Le vaisseau-prison, l'Astral Queen, ne fait l'objet que d'un épisode en début de série (*Bastille Day*, S01E03), et le seul « locataire » à long terme des prisons du Galactica est le Docteur Baltar, accusé de trahison durant la saison 3. Celui-ci est soumis à des fouilles corporelles, torturé à l'aide d'une drogue... Il est pourtant mieux traité que la plupart des Cylons. Les Cylons à apparence humaine qui sont démasqués au sein de la Flotte sont d'abord sommairement exécutés après des interrogatoires musclés, comme Leoben dans *Flesh and Bone* (S01E08).

Lorsqu'un second vaisseau de guerre, le Pegasus, rejoint la Flotte en saison 2, les personnages sont pourtant choqués par les conditions inhumaines dans lesquelles le personnel du Pegasus a enfermé une Cylon : celle-ci a été battue, violée, affamée. Dans le même temps, Adama et ses officiers assouplissent les conditions d'enfermement des Cylons, à commencer par Athena, Cylon ayant renié son peuple pour protéger son enfant à naître (un hybride humain/Cylon). Installée dans une prison fabriquée pour elle, son confort s'améliore à tel point qu'en début de saison 3, l'espace protocolaire et impersonnel de la cellule devient plus intime : y apparaît du mobilier qui définit un « chez-soi », un lieu de vie et non plus de survie. On en oublie les barreaux : cette transformation précède de peu l'acceptation d'Athena au sein de la flotte, lorsqu'Adama la libère et l'intègre officiellement parmi les pilotes. L'évolution du traitement des Cylons, de leur statut de machine à celui d'être quasi humain, est autant matérialisé par leurs relations avec les Colons que *via* les lieux qu'ils habitent au sein de la Flotte. Les prisons impersonnelles et les lieux d'exécutions deviennent lieux domestiques dont les murs tombent bien vite, augurant du mélange entre les deux peuples.

Les lieux de vie que nous venons de mentionner, ceux de la Flotte coloniale qui sont surreprésentés, sont pour la plupart situés à bord du Galactica, duquel sont issus la plupart des personnages principaux. Ainsi, très peu d'espaces intimes sont montrés en dehors du vaisseau de guerre. Par exemple, à bord du Colonial One, l'espace qui sert de chambre à Roslin reste anecdotique, les plans étant souvent serrés sur elle, là où son espace professionnel – le bureau présidentiel – est mis en avant pour les conflits et les relations de pouvoir qu'il permet d'illustrer, comme nous le verrons plus loin.

Le lieu intime chez les Cylons est autrement plus théâtralisé, plus complexe à décrire, car il sort des représentations connues. On voit peu les Cylons dans leur espace intime au sens physique du terme ; leurs vaisseaux-mères sont des matrices impersonnelles qui accueillent des espaces fonctionnels minimalistes. Ce n'est pas tant le volume qui définit l'espace intime, mais un marquage au sol qui qualifie par exemple la « chambre d'ami », lorsque Baltar est accueilli à bord de leur vaisseau durant la saison 3. Ces scènes sont l'occasion de défamiliariser un mobilier au design reconnaissable, replacé hors de son contexte : un lit à baldaquin ou une banquette style Louis XVI sont alors posés sur un sol rétro-éclairé, dans un espace froid aux murs sombres ponctués de points lumineux géométriques. Ici, l'hybridation entre les lieux humains et cylons évoque un *patchwork* maladroit plutôt qu'un lieu décoré de façon organique comme la prison meublée d'Athena sur le Galactica. Les espaces sont ainsi plus clairement discriminés pour situer les scènes (couplés aux plans d'ensemble sur la Flotte coloniale ou l'armada cylon), et chez les Cylons, un malaise domine (pour le regard humain) dans ces lieux étranges qui transpirent d'une inquiétante étrangeté.

Une propriété rassemble toutefois tous ces lieux intimes des Colons et des Cylons : ils sont ceux de l'expression de soi, ils révèlent les faces cachées des personnages. C'est notamment la fonction explicite de l'appartement de Starbuck sur la planète Caprica, lorsque la pilote y retourne avec l'officier Helo dans l'épisode *Valley of Darkness* (S02E02) : on y découvre que la tête brulée, garçon manqué, qu'est Starbuck, possède un côté bohème qui densifie son personnage ; elle peint des toiles abstraites, écoute les compositions de son père pianiste, explicite le malaise qui la hante et dans le même temps, au beau milieu de l'invasion Cylon, trouve là un abri qui rassemble ses derniers repères biographiques de façon fugitive. Starbuck ne reviendra plus jamais dans cet appartement, mais il hantera les *flashbacks* et ses rêves des saisons suivantes, par exemple lorsqu'elle peint, les murs de son appartement lors de son rêve érotique du S03E17. Si la destinée divine de Starbuck s'incarne *via* la peinture dans son lieu de vie personnel, le commandement du vaisseau Galactica par Adama se matérialise aussi dans l'intimité de ses quartiers, *via* la maquette qu'il construit, détruit, reconstruit, au fil de la série.

Les Cylons, quant à eux, se coupent purement et simplement de leur espace de vie minimaliste et désincarné en employant une technique appelée « projection » qui leur permet d'habiter un espace mental de leur choix, souvent décloisonné : une forêt, une maison, une plage, des lieux familiers qui contrastent avec l'environnement impersonnel de leur armada. Ces paysages ouverts sont à l'opposé des lieux de vie cloisonnés et étouffants des vaisseaux colons, et le traitement de l'image, souvent saturée et surexposée, baigne l'écran d'une lumière qui contraste avec les sombres couloirs des vaisseaux cylons comme des colons. Au cours des deux premières saisons, Baltar, qui hallucine la présence à son côté de la Cylon Numéro Six, semble lui aussi capable de se projeter dans un espace intime familier – en l'occurrence, sa luxueuse maison sur la planète Caprica, un espace qui pour lui est « réel » au sens où il participe aussi d'un souvenir concret. Sa capacité à s'échapper mentalement de la Flotte, à occuper un espace liminal, ajoute du poids à la question qui hante longtemps la série : la possibilité qu'il puisse être, sans le savoir, l'un des modèles cylons à apparence humaine. Baltar s'interroge ainsi longuement sur la place qu'il est censé occuper : le fait qu'il soit balloté de saison en saison, du Galactica au Colonial One, puis chez les Cylons, souligne le caractère fuyant et indéchiffrable d'un personnage impossible à cerner et à localiser.

De manière générale, les rêves et projections sont vite mêlées par l'introduction de visions prophétiques qui brisent le caractère intime de l'espace mental : le mystérieux Opéra, qui apparaît dès *Kobol Last Gleaming, Part 2* (S01E13), est notamment un espace indéterminé où se croisent de nombreux personnages au fil de la série, et les symboles et indices qu'il renferme ne sont plus destinés au seul individu, mais au groupe. Il concerne soit les identités des Cylons encore infiltrés dans la flotte, soit la destinée de la petite Héra, l'enfant hybride d'Athéna : l'Opéra est alors un espace qui a la particularité de toucher à l'intime non pas de l'individu, mais de tout un peuple, en dévoilant ses secrets et en l'interrogeant sur son avenir.

## *Lieux collectifs, lieux publics : expression des tensions entre vie privée et vie publique*

Les espaces collectifs sont les espaces privilégiés où la série chorale qu'est *Battlestar Galactica* déploie ses nombreux personnages et articule son programme narratif et ses intentions esthétiques, notamment centrées sur la représentation des conflits interpersonnels où se mêlent l'intime et le professionnel. Ces ambitions sont soutenues par un univers étrangement proche du nôtre, si l'on excepte l'existence d'intelligences artificielles et de vaisseaux interstellaires : la série est une transposition de l'Amérique des années 2000 dans l'espace ; un univers qui, s'il est mixte, est toutefois dominé par un casting blanc dont la culture est d'inspiration occidentale. À l'autre bout de l'univers, les Colons possèdent un panthéon gréco-romain, emploient des codes militaires similaires à ceux de l'armée américaine, jouent au poker (avec des cartes pentagonales) et utilisent des technologies similaires aux nôtres, voire datées : téléphones filaires, caméras portables, ordinateurs avec interface clavier-écran... Les présidentes et présidents prêtent même serment une main levée devant les Rouleaux Sacrés (texte religieux équivalent de la Bible). Les codes du quotidien des Colons sont ainsi très similaires au quotidien du public à qui se destine la série à l'origine.

*Battlestar Galactica* est autant une série de science-fiction militariste qu'elle est une série mettant en scène une communauté professionnelle, en ce qu'elle insiste sur le travail des militaires au jour le jour : les rapports hiérarchiques, les procédures, les corps de métier, la routine d'un travail qui devient le seul espoir de survie pour toute la Flotte. Trois lieux de travail se distinguent à bord du Galactica, avec lesquels la série jongle de façon systématique : le centre de commandement, ou CiC, d'où le commandant et son second coordonnent les actions du vaisseau ; la salle de briefing des pilotes ; enfin le pont d'envol des chasseurs spatiaux. Ces lieux sont marqués par une vigilance qui doit être constante, et qui doit générer une tension narrative sans cesse renouvelée au fil des épisodes. Mais de même que l'intimité trouve ses marques dans la promiscuité, la série réintroduit vite le banal au cœur de l'état d'urgence permanent. Le son omniprésent du radar spatial (le *dradis*), la minutie des opérations sur le pont d'envol, deviennent des marqueurs sonores et visuels pour le public, tandis que les personnages s'accommodent de cet état de vigilance permanente ; cette routine alimente la formule de la série en ce qu'elle fournit des points nodaux[1] – les procédures d'engagement, de retrait du champ de bataille – qui, d'abord complexes, finissent par être assimilés par le public le plus assidu. Le Galactica est ainsi au centre d'une « Crise » au sens de Ricœur, qui se retrouve « infiniment distendue[2] », évoquant l'ambivalence entre « imminence » et « immanence » déjà explorée par Frank Kermode, où chaque péripétie ne fait qu'appeler la suivante[3]. Il n'y a plus de fin, plus d'issue en vue qu'une interminable suite d'attaques des Cylons : l'exceptionnel de l'épisode pilote devient la routine des saisons suivantes, donnant aux actions des personnages quelque chose de mécanique. En cela, la série met en abyme sa conception du temps cyclique, prenant ses personnages au piège d'une éternelle répétition de violence. Ainsi que l'affirment régulièrement Colons et Cylons : « Tout cela s'est déjà produit, et se produira encore[4]. »

---

1    C'est-à-dire les invariants de la formule de la série. Jean-Pierre ESQUENAZI, *Les Séries télévisées*, Paris, Armand Colin, 2010, p. 105.

2    Paul RICŒUR, *Temps et récit II*, Paris, Points Seuil, 1984, p. 47.

3    Frank KERMODE, *The Sense of an ending* [1967], New York, Oxford University Press, 2000, pp. 4 et suivantes.

Cette ambivalence entre l'état d'urgence permanent et la routine se double d'une lente hybridation des espaces de travail qui en deviennent presque domestiques, à mesure que la série assume la fusion générique de la science-fiction militariste et du mélodrame. Le pont d'envol devient le lieu de tensions – parfois d'ordre romantique – entre pilotes et techniciens, tandis que le CiC est un endroit où se négocient l'intégrité professionnelle, le respect de la chaîne de commandement, les émotions refoulées et les impulsions soudaines. Si le Galactica est un vaisseau de guerre avec ses équipements standards (infirmerie, centre de commandement, salle des moteurs, dortoirs), très vite viennent s'ajouter des équipements et lieux liés à l'arrivée des civils. Ces derniers, dès le début de la série, accrochent les photos de leurs proches disparus dans l'attaque des Colonies, reproduisant les murs entourant *Ground Zero* à New York, et plus largement les lieux de recueillement lors des catastrophes. L'infirmerie devient un hôpital général où l'on accueille des civils, notamment des enfants, et même des Cylons dans la saison 4. Le mess, la cantine des militaires, avec son protocole qui se délite, est supplanté par un bar installé par les civils au fil de la saison 3, où ces derniers se mêlent aux militaires. Durant la saison 4, Dogville déborde : les civils arpentent les couloirs au milieu des militaires. Le vaisseau de guerre Galactica devient alors la métonymie de la Flotte tout entière réduite à peau de chagrin : s'y croisent réfugiés, officiers, présidente des colonies, et même Cylons rebelles gagnés à la cause des Colons. Il est un espace intrinsèquement hétérogène, de plus en plus décloisonné au fil des épisodes, jusqu'à devenir un morceau de ville. Centre du récit, il est le lieu idéal pour creuser l'amalgame entre civils et militaires, humains et Cylons, tandis que, comme l'explique le pilote Apollo dans *Crossroads, Part 2* (S03E20), les survivants ne forment plus une civilisation, ou même une société, mais un « gang », une cohorte qui doit se serrer les coudes coûte que coûte et faire fi des différences.

Les vaisseaux-mères cylons sont aussi des espaces hybrides où se joue la défamiliarisation propre à la science-fiction. Mêlant le mécanique, l'informatique, et le biologique, ils ont en lieu et place d'un ordinateur central, un Hybride, une machine à apparence humaine qui débite une longue litanie de commandes mêlées de paroles surréalistes. Les interfaces sont tactiles, contrôlées par la pensée par les Cylons. Il faut noter comment la série choisit de faire évoluer la représentation de ces vaisseaux. Les premières saisons misent sur un environnement où domine l'organique, donnant l'impression que les personnages évoluent au sein d'un immense corps biologique couleur chair, avec des portes gigantesques évoquant des

---

4    Voir notamment Jim CASEY, « "All this has happened before": Repetition, Reimagination, and Eternal Return » in Tiffany POTTER, C.W. MARSHALL (dir.), *Cylons in America: Critical studies in Battlestar Galactica*, Londres, New York, Continuum, 2008.

ventricules. Plus tard, ce sont des lieux plus conventionnels que l'on découvre toutefois, en ce que l'organique est limité à des interfaces de contrôle gluantes et des filets d'eau, au sein d'environnements construits en dur, avec des panneaux lumineux géométriques et des espaces minimalistes. Si le décor devient plus familier, les conventions de mise en scène de la série sont peu à peu mises à distance lorsqu'à partir de l'épisode *Torn* (S03E06), Baltar a l'occasion d'explorer un vaisseau-mère. Loin des décors fouillés du *Galactica*, avec des éléments qui structurent le plan dans sa profondeur, les vaisseaux cylons proposent des espaces à la perspective écrasée par les halos et les aplats de couleur. Le style pseudo-documentaire de la série, avec sa caméra à l'épaule, ses recadrages constants et ses *cuts*, est remplacé ici par des fondus enchaînés et une *steadycam* fantomatique, permettant de distinguer l'environnement cylon à la fois par ce qui en est montré, mais aussi par la façon dont il nous est montré.

Au-delà des vaisseaux, la série se permet, à plusieurs reprises, de débarquer sur différentes planètes, soit *via* des *flashbacks* sur la colonie Caprica, soit au fil de l'évolution de l'intrigue. Mais les lieux de vie en extérieurs sont rares dans une galaxie déserte et hostile. Lorsqu'ils existent, ils sont toujours centrés sur l'agora et sa foule ; de façon marquante, ces lieux sont systématiquement destinés à être détruits par le cycle de la violence qui ramène les protagonistes à commettre les mêmes erreurs. Les *flashbacks* sur Caprica, l'une des colonies détruites au début de la série, sont souvent centrés sur la place publique (incarnée à l'écran par la Simon Fraser University de Vancouver et son architecture brutaliste) ; même dans le présent de la narration, dans l'épisode pilote de la série, l'infanticide commis par Numéro Six sur cette place de marché augure du désastre à venir pour Caprica. Lorsque les personnages s'établissent sur une planète qu'ils nomment New Caprica en fin de saison 2, c'est encore la *main street*, la rue principale, qui est le théâtre de l'invasion cylon, et au sein de laquelle se dérouleront les dernières scènes de désolation après le départ de la planète dans *Exodus, Part 2* (S03E04). Même la « Première Terre », que les Colons découvrent au terme de *Revelations* (S04E10) n'est qu'un champ de ruines radioactif : une vision du passé permet au personnage de Tyrol d'apercevoir une place de marché agréable juste avant qu'elle ne soit oblitérée par une explosion nucléaire dans *Sometimes a Great Notion* (S04E11).

*Via* ces destructions répétées, la série semble insister sur l'idée que seule la Terre, la vraie, pourra offrir un refuge stable aux Colons, un endroit pour reconstruire un quotidien tranquille, et peut-être briser ce cycle de violence et de destruction. Mais en attendant de trouver cette Terre Promise, ils doivent survivre dans l'espace, en voyant leur civilisation se déliter peu à peu.

## La sphère publique des étoiles

Pour conclure cette visite guidée de la Flotte coloniale, nous nous tournons à présent vers la sphère publique, la sphère politique qui dirige l'état-cité ; le lieu public dans son acception la plus large, c'est-à-dire « le lieu du débat politique, de la confrontation des opinions privées » menés au sein d'espaces publics (au pluriel), « arpentés par des habitants[1] », et dont l'exploration a valu à la série d'être qualifiée de « *À la Maison-Blanche* dans l'espace[2] », en référence à la série *The West Wing* (NBC, 1999-2006).

Une partie importante de l'intrigue de la série se déroule en effet à bord du Colonial One, le vaisseau présidentiel, et notamment dans le bureau de la présidente Roslin. Siège du pouvoir politique civil, le vaisseau est le lieu de toutes les négociations, et surtout de la représentation du pouvoir : la série réitère, avec mille variations, les scènes de déclarations présidentielles à la presse, qui deviennent un rituel au même titre que les actions militaires à bord du Battlestar Galactica. Dans des pièces en enfilade, Roslin peut ainsi s'adresser à la presse, puis se retirer dans son bureau, et enfin dans ses appartements, passant du médiatique au politique, jusqu'à l'intime. Mais face aux caméras, la proximité des espaces politiques et intimes resurgissent souvent, lorsque la présidente est saisie de visions prophétiques ou prise en flagrant délit de mensonge : ses retraites précipitées derrière le rideau de la salle de conférence sont légion dans la série, qui n'hésite pas, grâce à la configuration de l'espace à bord du Colonial One, à alterner très rapidement les diverses facettes d'un personnage complexe. De manière flagrante, là où Adama est maître de ses quartiers, Roslin vit dans un lieu dont elle a dû s'accommoder et qui est souvent montré comme un cul-de-sac, où la presse, et parfois les forces militaires, peuvent la prendre au piège. Un piège d'autant plus pernicieux que la présidente n'est, au départ, pas élue comme telle, accédant à la fonction, car elle est la dernière survivante dans la chaîne de succession : elle doit ainsi défendre le « front » médiatique et sa position fragilisée par son cancer récurrent, une condition relevant de l'intime et exposée au grand jour dès la première saison.

Se présentant d'abord comme une satire du gouvernement de George W. Bush, la série renverse la fonction du Colonial One lorsque Baltar accède à la présidence et ordonne l'établissement sur la planète New Caprica à la fin de la saison 2. Après l'invasion Cylon, Baltar devient un président fantoche, mais le Colonial One reste le centre du pouvoir pour maintenir les apparences ; dans le secret de ses murs, les décisions y sont maintenant

---

1     Thierry PAQUOT, *L'Espace Public*, Paris, La Découverte, collection « Repères », 2009, p. 3.

2     Par exemple Ian GRAY, « Battlestar Galactica: The New West Wing », *The Telegraph*, 01/02/07.

prises pistolet sur la tempe. Les Cylons disent vouloir cohabiter avec les Colons et pacifier leurs relations ; mais le traitement qu'ils infligent aux Colons rappelle plutôt l'invasion de l'Afghanistan et de l'Irak par les forces américaines. La série, qui jusque-là poussait le public américain à s'identifier aux Colons face aux Cylons codés comme des terroristes, renverse ici la dynamique : on s'identifie aux Colons insurgés qui pour répondre aux exactions, choisissent la résistance, voire les attentats-suicides, contre un envahisseur qui se veut « bienveillant[1] ». Durant l'invasion, l'Eden dans lequel les Colons avaient tenté de reconstruire leur civilisation se couvre de miradors, s'industrialise, et se dote d'une prison qui incarne l'envers du pouvoir cylon.

La vie dans l'espace, à laquelle retournent bien vite les Colons après l'échec de New Caprica, n'est guère plus agréable. La Flotte est organisée selon un modèle hybride, empruntant au modèle américain pour la répartition des « quartiers » par ethnie, et au modèle européen pour le découpage par fonction, chaque vaisseau possédant une tâche déterminée : outre le Colonial One, on trouve aussi un vaisseau minier, un vaisseau raffinerie, un vaisseau de contrebande, un vaisseau de loisirs et de divertissements... Cette forte compartimentation exacerbe les problèmes de la société coloniale. Les Douze Colonies d'origine des survivants pèsent toujours sur leur identité : au-delà des tensions raciales rarement évoquées, c'est surtout sur l'impossible mobilité sociale que la série insiste, notamment après le départ de New Caprica en saison 3. Les Capricans ont les postes les plus élevés, font partie de l'élite, tandis que les peuples des colonies les plus pauvres restent en bas de l'échelle sociale et travaillent dans des conditions pénibles : Tyrol fait remarquer à la présidente, dans l'épisode *Dirty Hands* (S03E16), que les parents commencent à apprendre leur métier aux enfants, verrouillant toute mobilité sociale et créant des castes au sein de la Flotte. La seule exception notable à cette immobilité est l'ascension sociale de Baltar, fils de fermier issu d'une colonie agricole, devenu un scientifique reconnu sur Caprica, dont il a pris l'accent pour cacher ses origines.

La société coloniale est ainsi minée par un dilemme : tournée vers un passé qu'elle doit maintenir vibrant pour alimenter l'espoir d'un retour à un âge d'or (en trouvant refuge sur la Terre), elle peine à s'adapter à un environnement qui, d'abord temporaire, devient bientôt pérenne. La fuite des Colons pose la question de l'emplacement de la « maison » et de la définition même de ce lieu. Si dans l'épisode pilote, « *home* » désigne les

---

1   Voir par exemple Erika JOHNSON-LEWIS, « Torture, Terrorism, and Other Aspects of Human Nature » et Bryan L. OTT, « (Re)Framing Fear: Equipment for Living in a Post-9/11 World », in Tiffany POTTER, C.W. MARSHALL (dir.), *Cylons in America: Critical studies in Battlestar Galactica*, Londres, New York, Continuum, 2008.

Colonies, le terme subit vite un glissement de sens : Adama, notamment, appelle la Flotte « *home* ». Mais cette appropriation n'est pas encore signe d'appartenance. Jusqu'à la moitié de la saison 4, les Colons se sentent encore appartenir aux Douze Colonies, qui influencent leur gouvernement, constitué d'une présidente et de douze représentants, un pour chaque colonie. Ainsi Roslin doit faire face au Quorum des Douze, qui incarnent les valeurs et la culture de chacune des colonies : Gemenon est par exemple une colonie très conservatrice. Dans *The Captain's Hand* (S02E17), le cas d'une adolescente enceinte originaire de Gemenon, et cherchant à avorter à l'infirmerie du Galactica, confronte la présidente Roslin au fondamentalisme de Gemenon, aussi bien qu'à son influence au sein du Quorum. Ce Quorum des Douze est une entité étrange puisque ses représentants et représentantes sont souvent montrés hors de leur espace de travail, venant au chevet de Roslin dans *Fragged* (S02E03) ou se disputant avec elle dans son bureau. Seul l'épisode *Colonial Day* (S01E11) montre une assemblée dans un lieu évoquant un hémicycle, à l'occasion de l'élection d'un vice-président pour Roslin ; leur espace de travail principal, à bord du Colonial One, est une pièce étroite dans laquelle se déroulent des débats animés qui, dans un premier temps, servent à illustrer l'équilibre des forces entre Roslin et le Quorum, mais vont bientôt souligner l'incapacité du Quorum à régler les questions de la Flotte.

Il faut une mutinerie et l'exécution sanglante du Quorum dans le second tiers de la saison 4 pour que les Colons s'interrogent enfin sur l'évolution de leur corps politique, après plusieurs années passées dans l'espace. *No Exit* (S04E15) voit ainsi la représentativité du gouvernement colonial évoluer vers une répartition des représentants par vaisseaux et non plus par colonies, une piste narrative que la série emploie peut-être trop tard : aucun épisode, à mesure que la fin se profile, n'exploitera vraiment cette veine politique qui a déjà déserté le récit depuis longtemps.

À mesure que l'espace politique des Colons se délite et disparaît de l'écran, celui des Cylons prend forme. Machines d'abord indifférenciées, les Cylons connaissent bientôt une guerre civile en fin de saison 2, à la suite d'un désaccord sur le génocide perpétré sur les Colonies, qui cache un malaise plus profond. Les Cylons infiltrés chez les Colons en reviennent en effet avec un sens aigu de leur individualité, allant à l'encontre de l'esprit de ruche de leur programmation. Ces Cylons rebelles vont peu à peu s'isoler et construire l'équivalent d'un Quorum informel : puisqu'il existe Douze Modèles à apparence humaine, chaque modèle est représenté par l'un de ses membres, qui décide pour l'ensemble de sa lignée de quel côté du conflit se placer. Là encore, la série s'attarde peu sur les processus décisionnaires au-delà des trahisons et hésitations : il faut attendre la saison 4 pour voir la Flotte s'interroger sur l'inclusion des Cylons rebelles, une inclusion manifestée par l'hybridation du vaisseau Galactica, qui pour tenir la durée, se voit doté de technologie cylon.

Mais cette hybridation n'est alors plus vraiment traitée sur le mode du politique : elle est vue au travers du prisme du mythe, à mesure que les personnages cèdent leur libre arbitre à l'entité qui semble tirer les ficelles dans l'ombre. Trouver la Terre n'est plus conçu comme un enjeu politique en saison 4, sinon durant la mutinerie du diptyque *The Oath/Blood on the Scales* (S04E13&14). La série est politique en ce qu'elle s'intéresse à l'espace public[1] dans son sens abstrait, mais dans sa dernière saison, elle déserte ou met en retrait ses espaces publics, spécifiquement politiques, au profit d'autres, baignés d'un pouvoir supérieur, divin : l'Opéra des visions partagées par les personnages, le Galactica devenu en partie organique et abritant le culte monothéiste de Baltar. C'est tout le monde fictionnel qui, sur une base science-fictionnelle, s'oriente vers la *science-fantasy*, au fil des résurrections, visions prophétiques et *deux ex machina*. Une hybridation du texte lui-même qui sert l'ultime épisode : les Colons y trouvent enfin la Terre, et décident, pour briser le cycle éternel des exodes et des guerres, de se débarrasser de toute leur technologie pour recommencer de zéro. Le retour à l'âge d'or est enfin acté : *Battlestar Galactica* fantasme un état de nature retrouvé, purgé d'une technologie perçue comme dangereuse... pour tordre cette morale dans ses ultimes scènes. 150 000 ans plus tard, c'est-à-dire de nos jours, les humains, descendants des Colons et Cylons rebelles, peuplent la Terre, et leur progrès technologique pourrait bien les emmener vers un nouveau conflit contre des intelligences artificielles.

*

En un sens, la conclusion, qui se déroule à New York de nos jours et ranime un potentiel science-fictionnel au sein de la société occidentale contemporaine, prend à revers la capacité de la série à réinjecter de l'ordinaire dans l'extraordinaire : à dépeindre des lieux de vie familiers, un intime proche du public, au sein d'une poursuite interstellaire entre Colons et Cylons. On a souvent dit de *Battlestar Galactica* qu'elle était une série post-11 septembre ; mais elle est plus largement postmoderne, en ce qu'elle dépeint cet « état d'urgence » qui anime les sociétés occidentales contemporaines – qu'il s'agisse de la menace terroriste ou du péril climatique – et la quotidienneté qui pourtant s'y déploie encore, coûte que coûte. Elle a su exploiter l'univers fermé, claustrophobique, de la Flotte

---

1    Au sens de Jürgen HABERMAS, *L'espace public*, Paris, Payot, 1986.

coloniale pour enchaîner et mêler le privé et le public, l'intime et le politique. En un sens, elle pousse dans ses retranchements un gigantesque huis clos galactique : aucune planète, c'est-à-dire aucune sortie, n'offre de refuge aux Colons, si ce n'est la dernière, celle qui clôt la série.


## *Bibliographie*


Jim CASEY, « "All this has happened before": Repetition, Reimagination, and Eternal Return » in Tiffany POTTER, C.W. MARSHALL (dir.), *Cylons in America: Critical studies in Battlestar Galactica*, Londres, New York, Continuum, 2008

Mona CHOLET, *Chez soi. Une odyssée de l'espace domestique*, Paris, Zones, 2015

Jean-Pierre ESQUENAZI, *Les Séries télévisées*, Paris, Armand Colin, 2010

Florent FAVARD, *Écrire une série TV : La Promesse d'un dénouement*, Tours, Presses Universitaires François Rabelais, 2019

Florent FAVARD, « *Battlestar Galactica*: A Closed-System Fictional World », *TV/Series*, n°11, juin 2017

Jürgen HABERMAS, *L'espace public*, Paris, Payot, 1986

Erika JOHNSON-LEWIS, « Torture, Terrorism, and Other Aspects of Human Nature » in Tiffany POTTER, C.W. MARSHALL (dir.), *Cylons in America: Critical studies in Battlestar Galactica*, Londres, New York, Continuum, 2008

Frank KERMODE, *The Sense of an ending* [1967], New York, Oxford University Press, 2000

Isabelle NONY, « Manières d'habiter : et évolution des pratiques professionnelles dans différents champs du (travail) social Qu'est-ce que le domicile ? », séminaire du CREAS, 23 juin 2011, accessible en ligne à l'adresse https://www.yumpu.com/fr/document/read/36984871/manieres-dhabiter-quest-ce-que-le-domicile-etsup

Bryan L. OTT, « (Re)Framing Fear: Equipment for Living in a Post-9/11 World » in Tiffany POTTER, C.W. MARSHALL (dir.), *Cylons in America: Critical studies in Battlestar Galactica*, Londres, New York, Continuum, 2008

Thierry PAQUOT, *L'Espace Public*, Paris, La Découverte, collection « Repères », 2009

Thomas PAVEL, *Univers de la fiction*, Paris, Éditions du Seuil, 1988

Paul RICŒUR, *Temps et récit II*, Paris, Points Seuil, 1984

Perla SERFATY-GARZON, « Le Chez-soi : habitat et intimité », in M. SEGAUD, J. BRUN, J.-J. DRIANT (dir.), *Dictionnaire critique de l'habitat et du logement*, Paris, Editions Armand Colin, 2003